国家社会科学基金青年项目"金融'双峰'监管体系的理论构建、国际实践与中国抉择研究"课题(项目号：19CJY064)；

国家自然科学基金重点项目"中国金融体系的演化规律和变革管理"(项目号：71733004)

国家社科基金丛书
GUOJIA SHEKE JIJIN CONGSHU

中小银行发展转型的理论与实践研究

Theoretical and Practical Research on the Development and
Transformation of Small and Medium-sized Banks

钟震 著

人民出版社

目　　录

导　言

一、研究背景

从国际实践来看,中小银行在各国金融体系中处于重要的基础性地位,对服务实体经济和中小微企业具有重要意义。在我国,中小银行健康发展对我国经济转型升级、防范化解风险、推进要素市场化配置改革具有特殊意义。

近年来,中小银行整体发展态势良好,但不可否认的是,随着包商银行、锦州银行等事件爆发,中小银行风险逐渐浮出水面,部分城商行、农合机构和村镇银行的问题,已成为不容忽视的不稳定因素。如何促进中小银行发展转型,从根本上推动风险化解和稳健发展,已成为打赢防范化解重大金融风险攻坚战的关键之役。

党中央、国务院高度重视中小银行的重要作用,相继提出增加中小金融机构数量和业务比重[1]、逐步回归本源、聚焦主责主业[2]、增加面向中小企业的

---

[1]　2019年2月22日,习近平总书记在中共中央政治局第十三次集体学习时强调,要"增加中小金融机构数量和业务比重,改进小微企业和'三农'金融服务"。http://www.xinhuanet.com/2019-02/23/c_1124153936.htm。

[2]　2018年和2019年中央经济工作会议分别指出,要"发展民营银行和社区银行,推动城商行、农商行、农村信用社业务逐步回归本源","推动中小银行聚焦主责主业"。http://www.xinhuanet.com/politics/2018-12/21/c_1123887379.htm；http://finance.gmw.cn/2019-12/13/content_33399947.htm。

金融服务供给①等方向。从国务院金融稳定发展委员会关于中小银行发展的历次表述变化(见表0-1),便体现出党中央、国务院对中小银行发展改革和风险认识的变化逻辑。2020年5月22日,《政府工作报告》指出,要"推进要素市场化配置改革。推动中小银行补充资本和完善治理,更好服务中小微企业"。2020年5月27日,国务院金融稳定发展委员会办公室发布11条金融改革措施(被称为"金改11条"),其中涉及中小银行的主要是:出台《中小银行深化改革和补充资本工作方案》,进一步推动中小银行深化改革,加快中小银行补充资本,坚持市场化法治化原则,多渠道筹措资金,把补资本与优化公司治理有机结合起来。制定《农村信用社深化改革实施意见》,保持县域法人地位总体稳定,强化正向激励,统筹做好改革和风险化解工作。

表0-1 国务院金融稳定发展委员会关于中小银行发展的历次表述变化

会议	时间	变化逻辑	相关表述
第二次会议	2018年8月3日	从优化金融体系格局角度,来定位中小银行发展	深化金融改革,完善大中小金融机构健康发展的格局
第六次会议	2019年7月19日	强调流动性风险,指明风险处置原则	及时化解中小金融机构流动性风险,坚决阻断风险
第八次会议	2019年9月27日	意识到中小银行资本补充与公司治理的重要性,并注重对其市场定位的纠偏	重点支持中小银行补充资本,将资本补充与改进公司治理、完善内部管理结合起来,有效引导中小银行下沉重心、服务当地,支持民营和中小微企业
第九次会议	2019年11月6日	首次提出一整套中小银行发展改革方案	要深化中小银行改革,健全适应中小银行特点的公司治理结构和风险内控体系,从根源上解决中小银行发展的体制机制问题
第十次会议	2019年11月28日	再次提及资本补充和改革,但是更加突出问题导向	多渠道增强商业银行特别是中小银行资本实力要突出问题导向,进一步深化资本市场和中小银行改革

---

① 2020年5月11日,中共中央、国务院发布《中共中央 国务院关于新时代加快完善社会主义市场经济体制的意见》指出,要"健全支持中小企业发展制度,增加面向中小企业的金融服务供给,支持发展民营银行、社区银行等中小金融机构"。http://www.gov.cn/xinwen/2020-05/18/content_5512696.htm。

续表

会议	时间	变化逻辑	相关表述
第十四次会议	2020年1月7日	从加大中小企业信贷支持角度,再次提及中小银行资本补充重要性	要多渠道补充中小银行资本金,促进提高对中小企业信贷投放能力
第二十五次会议	2020年4月7日	从抵御风险和信贷支持角度,再次提及中小银行资本补充重要性	采取多种有效方式加大中小银行资本补充力度,增强抵御风险和信贷投放能力
第二十八次会议	2020年5月4日	明确表示相关工作方案业已出台,并且指明风险的所在和改革的方向	中小银行对服务实体经济和中小微企业具有重要意义

二、研究意义

本书从传统金融学的理论和实践困境出发,结合中小银行的特殊性,创造性地提出中小银行发展转型"微观—中观—宏观"理论分析框架,全面分析国际经验教训,并总结归纳发展演进规律。结合我国现实约束,充分借鉴国际经验,设计出适合我国国情的中小银行发展转型本土化模式,具有重要的理论价值和现实意义。

一方面,现有的国内外研究并没有专门针对中小银行发展转型理论的分析框架,而是与其他类型的银行混为一谈。事实上,中小银行有其特殊性,既有别于大银行,又有别于其他类型的金融机构。本书提出的中小银行发展转型"微观—中观—宏观"分析框架具有一定的开拓性,提供了新的分析框架和研究方法。在吸收国内外理论成果的基础上,突破以往文献中的分析局限,引入法学、经济学等多学科视角,以"微观—中观—宏观"为主线,探索构建完整的理论体系及政策框架,用于指导实践。

另一方面,中小银行发展转型问题研究具有现实的紧迫性和重要性。党中央、国务院高度重视,国务院金融稳定发展委员会连续八次会议聚焦中小银行。为推动中小银行长期稳健发展,本书结合我国现实约束,充分借鉴国际经验,基于"微观—中观—宏观"理论分析框架,设计出适合我国国情的中小银行发展转型之路。在应用价值上,为国内外实践提供具有可操作性的理论依据和实践准则。本书提出我国中小银行发展转型"微观—中观—宏观"新框架以及政策建议,可供政府制定战略时参考,对决策部门有强烈的现实意义和应用价值。

三、研究思路

本书的研究对象集中在"一三六三",即"一个体系、三大基础、六项要素、三大关系"上。

1."一个体系"

"一个体系",即中小银行发展转型的理论框架构建、国际经验总结以及中国模式设计。

2."三大基础"

"三大基础",即从理论逻辑来看,中小银行发展转型框架设计遵循"微观—中观—宏观",即微观基础、中观基础、宏观基础。

3."六项要素"

"六项要素",即从"微观—中观—宏观"三大基础出发,影响中小银行发展转型的六大要素,具体包括以下六个方面。

(1)微观基础之一:经营模式

中小银行经营模式是指中小银行以最大化自身价值为目标,依据自身资源优势,所采取的市场定位、发展战略和具体展业方式。涵盖市场定位、发展战略、业务结构、关键资源等关键内容。

(2)微观基础之二:公司治理

中小银行与一般企业不同,其公司治理也自然有别于一般企业,具有行业特殊性,即巨大的负外部性、较为特殊的治理目标、较为复杂的委托—代理关系。具体包括组织结构、股权结构、信息结构、风险结构等关键内容。

(3)中观基础之一:市场结构

从中观逻辑来看,中小银行发展转型与其在市场结构的地位紧密相关。

主要包括四大关系的平衡问题,即中小银行与大银行的关系、中小银行与其他存款类金融机构的关系、中小银行与非银行类金融机构的关系、中小银行与非传统金融机构的关系。

(4)中观基础之二:监管结构

除了市场结构外,在中观层面上,各国监管结构设计也同样影响着中小银行发展转型。主要包括中小银行与大银行的监管差异性、中小银行与其他金融机构监管公平性、各监管主体间监管平衡性。

(5)宏观基础之一:区域环境

区域环境直接决定中小银行经营模式的选择,也是中小银行公司治理的基础。区域环境与市场结构、监管结构存在交互作用,影响到中小银行发展转型。主要包括区域经济、政治、社会、文化等以及股权关系、经营地域等。

(6)宏观基础之二:宏观环境

从国内外实践来看,中小银行发展转型离不开宏观环境这一基础。主要包括经济周期、经济结构、人口结构、制度环境、科技环境等。

4.“三大关系”

“三大关系”,即微观逻辑、中观逻辑、宏观逻辑上的三大辩证关系。具体包括以下三个方面。

(1)经营模式与公司治理之间的微观逻辑:表象与本质的辩证关系

中小银行经营模式只是表象,公司治理才是本质。观察中小银行发展转型的微观基础应当更多地从公司治理入手,而非只是关注一些经营模式上的特征。如果公司治理机制运行有效,即便短期内经营模式出现偏差,也会自动纠偏。但是如果公司治理的微观基础不牢固,则势必会影响经营模式的方方面面,最终会拖累中小银行长期发展转型。

(2)市场结构与监管结构的中观逻辑:创新与监管的辩证关系

无论是理论还是实践,市场结构与监管结构之间的匹配度问题,是一个关乎创新与监管之间博弈的永恒话题。一方面,中小银行与大银行的定位问题,直接决定监管差异性。其博弈难点在于,是否采用监管差异性,都可能会产生新的问题。如果不采用监管差异性,即"一刀切",可能让中小银行无法抵御大银行的蚕食,特别是在一些金融体系不够完善的国家。如果采用监管差异性,监管者将面临衡量监管匹配度的选择,这直接考验着监管专业性和有效性。另一方面,中小银行与其他金融机构的定位问题,直接决定监管公平性问题。来自其他金融机构的创新活动,都有可能改变市场结构,挑战现有的监管结构。

(3)区域环境与宏观环境的宏观逻辑:局部与整体的辩证关系

区域环境与宏观环境同属外部环境,为中小银行发展转型提供支撑。就区域环境与宏观环境的关系而言,主要体现为局部与整体的辩证关系。一方面,经济、政治、社会、文化等环境有区域局部与宏观整体之分。从中小银行发展转型来看,受经营范围的限制,多数中小银行更易受区域环境的直接影响,宏观环境的影响较为间接。另一方面,在我国,这种局部与整体的关系往往会演变为地方与中央的关系。由于中央与地方事权、财权不够匹配,中央财政集中统一性越来越强,地方财政日益入不敷出,倒逼地方政府通过汲取金融资源来弥补财政资源的不足。这些局部与整体之间的失衡关系自然会影响到中小银行发展转型的外部环境。

四、研究特色

一是结合中小银行的特殊性,创造性地提出中小银行发展转型"微观—中观—宏观"理论分析框架。

二是从"微观—中观—宏观"理论分析框架出发,全面分析国际经验教训,并总结和归纳发展演进规律。对中小银行发展转型进行归纳并提升到理论高度,打破以往研究理论分析平面化的局限。

三是研究视角的创新。首次将中小银行发展转型、风险防范、公司治理、金融监管、市场结构的研究相结合。

　　四是采取内部实际与外部经验、实证分析与理论研究、学术框架与政策举措相融合的方式,侧重体制分析和政策研究,结合我国现实约束,充分借鉴国际经验,基于"微观—中观—宏观"理论分析框架,设计出适合我国国情的中小银行发展转型本土化模式,并以该模式为核心应用到当前正在进行的金融体制改革中。

第一章 中小银行发展转型的基本理论及分析框架

第一节 中小银行的概念界定及相关研究

一、中小银行的概念界定

（一）中小银行概念界定的起点

无论采用何种分类标准,各国中小银行基本特征有其共性,也是概念界定的逻辑起点所在。

一是规模相对较小。无论是资产负债还是收入利润,中小银行与大银行特别是系统重要性银行相比,是不可同日而语的。

二是地域特征较强。相比于大银行在全国甚至全球的布局,中小银行经营范围更为聚焦,或为某个地区或为某个社区,服务对象也是针对该区域内的居民和企业。换言之,中小银行的地域性是差异化经营的目的而非结果。

三是业务相对集中。受制于自身规模、人力资源、资金约束等,中小银行一般选择特定业务领域为特定群体服务,随着发展过程和经营目标不同,可能会出现一定的阶段性特征。

（二）中小银行概念界定的方式

中小银行的概念是相对于大银行提出的，因时期不同而标准改变，属于动态而非静态的定义（张雪春等，2020）。

第一种分类标准是资产规模。最常见的是以净资产或总资产规模进行划分。① 如以 10 亿美元和 1 亿美元为两个门槛，来区分小、中、大型银行。

第二种分类标准是员工人数。这种方法通常是对中小企业的划分标准，如美国员工人数 200 名以下、日本和韩国 300 人以下、德国 500 人以下都属于中小银行的范畴（郑艳丽，2005）。

第三种分类标准是银行类型。这种方法比较常见于一些政府主导型金融体系国家。中小银行的发展在某种意义上是补足大银行的"空白"，或者说是先有大银行，后来针对一些问题，特别是普惠目的或是支持中小企业等目的，逐步发展和扶持中小银行的发展。如日本的地区银行、中国的各类银行机构。

第四种分类标准是混合型。这种类型是在前述三种分类标准的基础上，加入一些监管判断。如美国联邦存款保险公司（Federal Deposit Insurance Corporation，简称 FDIC）对于社区银行的定义，即参考规模指标的同时，兼顾银行的商业行为。

（三）各国对中小银行概念的界定

1. 美国对中小银行的定义

美国对于中小银行并没有统一概念，中小银行也不完全等同于非系统的重要性银行。作为美国中小银行的主流，社区银行是指相对较小的独立银行，通常专注于向当地社区提供基本的银行业务。然而，如何定义小型的、基本的

---

① 这个规模并没有绝对统一的数量规定，不同的国家和地区在不同的经济发展阶段，对中小银行规模都有不同的界定。

银行活动,甚至是"当地社区"则难以衡量。这些导致美国各方甚至是监管机构对社区银行的定义,没有达成统一。①

美国联邦存款保险公司在 2012 年改变了对其的定义②,即"有限区域内从事存贷款业务的小银行,在对客户比较了解的基础上,与之建立较紧密的关系,从而获取特定的信息"。将总资产贷款考虑在内③,不包括专业贷款机构,使用地理范围作为银行参与代理贷款的代理,并纳入了其他一些非资产标准。根据美国联邦存款保险公司(2012)定义,资产规模在 10 亿美元以下的中小型金融机构划入社区银行范畴。其特征一般为:资产规模小,在一定区域内经营;经营对象主要是所在区域内的居民家庭、小企业和个体经营者;为经营对象提供有针对性的服务。使用这种方法,美国联邦存款保险公司测算了 2011 年所有银行组织,其中 94% 属于社区银行的范畴。

这种混合式定义方式的特点在于,美国联邦存款保险公司认为纯粹基于规模来定义社区银行并不足够,必须把诸如通货膨胀、经济增长和银行业规模变迁等因素考虑在内(见表 1-1),并随着时间的推移进行调整。规模大小也不能完全决定其商业行为取向,美国联邦存款保险公司在认定社区银行的标准时并非局限于有关银行的规模,而是更看重这些银行的商业行为。

---

① 美国独立社区银行家协会(ICBA,2004)提出,社区银行是指在一定的社区范围内为中小企业和个人客户提供个性金融服务并保持长期业务合作关系的小银行,规模一般在 1000 万到数十亿美元之间。美国三大联邦银行监管机构——货币监理署(OCC)、联邦存款保险公司(FDIC)、联邦储备委员会——都使用不同的定义。

② Federal Deposit Insurance Corporation(FDIC), *FDIC Community Banking Study*, December 2012, pp.1-2.

③ 从定量判断标准,社区银行资产规模通常不高于 10 亿美元,对于超过这一标准的银行,如果其满足贷款在总资产中的占比大于 33%、核心存款在总资产中的占比大于 50%、营业网点超过 1 个但小于 75 个等,也可将其划分为社区银行。

表 1-1　美国联邦存款保险公司认定社区银行的标准概要

被美国联邦存款保险公司认定包括 在社区银行范畴以内的情形	被美国联邦存款保险公司认定排除 在社区银行范畴以外的情形
所有银行组织机构符合： 1. 总资产少于预设资产规模上限（1985 年前为 2.5 亿美元,2010 年后为 10 亿美元） 2. 总资产大于等于预设规模上限 ·贷款占总资产比大于 33% ·核心存款占总资产比大于 50% ·多于一个网点但不超过预设网点数量（1985 年前为 40,2010 年后为 75 个） ·都市统计区域（Metropolitan Statistical Area,简称 MSA）网点少于等于 2 个 ·在少于等于 3 个州设有网点 ·没有单一网点存款多于预设的最高分行存款规模（分行存款规模上限：1985 年前为 12.5 亿美元,2010 年后为 50 亿美元）	任何符合以下情况的机构： 1. 没有贷款或核心存款 2. 外国资产超过或等于总资产的 10% 3. 超过 50% 的资产在特定的专业银行,包括： ·信用卡专业机构 ·消费者非银行的银行① ·工业贷款公司（Industrial Loan Companies） ·信托公司 ·银行家的银行（Bankers' Banks）

　　为了便于分析,如无特殊说明,本书对美国社区银行的定义采用美国联邦存款保险公司的定义方法。

　　从 2013 年起,社区银行数量逐年下降（见图 1-1）,从 2013 年的 6307 家

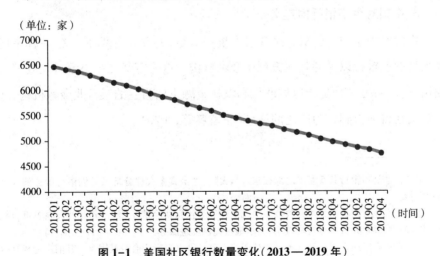

（单位：家）

图 1-1　美国社区银行数量变化（2013—2019 年）

资料来源：美国联邦存款保险公司。

---

　　① 消费者非银行的银行（Consumer Nonbank Bank）是指可以发放贷款或吸收存款的,但不能同时从事发放贷款和吸收存款的有限制注册许可的金融机构。

下降到 4750 家。从数量上看,截至 2019 年年末,减少了 77 家,至 4750 家。共有 72 家企业合并、4 家自愿关闭、3 家倒闭。2019 年第四季度新开了两家社区银行。2019 年减少了 230 家,4 家银行倒闭、12 家新机构开业。

2. 日本对中小银行的定义

无论是日本央行还是日本存款保险机构的统计口径,日本中小银行是相对于主要银行或是都市银行①而言的。日本中小银行主要是由 64 家地方银行②和 38 家第二地方银行③组成。一般统称为区域银行,共计 102 家。这些银行主要以地区中心为总部,网点集中在当地服务区域内的企业融资。主要从事本币业务,较少涉足国际业务。

从 1971 年以来,地方银行数量变化并不大,1972—1983 年稳定为 63 家,1984 年至今始终保持在 64 家。相比之下,第二地方银行数量下降较快,从 20 世纪 90 年代初期的 68 家左右迅速下降至 2009 年的 42 家,随后又逐渐下降至 2019 年的 38 家。受此影响,日本中小银行数量也由 70 年代的 135 家左右下降至 2019 年的 102 家(见图 1-2)。

3. 中国对中小银行的定义

中国对中小银行的概念也并没有统一口径,大致分为两种定义:一种是指除大型商业银行以外的其他银行业金融机构。这一定义在中小银行发展早期使用得较多;另一种是指以城商行和农村金融机构为主的银行业金融机构,这一定义在目前得到较为广泛的认可(张雪春等,2020)。

---

① 日本都市银行共 5 家。总部在东京与大阪,为全日本大部分地区提供银行服务的大型商业银行。

② 日本地方银行为日本一般社团法人全国地方银行协会成员银行,其总部设在各都、道、府、县内的中心城市,大部分规模较小,为本地区提供金融服务。

③ 日本第二地方银行为日本一般社团法人第二地方银行协会成员银行。其前身为相互银行,业务限定主要为中小企业服务。自 1989 年 2 月开始,将相互银行转变为普通银行。实际上,相互银行是由历史悠久的相互合作信用组织,即无尽会社(无尽会社是日本一种带有互助救济性质的相互合作信用组织,类似中国民间的合会)转化来的。实行会员制,会员按期存款,贷款是用抽签的方式轮流借款,会员主要是中小企业。1951 年 6 月出台的《相互银行法》以立法的形式,将无尽会社升级为相互银行,成为专门为中小企业提供融资的金融机构。

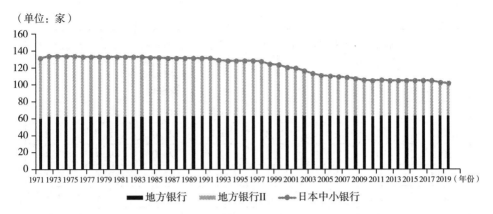

图 1-2　日本中小银行数量变化（1971—2019 年）

资料来源：日本央行。

　　数量上，2008—2017 年①，我国中小银行法人机构数量从最高峰 2008 年的 5634 家下降到最低点 2012 年的 3747 家，再逐步回升至 2017 年的 4532 家。占所有银行业金融机构的比例从最高峰 2008 年的 94.4% 下降到 2009 年的 90.1%，再上升至 2010 年的 93.8%，随后逐年下降到 2017 年的 89.9%。从各类中小银行法人机构数量占比变化情况来看（见表 1-2），城市商业银行、民营银行、外资金融机构变化不大，主要变化在于农村金融机构②。

表 1-2　中国各类中小银行法人机构数量占比变化情况（2008—2017 年）

（单位：%）

年份	城市商业银行	民营银行	外资金融机构	农村商业银行	新型农村金融机构和邮政储蓄银行	农村信用社	农村合作银行
2008	2.6	0	0.6	0.4	0.0	93.4	3.1
2009	4.1	0	1.1	1.2	0.0	87.9	5.6
2010	4.2	0	1.1	2.4	11.2	74.8	6.3

①　由于数据可得性，最新公开数据为 2017 年。

②　随着农村信用社改革的深化，农村商业银行和新型农村金融机构、邮政储蓄银行的占比逐步上升。

续表

年份	城市商业银行	民营银行	外资金融机构	农村商业银行	新型农村金融机构和邮政储蓄银行	农村信用社	农村合作银行
2011	4.1	0	1.1	6.0	19.5	63.9	5.4
2012	4.2	0	1.2	9.7	25.0	55.7	4.2
2013	4.0	0	1.2	12.9	29.0	49.6	3.4
2014	3.6	0	1.1	17.8	32.5	42.7	2.4
2015	3.4	0.1	1.0	22.3	35.7	35.6	1.8
2016	3.4	0.2	1.0	28.1	38.0	28.4	1.0
2017	3.3	0.4	1.0	31.0	39.9	23.7	0.8

资料来源:Wind 数据库(如无特殊说明,下同)。

从业人数上,2008—2017 年,我国各类中小银行从业人数从 2008 年的 864795 人逐年上升至 2017 年的 1839319 人,增长 1.13 倍。我国各类中小银行从业人数占银行业金融机构的比例,从最高峰 2008 年的 31.8%逐年上升至 2017 年的 44.1%。从各类中小银行从业人数占比变化情况来看(见表 1-3),城市商业银行占比逐年上升至 22.8%,这与其网点扩大不无关系。随着农村信用社改革的深化,其占比减少,其他类型农村金融机构占比上升。民营银行、外资金融机构变化不大。

表 1-3　中国各类中小银行从业人数占比变化情况(**2008—2017 年**)

(单位:%)

年份	城市商业银行	民营银行	外资金融机构	农村商业银行	新型农村金融机构和邮政储蓄银行	农村信用社	农村合作银行
2008	17.5	0.0	3.2	4.5	0.0	67.5	7.4
2009	19.3	0.0	3.5	7.2	0.0	61.9	8.1
2010	18.4	0.0	3.2	8.6	13.6	49.0	7.2
2011	18.6	0.0	3.5	12.9	14.8	44.4	5.8

续表

年份	城市商业银行	民营银行	外资金融机构	农村商业银行	新型农村金融机构和邮政储蓄银行	农村信用社	农村合作银行
2012	20.2	0.0	3.5	17.1	15.6	39.2	4.3
2013	20.4	0.0	3.3	20.9	17.0	34.8	3.6
2014	23.6	0.0	3.2	25.4	16.7	28.8	2.2
2015	24.2	0.1	3.1	30.3	16.5	24.1	1.7
2016	22.2	0.1	2.5	30.9	27.0	16.9	0.8
2017	22.8	0.3	2.5	32.8	27.1	13.9	0.6

总资产上,2008—2017年,我国各类中小银行总资产从2008年的148368亿元逐年上升至2017年的767877亿元,增长4.18倍。我国各类中小银行总资产占银行业金融机构的比例从2008年的23.5%上升到2017年的30.4%。从各类中小银行总资产占比变化情况来看(见表1-4),城市商业银行和农村商业银行占比呈上升趋势,分别从2008年的27.8%和6.3%逐年上升至2017年的41.3%和30.9%,农村信用社和农村合作银行占比分别从2008年的35.1%和6.8%逐年下降至2017年的9.6%和0.5%,外资银行占比略有下降,从2008年的9.1%逐年下降至2017年的4.2%,新型农村金融机构和邮政储蓄银行占比变化不大。

表1-4　中国各类中小银行总资产占比变化情况(2008—2017年)

(单位:%)

年份	城市商业银行	外资银行	农村商业银行	新型农村金融机构和邮政储蓄银行	农村信用社	农村合作银行
2008	27.8	9.1	6.3	14.9	35.1	6.8
2009	30.9	7.3	10.2	14.7	29.9	7.0
2010	33.0	7.3	11.6	14.8	26.9	6.3
2011	34.0	7.3	14.5	14.8	24.5	4.8
2012	34.7	6.7	17.6	15.0	22.3	3.6

续表

年份	城市商业银行	外资银行	农村商业银行	新型农村金融机构和邮政储蓄银行	农村信用社	农村合作银行
2013	35.9	6.1	20.1	14.7	20.3	2.9
2014	36.7	5.7	23.4	14.4	17.9	1.9
2015	38.9	4.6	26.1	14.2	14.8	1.3
2016	40.7	4.2	29.2	13.7	11.5	0.6
2017	41.3	4.2	30.9	13.5	9.6	0.5

总负债与总资产趋势大体相同。2008—2017 年,我国各类中小银行总负债从 2008 年的 140651 亿元逐年上升至 2017 年的 713603 亿元,增长 4.07 倍。占全部银行业金融机构的比例从 2008 年的 23.7% 上升到 2017 年的 30.6%。从各类中小银行总负债占比变化情况来看(见表 1-5),城市商业银行和农村商业银行占比呈上升趋势,分别从 2008 年的 27.5% 和 6.2% 逐年上升至 2017 年的 41.4% 和 30.7%,农村信用社和农村合作银行占比分别从 2008 年的 35.5% 和 6.7% 逐年下降至 2017 年的 9.7% 和 0.5%,外资银行占比略有下降,从 2008 年的 8.6% 逐年下降至 2017 年的 4.0%,新型农村金融机构和邮政储蓄银行占比从 2008 年的 15.6% 小幅下降至 2017 年的 13.7%。

表 1-5　中国各类中小银行总负债占比变化情况(2008—2017 年)

(单位:%)

年份	城市商业银行	外资银行	农村商业银行	新型农村金融机构和邮政储蓄银行	农村信用社	农村合作银行
2008	27.5	8.6	6.2	15.6	35.5	6.7
2009	30.6	6.8	10.1	15.4	30.3	6.9
2010	32.9	6.9	11.4	15.3	27.3	6.2
2011	33.8	7.0	14.2	15.3	24.9	4.7
2012	34.6	6.4	17.3	15.5	22.6	3.5

年份	城市商业银行	外资银行	农村商业银行	新型农村金融机构和邮政储蓄银行	农村信用社	农村合作银行
2013	35.8	5.8	19.8	15.1	20.6	2.8
2014	36.7	5.4	23.1	14.8	18.1	1.9
2015	39.0	4.3	25.9	14.6	15.0	1.3
2016	40.9	4.0	29.0	13.9	11.6	0.6
2017	41.4	4.0	30.7	13.7	9.7	0.5

　　税后利润同样呈现增长趋势。2008—2017年,我国各类中小银行税后利润从2008年的929.5亿元逐年上升至2017年的5699.1亿元,增长5.13倍。从同比增速看,2009—2014年为快速增长期,其中2010年和2011年同比增速甚至分别高达50.1%和64.7%,2015年仅为0.5%,2016年和2017年增长有所恢复,分别为7.7%和9.2%。我国各类中小银行税后利润占银行业金融机构的比例从2008年的15.9%上升到2017年的25.9%。从各类中小银行税后利润占比变化情况来看(见表1-6),城市商业银行占比变化不大,农村信用社和农村合作银行占比分别从2008年的23.6%和11.1%逐年下降至2017年的8.6%和0.4%,外资银行占比下降较快,从2008年的12.8%逐年下降至2017年的2.6%,农村商业银行占比上升较快,从2008年的7.9%逐年上升至2017年的34.6%,新型农村金融机构和邮政储蓄银行占比从2008年的0.7%小幅上升至2017年的10.4%。

表1-6　中国各类中小银行税后利润占比变化情况(2008—2017年)

(单位:%)

年份	城市商业银行	外资银行	农村商业银行	新型农村金融机构和邮政储蓄银行	农村信用社	农村合作银行
2008	43.9	12.8	7.9	0.7	23.6	11.1
2009	44.9	5.8	13.5	2.9	20.6	12.2

续表

年份	城市商业银行	外资银行	农村商业银行	新型农村金融机构和邮政储蓄银行	农村信用社	农村合作银行
2010	46.4	4.7	16.9	7.2	14.0	10.8
2011	39.6	6.1	18.8	9.4	19.4	6.7
2012	39.3	4.7	22.5	9.8	18.8	4.9
2013	39.7	3.4	25.9	9.4	17.6	3.9
2014	38.6	4.1	28.7	8.9	17.2	2.6
2015	41.1	3.2	30.7	9.6	13.7	1.7
2016	43.0	2.5	34.2	9.7	9.9	0.7
2017	43.4	2.6	34.6	10.4	8.6	0.4

2018 年第四季度的央行金融机构评级覆盖了 4379 家银行业金融机构，包括 24 家大型银行、4355 家中小机构（含 3990 家中小银行和 365 家非银行机构）。24 家大型银行中，评级结果为 1 级的 1 家、2 级的 11 家、3 级的 7 家、4 级的 3 家、6 级的 1 家、7 级的 1 家。4355 家中小机构中，评级结果为 1—3 级的 370 家，占比 8.5%；4—7 级的 3398 家，占比 78%；8—10 级的 586 家，D 级的 1 家，占比 13.5%，主要集中在农村中小金融机构。

从机构类型看，外资法人银行和民营银行的评级结果较好，分别有 35.7% 和 22.2% 的银行分布于 1—3 级；村镇银行、城市商业银行、农村商业银行结果次之，分别有 88.9%、75.6%、73.2% 的机构分布于 4—7 级；农村信用社和农村合作银行的结果较差，分别有 43.3% 和 32.7% 的机构分布于 8—10 级。从地区看，厦门、深圳、上海、浙江、福建、青岛、江苏、北京等地区，评级为 2—5 级的占比超过 70%。

从总体看，我国中小金融机构整体经营稳健，且近年来通过早期纠正措施，已有 164 家机构评级结果得以改善，退出高风险机构名单。部分中小金融机构评级结果较差，客观上一方面是由于当前我国经济增速总体上有所放缓，而中小金融机构对宏观经济的变化较为敏感,因此受到一定冲击;另一方面可能部分体现了银行风险管理要求的强化,银行业金融机构不良资产分类更加审慎,拨备计提力度加大,从而可能导致一些监管指标有所下降,进而影响评级得分。

二、国内外对中小银行的相关研究

(一) 国外相关研究

现有国外文献对中小银行的相关研究集中于以下几个方面:

第一类为对中小银行与大银行的对比分析。

一是经营情况对比。阿基贝等人(Akhigbe 等,2003)调查了 1990—1996 年间总资产低于 5 亿美元的小银行的利润效率,发现小银行比大银行的利润率更高。非都市统计区域中的小银行始终比都市统计区域中的小银行具有更高的利润率。赛利等人(Cyree 等,2012)研究了大银行存在对农村小银行业绩的影响。与大银行竞争时,农村县制银行的利润效率较低,但资产回报率较高,贷款利息和手续费收入水平较高。农村市场中的小型银行不应惧怕大型竞争对手。相反,当市场上有大银行时,依靠农村小型银行贷款的客户会受到较高利率和贷款费用的负面影响。普兰拉尔(Pooran Lall,2015)以 2007—2013 年为观察期,考察与市场相关的因素以及宏观经济/地区因素对小银行和大银行赢利能力的不同影响。结果发现,利率风险、流动性风险和资本化风险、贷款利率、产品专业化、银行地理位置和业务规模对小银行的赢利能力产生积极影响。与大银行相比,产品专业化、信用风险以及银行地理位置和银行业务规模对小银行赢利能力的差异影响更大。大银行的赢利能力与信贷风险的相关性较强。银行业务规模和地理位置对大型银行的赢利能力没有重大影响。贾亚德夫等人(Jayadev 等,2017)认为,印度银行业结构的最新创新是成立了新的银行机构,即小型金融银行。预计这些银行将通过向更多人群提供具有差异化银行模式的基本银行业务和信贷服务,渗透到金融包容性中。新的小型金融银行在提出新的差异化业务模型方面面临多个挑战,包括建立低成本责任组合、技术管理以及平衡法规遵从性。约瑟夫等人(Joseph P.Hughes 等,2019)分析了五组银行的区别,即资产低于 10 亿美元的小型社区银行、资产在 10 亿—100 亿美元之间的大型社区银行、资产在 101 亿—500 亿美元之间的中型银行、资产在 501 亿—2500 亿美元之间的大型银行、资产超过 2500 亿美元的最大银行。新一轮金融监管改革以后,监管合规性和技术负担的增加可能不成比例地增加了社区银行的成本,引发了人们对小企业获得信贷的担忧。虽然小型社区银行表现出相对更有价值的投资机会,但大型银行、中型银行和大型社区银行更有效地利用它们的投资机会,取得更好的财务业绩。与小型社区银行不同,大型社区银行具有增加对小型企业贷款的财务激励。与小型社区银行相比,商业贷款和商业房地产贷款,大型社区银行、中型银行和大型银行承担更高的固有信贷风险,表现出更高效的贷款。塞杜诺夫(Sedunov,2020)研究了本地银行市场组成对客户满意度的影响。使用2012—2017 年向美国消费者金融保护局(CFPB)提交的投诉数据,来衡量县级的客户满意度。结果发现,在小型银行数量较多且保持不变水平的县中,客户投诉较少。这种影响适用于各种投诉类型、市场类型、市场人口统计数据和替代计量经济学指标。

二是关于小银行合并后的影响。贾亚普拉等人(Jayaratne 等,1999)针对小银行合并浪潮是否会使得小企业信贷变得更困难的问题,发现只有小银行在向小企业放贷方面享有优势时,银行合并才会减少小企业信贷。事实上,在地区小银行较少的情况下,小企业从银行获得信贷额度的概率在长期内不会降低,尽管可能会出现短期中断。伯杰等人(Berger 等,2001)针对银行业合并所引起的对小企业信贷供应的担忧,通过研究发现小企业从给定规模的银行借款的可能性大致与该规模的银行在当地市场的存在成正比,尽管有例外。小企业贷款的利率更多地取决于市场的规模结构,而不是提供信贷的银行的规模,而以大银行为主的市场通常收取较低的价格。雅特等人(Jagtiani 等,2016)研究了美国社区银行在过去十年中被收购的风险特征,比较了收购前和收购后的表现,并调查了收购如何影响了小企业贷款(SBL)。当大型银行收购社区银行后,合并后小企业贷款总量会增加。数据还表明,所有银行规模组的整体(不考虑合并)小企业贷款趋势都在下降。实际上,相对于大型银行,社区银行的平均小企业贷款比率下降更为严重。在过去十年中,涉及社区银行目标的合并在不影响小企业贷款的情况下,提高了银行系统的整体安全性和稳健性。

第二类为对中小银行外部环境方面的研究。吕内堡等人(Lüneborg 等,2003)根据瑞典、挪威、芬兰、丹麦四国共 278 家零售银行数据,研究显示小银行使用以客户为中心的技术的积极作用最为明显,能够通过使用新技术来保持或增强其竞争地位。大银行通常具有最复杂的应用程序,但性能并不比小银行好。马尔(Mare,2015)建立了一个生存模型,根据 13 年来观察到的银行违约数据,来预测意大利小型合作银行之间的违约情况。结果表明,经济环境因素有助于预测小型合作银行倒闭。从国家层面看,经济衰退增加了合作银行的违约风险,支持引入反周期资本缓冲以减轻与银行不稳定相关的负面影响。从地区层面看,银行监管者应密切监视地方经济状况,以观测银行困境。萨宾(Sabine Lautenschläger,2016)认为,中小银行基本实现了金融体系的理想功能并为实体经济融资。但由于经济增长乏力、投资疲弱以及长期的低利率,一些国家的中小银行传统商业模式正在受到挑战。方等人(Fang 等,2019)认为,利率自由化大大提高了中国银行业的竞争状况,特别是 2013 年之后。

第三类为对中小银行风险相关的研究。伯南克(Bernanke,1983)认为,在 1929—1933 年间,破产的债务人伤害了银行,这导致信贷可用性下降和债务人承受更大压力。在此期间,美国的银行数量减少了一半。主要由小型独立银行组成的美国系统一直特别脆弱,这些脆弱性加剧了大萧条的深度和持续时间。萨宾(2016)认为,中小银行并不等同于非系统重要性机构,反而是对银行体系的稳定具有重要意义。埃莉莎（Elisa Ferreira，2018）认为，由于一家银行的倒闭对欧盟造成了巨大的社会和经济影响，该银行在欧盟层面被认为与公众无关，但在地方层面可能具有系统性。堪拉斯等人（Canlas 等，2018）分析了菲律宾三个大银行倒闭前后不同账户大小的存款行为，即区分城镇级别的小额存款和大型存款。无论大小储户都预计他们的银行将要倒闭，都会在银行关闭前开始提款。但没有证据表明大型银行的关闭会导致附近其他银行的存款人提款，无论存款是多还是少。银行关闭确实导致附近银行分支机构的存款减少。所有这些表明，尽管银行倒闭可能导致传染病蔓延，但小额存款人的行为与大额存款人的行为没有什么不同，因此金融包容性不太可能增加金融动荡。伊利西亚尼等人（Elyasiani 等，2019）指出 2007—2009 年的国际金融危机期间，大银行（资产超过 10 亿美元的银行控股公司）与小银行（资产少于 10 亿美元的银行控股公司）相比，业绩下降幅度更大，系统性风险增加幅度更大。与此同时，中小银行风险处置也与大银行不同。达威拉等人（Dávila 等，2011）探索当政府向金融部门提供系统范围的救助时，如何区分对待大银行和小银行的。出于战略考虑，银行规模是决定银行杠杆选择的关键因素。因为大银行内部化了其决策直接影响政府的最佳救助政策，大银行的存在增加了总杠杆率和救助规模。最佳的办法是根据规模大小，实施事前监管，并对大银行征收"规模税"。亚瑟（Arthur J.Murton，2019）认为，大银行不太可能通过收购与承接（P&A）交易来解决，而更有可能通过使用过渡银行来解决。自 2008 年国际金融危机以来，美国联邦存款保险公司已为 525 多家破产银行提供了服务，这些银行几乎都是小型社区银行。在这些决议中，大约有95% 属于收购与承接交易。

第四类为对与中小银行监管相关的文献。麦克纳尔蒂等人（Mcnulty 等，2001）验证小银行在放松管制的环境中生存的能力。采用 1986—1996 年间所有佛罗里达银行的样本，评估了四种贷款质量的衡量标准。结果表明小银行的贷款质量更高，非都市地区的小银行的净冲销和贷款损失准备金均低于其他银行。但是,其他衡量贷款质量的指标(不良贷款和其他拥有的不动产)在小银行中更高。默迪等人(Mody 等,2015)认为,国际金融危机以来的监管改革,加重了小银行和储蓄机构的监管负担,尤其是比规模大得多的竞争对手要沉重得多。但是,这并不意味着对小银行就应该减少资本和流动性要求,而是应该减轻其运营负担。萨宾(2016)认为,小银行通常风险较小,在某些地区,小银行的监管和监督成本与收益可能无法平衡。适用于小银行的方法与适用于大银行的方法并不相称,相比之下,尤其是复杂的审慎规则,小银行监管成本会更高,而收益会更小。安德烈亚斯(Andreas Dombret,2017)认为,在中小银行监管改革方面,特别是从德国央行的角度来看,有几条不可跨越的底线。一是资本和流动性要求,只能收紧,决不能削弱。二是不能放松对系统重要性机构的要求。三是只有业务模式和风险状况良好的机构才能从简化的规则中受益,特别是中型银行。布什等人(Busch 等,2018)开发了专门针对德国中小银行的宏观经济投资组合压力检测。结果表明,德国中小银行对宏观经济压力具有很强的抵御能力。主要的压力驱动因素被证明是信贷减值,而不是其他净收入组成部分。加加尼斯等人(Gaganis 等,2019)以 2002—2017 年间来自 50 个国家的 356 家银行为样本,考察银行风险、宏观审慎政策、公司治理之间的相互作用。研究结果表明,银行公司治理对风险承担的影响在很大程度上取决于现行的宏观审慎政策。在没有或只有少数宏观审慎政策的情况下,公司治理影响是微不足道甚至是负面的,但是随着更多的宏观审慎政策运用,公司治理影响将越来越积极。默莱曼等人(Meuleman 等,2019)以 2000—2017 年间月度动态的面板框架来评估宏观审慎工具及其设计在短期和长期内对银行系统性风险的影响。一般而言,微观审慎政策着眼于单个银行的尾部风险,而宏观审慎政策则通过解决银行之间的相互联系和共同风险来针对系统性风险。宏观审慎政策措施对银行的系统性风险具有下行影响,信用增长工具和敞口限额对单个风险成分表现出最明显的下降影响。就系统性联系组成部分而言,各银行的影响是不同的。流动性等宏观审慎工具的实施,降低了银行之间的关联程度,从而提高了整个银行体系的弹性。宏观审慎工具对于陷入困境的银行似乎是最有效的,但仍需要进一步优化。

第五类为对中国中小银行问题的研究。澳大利亚央行(RBA,2019)以专栏形式分析中国小银行①的风险,包括资产负债表快速扩张、公司治理和风险管理系统不够完善、许多银行未发布财务报表并无法向独立审计师提供数据、资产质量较弱、资本充足率较低、严重依赖短期资金、存在流动性风险等。方等人(Fang 等,2019)检测了 2003—2017 年间中国不同类型的商业银行的风险,结果表明,中国银行业市场(存款市场、贷款市场和非利息收入市场)在2003—2005 年间竞争激烈,同样的情况还发生在 2014—2017 年间。银行的规模、成本效率、利润效率和通货膨胀与银行的赢利能力显著相关。当银行承担更高的风险水平并面临更多竞争时,成本效率对赢利能力的正面影响会更强。富法科娃等人(Funfacova 等,2020)使用基于随机前沿方法的昆巴卡尔等人(Kumbhakar 等,2014)的模型,测量了 2008—2015 年间 166 家中资银行的大量样本的持续效率和瞬态效率。结果发现,中国五大银行的效率较低几乎完全是由于持续的成本效率低,表明存在结构性问题。相反,五大银行的瞬态效率与其他中资银行类似,反映出在短期内将成本降至最低的良好能力。

(二) 国内对中小银行的相关研究

国内对中小银行的相关研究大致分为两个阶段:

第一阶段:包商银行接管事件之前,更多文献集中于论证中小银行的重要性和相对优势。

有观点认为,解决我国中小企业融资难问题不能靠大型金融机构,要靠中小金融机构(林毅夫和李永军,2001;王健聪,2012),还有些研究通过实证来证明这一点(李志赟,2002;姚耀军和董钢锋,2014),原因在于中小企业信息

---

① 澳大利亚央行将股份制银行定义为中型银行,其小银行的定义范畴实际上为本书所指的中小银行。

不对称可能被大银行排斥，所以存在中小企业融资约束。

也有些观点认为，大银行并非不适合为中小企业服务，也存在共生关系（邓超等，2010）。更有研究指出，小银行不一定具备所谓的关系型贷款优势（罗正英等，2011）。还有些实证研究表明，所谓规模对应规则也许不存在，可能大银行贡献更大（李华民和吴非，2015）或者银行规模对中小企业贷款并没有那么大影响（罗正英等，2011）。

在发展道路上，王天宇（2012）认为，新常态下，大型银行与中小商业银行市场环境分化，中小商业银行面临较大经营压力，使用资金的成本急速上升，信贷风险逐渐暴露。中小商业银行应树立积极主动的风险管理理念，加强信贷管理，找准角色定位，扬长避短，深耕细作，走差异化、精品化、特色化道路，实现平稳可持续发展。孙宗宽（2012）认为，我国银行风险管理以外生驱动为主，内生机制作用较弱，推动银行进行新一轮资源整合是当前形势下市场化处置中小商业银行风险的重要方式。同时，尽快出台商业银行市场化退出机制，拓宽银行资本补充渠道，适度降低资本补充工具准入门槛，防止问题银行"绑架"监管，助长道德风险，推动"三会一层"①发挥实效，厘清"三会一层"在公司治理中的职责和边界，加速构建基于规范公司治理机制为基础的全面风险管理体系。

此外，部分文献关注到中小银行公司治理方面问题。刘涛（2011）认为，以城商行为代表的中小商业银行是银行业中最为活跃的一类主体，一些银行在发展中暴露出内部组织结构行政色彩浓厚、股权结构的不合理等不足。提出要持续优化股权结构，保持股权相对稳定，要严格审查股东资质。凌敢（2018）认为，进入新时代银行业公司治理机制面临新形势、新任务，社会基本矛盾的变化以及商业银行改革对银行公司治理体制的有效性要求更高。不少上市银行利用股份制改革的良好契机，在引入境外战略投资者的过程中，学到

---

① "三会一层"为股东大会、董事会、监事会，高级管理层。

了国际先进的治理经验。安徽银保监局课题组(2018)认为,要维护股东合法利益,应重视和倡导权利与利益的平衡,这也是公司治理问题的焦点之一。

第二阶段:包商银行接管事件之后,以论证中小银行的风险及应对为主。

第一,与中小银行经营风险相关的文献。

从现有文献看,大致分为这么几类风险:一是流动性风险。周祥军(2020)以及张光华(2020)认为,中小银行过于依赖同业负债及资产性投资收入导致流动性风险。袁冬云等(2020)具体指出三个短板为资产负债管理难度增加、数据质量和科技系统支撑不足、流动性风险管理人才匮乏。吴玓等(2020)以西安市辖区地方性法人中小银行为例,尝试构建考虑同业往来业务的流动性监测指标体系。二是信用风险。中小银行风险预估不足和风控能力较弱导致信用风险(周祥军,2020),经济下行期加大中小银行信用风险暴露(纪淼等,2019)。秦建文等(2020)以69家中小银行2008—2018年的面板数据进行实证分析,提出在经济转型时期,即从粗放型高速增长转向内涵式中高速增长转型,一些集团客户由于过去粗放经营、盲目扩张、过度融资、关联互保等行为,中小银行面临着信贷资金被挪用、被悬空、被逃废的风险。三是利率风险。丁栋梁(2020)指出利率市场化给中小银行带来一些新的风险和压力。刘端(2020)也指出存贷款利率逐步放开所带来的利率风险。四是公司治理风险。治理机制不健全和缺乏有效监管导致公司治理风险(周祥军,2020;纪淼等,2019),近期发生的银行风险事件表明,中小金融机构公司治理若存在一股独大、监督机制形同虚设、决策机制缺少制衡等缺陷,甚至会带来系统性风险(周皓等,2020)。五是操作风险以及由此引发的声誉风险。这可能对于中小银行来说影响更大。史小坤等(2020)以2001年1月至2019年3月201件操作风险事件为样本,得出应重点关注中小银行和高管人员在监管操作风险事件引发的声誉风险中的重要意义。六是政策层面带来的影响也不容忽视。纪淼等(2019)指出监管规则一致性和政策协调不够充分等问题。胡天伊(2020)指出我国对中小银行缺乏引导性的制度与政策安排,致使中小银行发展追求盲目扩张,银行业产品同质化现象严峻,且在跨区域发展中集聚了大量风险。从长期来看,这不利于中小银行的进一步发展和地方金融系统的安全。

第二,与中小银行公司治理相关的文献。刘龙(2019)认为,结合股权管理规范,重新梳理和识别关联交易,对股东资质是否合规进行穿透,排查关联关系,穿透审查实际控制人和最终受益人。陆岷峰(2019)认为,中小商业银行特别是非上市中小商业银行当前面临股权相对分散、股权管理压力较大等实际困难,应完善股权管理制度体系。制度体系是股权管理的必要保障。在符合国家法律法规大背景下,中小商业银行机构应结合银行股权管理实质建立符合自身发展需求的制度,避免发生执行无依据、制度不适用的问题。周皓等(2020)认为,不论中小银行的控股股东是民企、国资或外资,多数中小银行都与当地政府联系紧密,两者相互影响。这其中既存在地方政府越位的现象,也存在缺位的现象。有的地方政府财政部门、国资委或当地国企是城商行等中小银行的大股东,但没有履行股东的职责,风险管控流于形式。有的不占有股份,但仍可以对中小银行人事、业务产生一定的影响。城商行的业务发展依赖于当地政府支持,同时也对当地税收作出一定贡献。需要注意的是,地方政府过多行政干预城商行运营会对其公司治理产生负面影响,并带来一定的风险隐患。

第三,与中小银行风险处置相关的文献。李鑫(2020)指出,中小银行风险处置是防范系统性金融风险的重要工作之一。研究发现美国联邦存款保险公司在中小银行风险预判、问题金融机构市场化处置及中小银行监管处置权责划分等方面的经验对防范化解我国中小银行风险有重要借鉴作用。周皓等(2020)认为要防范中小银行的处置风险。流动性分层下,中小金融机构资金成本相对较高,高负债成本一定程度上会造成其对高收益资产的过度配置。当中央金融监管力度加强、节奏加快时,或对货币政策传导产生影响,加剧流动性分层现象。随着大银行愈来愈不愿意融出资金,城商行、农商行和农村信用社等金融机构陆续受到影响,导致流动性风险产生。定向降准措施虽有助于缓解城商行等金融机构流动性紧张的局面,但并没有从根本上解决其同业业务占比过高的结构性问题。需要注意的是,监管部门对银行表外、同业业务的监管不能"一刀切",要避免运动式监管给中小金融机构带来较大的冲击,城商行等金融机构一起缩表或调表容易形成系统性风险,不利于金融稳定。王鹏(2020)认为,包商银行被接管后,信用分层现象在银行间市场呈现出快速发展的态势。他从资本市场信用分层现象的来源出发,研究了信用分层对中小银行的影响,探讨了中小银行的信用风险特征,并从监管部门、中小银行和投资者角度提出了对策建议。周建刚等(2020)认为,在处置问题中小金融机构方面,美国主要由联邦存款保险机构、美联储和财政部作为救助主体,依据"处置成本最小化"和"系统性风险除外"等原则进行处置办法选择。日本积极推动存款保险制度以保障存款人权益,在银行处置上优先选择资金援助以保障银行金融中介功能。我国在处置问题中小金融机构方面还存在着相关法律法规尚未完善、银行内部纾困难、股权问题制约、风险成因多样化等困难。中国人民银行锡林郭勒盟中心支行课题组(2020)指出,当前防范系统性金融风险被纳入重要议事日程。在当前中央、地方金融监管权边界日渐清晰的情景下,国家采取强监管、严监管应对系统性风险防控,在消除系统性风险隐患的同时,加速了地方金融风险暴露。城商行、农村信用社等中小银行尤为明显,包商银行被托管、锦州银行被重组属于典型案例。中小银行在地方金融体系中占据重要位置,有效防范化解风险,需要地方政府支持和中央、地方金融分权重构。

第二节　中小银行发展转型的基本理论

一、信息理论

在中小银行与中小企业贷款的关系研究上,信息理论应用较为广泛。

当前,较为主流的研究范式是将中小企业贷款技术分为两类,即硬信息和软信息技术。硬信息是指仅由财务报表借贷技术,往往拥有最高质量、最大最透明财务报表的企业。软信息是指定性信息,银行贷款负责人在提供金融服务的过程中通过与借款人的多维联系而获得(博特等人,2000),软信息在组织内部或组织之间不容易传递(斯坦因,2002)。

从信息收集、保存和传输角度来看,硬信息成本较低,通常硬信息的收集者和用户是不同的,而软信息是统一的。在关系贷款技术中,金融机构主要依靠软信息生产和与业务相关的信息来减少它们与中小企业之间的信息不对称程度(彼得森等人,1994;伯杰等人,1995)。比如,一些中小企业和企业主软信息主要来自中小企业和银行贷款负责人员之间的长期直接联系(德格里斯等人,2000)。

从这一角度出发,大银行(大型、多市场、非本地机构)与中小银行(中小型、单一市场、本地机构)对于信息技术运用有所区别。其中,有一种观点较为普遍(贝格等人,1995;基顿,1995),即大银行(大型、多市场、非本地机构)倾向于专门向使用硬信息的相对较大的、信息透明的公司提供贷款(贝格等人,1996;柯尔等人,2004),而中小银行(中小型、单一市场、本地机构)具有使用软信息向较小、透明度较低的公司提供贷款的优势。由于透明度有限,最小的企业可能难以从大型机构获得融资。一些经验研究也证实了大银行在硬信息贷款方面的比较优势(史考特,2004;卡特等人,2005;贝格等人,2005)。这是因为大银行在硬信息的处理和传输方面具有规模经济,能够更好地量化和分散与硬信息贷款相关的投资组合风险。相反,大银行在通过大型组织的通信渠道处理和传输软信息方面可能会处于不利地位(斯坦因,2002),贷款过程中存在权限问题,可能因其复杂的组织结构而造成扭曲(威廉森,1967)。基于软信息的贷款也可能与金融机构内的代理机构问题相关,因为借贷人员是信息的主要存储库,为管理层次较少的小型机构提供了比较优势(贝格等人,2002),或贷款人员与批准贷款的经理之间的等级距离较小(利贝蒂等人,

2009），或组织结构和其他因素带来的竞争优势（德扬等人，2004）。

与此同时，有很多学者对上述理论提出质疑，并认为存在所谓的"小银行优势"（斯特拉恩等人，1998；彼得森等人，2002）。贝格等人（2014）使用2003年小企业金融调查（SSBF）进行了检测，发现结果往往与传统范式不一致，可能是由于贷款技术的变化和银行业的放松管制。沈等人（2009）认为银行总资产对银行决定中小企业贷款的影响微不足道，但是更多的地方贷款授权、更多的竞争、精心设计的激励计划以及更强大的执法手段会鼓励商业银行向中小企业贷款。同时，也指出尽管银行总资产不是一个重要因素，但更多中小银行可以通过在本地市场上加剧竞争，争取更多的中小企业贷款。为了确保中小银行能够以可持续的方式增长，需要授予其控制资金的权力，认真制订针对贷款管理人的激励计划。在此过程中，政府应发挥积极作用，而不是直接干预贷款决策，营造良好的体制环境，加强执法力度。贝格等人（2011）认为，大型银行并不是在所有硬信息技术中都具有同等的比较优势，与其他固定资产贷款技术相比，大型银行在租赁方面具有明显的优势。大型银行在硬信息技术方面的比较优势并没有因企业规模而增加。在有效利用某些形式的硬信息方面，如固定资产抵押品等，大型银行具有比较优势，只是对中型企业的优势并不明显。即便是行业整合，也不会减少对最小企业的信贷可用性。部分学者区分金融危机和非金融危机时期来检验这一假设。张等人（2016）使用中国中小企业的贷款数据，结果表明，无论当前是否存在金融危机，银行的规模与中小企业是否改变其贷款银行或融资来源的数量之间都没有显著的正相关关系。

二、公司治理理论

对中小银行来说，关于公司治理的研究很多集中在组织形式与中小银行绩效的关系研究上。组织形式是否集中、所有权与管理权是否重叠，都可能为中小银行的绩效带来潜在的优势和劣势。

集中控股银行在两个重要方面经常不同于股权分散银行。一方面,所有权的集中程度。根据定义,所有权更多地集中在一家集中控股的银行,而不是股权分散的银行。如有些美国社区银行,一个人可以拥有集中控股银行大多数,或所有权可以由家庭集团社区关系所共同享有。另一方面,集中持股可能会对银行的管理结构产生影响。在集中控股的银行中,银行的日常运营控制权可由所有权集团成员的经理或被视为所有权内部人的经理行使。在其他情况下,银行可由与所有权集团无任何关联的受雇经理管理。所有权集中度和所有权与控制权的重叠程度在效率方面都存在潜在的优势和劣势。尽管被股权分散的银行管理人也可能持有所有权股份或被视为所有权内部人,但所有权不集中于一个集团的事实限制了被股权分散的银行的所有权和控制权重叠的程度。

与股权分散相比,集中控股中小银行的管理者不那么容易受到短期赢利压力的影响,可从更长远时间来做决策并从中获益。一些研究者认为这是集中控股结构带来的一种运营优势(安德森等人,2003)。原因在于,内部股东可能将其所持股份视为一项重大的长期投资,而不是投资组合中的一只股票。与必须每季度实现赢利目标的银行所有者相比,被严密控制的银行所有者可能会采取更长、更具战略性的观点。在某种程度上,这种战略重点转化为更有利可图的经营决策,随着时间的推移提高机构的财务绩效。尤其是在家族银行的情况下,其规划时间跨度可能跨越一代人以上。

集中控股的第二个潜在优势是,银行所有者会更多地投资于监控管理者,来获取更多回报,缓解委托代理问题(詹森等人,1976)。股权分散的银行在所有权和控制权之间有着实质性的分离,容易受到委托代理问题带来的效率低下的影响,必须采取可能代价高昂的措施来克服这些问题。然而,对于一家集中控股的银行,所有者可能会有更大的动力投资于监督管理者,因为监督的好处更多地来自内部所有者,而不是外部股东。这样,集中控股银行所有者和管理者的激励措施是一致的,着眼于银行的长期价值最大化,就能更好地解决所有权和控制权分离可能产生的委托代理问题。

与此同时,集中控股给中小银行带来的潜在不利影响不容忽视。

其一,一家拥有集中所有权结构的中小银行可能追求严格的利润最大化以外的目标,其效率可能低于一家股权分散的银行。在某些情况下,这些目标可能反映了为了所有者、管理者或其他关联利益相关者的利益而产生非利息支出的决定,从而损害了当前收益,又被称为费用偏好行为(爱德华兹,1977)。如银行业主可以选择在困难时期支持当地企业的信贷需求,或者通过赞助或社区活动投资于当地社区。集中控股的所有权可能使所有者在短期内通过实现利润最大化以外的方式,实现其某些财务和战略目标,包括银行使命等等。

其二,集中控股的中小银行可能在筹集外部资本进行投资方面遇到更多困难。为提高银行的赢利能力,银行会通过留存收益或发行新的所有权股份来筹集资金。向新股东发行股票将稀释现有股权,集中控股的银行可能不太愿意这么做,这会从现有所有者那里筹集新的资本作为"外部资本",因此资本增加可能有限,从而会阻止该银行进行有利可图的投资,如扩张或收购。

其三,集中控股的中小银行继任计划可能更加困难。所有权和控制权存在明显重叠的潜在缺点,人才继任意味着可以同时转让所有权和控制权,虽然可以通过从内部招聘来解决,但这一解决方案限制了人才库的规模。特别是中小银行所有权结构由家庭或社区关系密切的个人组成时,这些关系也可能限制管理候选人的数量。即使集中控股银行的所有人通过在所有权集团中找到一位合格的管理人,一旦此人退休,银行可能再次面临委托代理问题,所有人必须找到一位合格的继任者。此外,如果即将退休的经理想出售该行的大量股份,该行还必须找到新的所有者以及新的经理。

三、市场结构理论

从理论上论证市场结构对实体经济的影响,是建立中小银行体系及其监管的基础。

伯南克(1983)证明了大萧条时期银行倒闭与实际经济活动之间存在着统计上和经济上显著的联系,在1929—1933年间,美国的银行数量减少了一半。主要由小型独立银行组成的美国系统一直特别脆弱,这些脆弱性极大地加剧了大萧条的深度和持续的时间。自此之后,越来越多的研究开始分析不同规模的银行对实体经济的影响。大致分为以下两种观点:

一种观点是"大而不倒"是主要问题,"小而美"是理想结构。博伊德等人(1993)认为,20世纪80年代美国银行业危机的主要原因是大银行的不良房地产贷款。阿查里亚等人(2015)认为,2007—2012年欧元区银行风险可以理解为"套利交易"。也就是说,银行股本回报率对外围市场——希腊、爱尔兰、葡萄牙、西班牙和意大利的债券回报率是正的,对德国政府债券回报率是负的,在不断恶化的外围债券回报率给银行造成损失之前产生"利差"的头寸。有证据表明,大银行更有可能从事套利交易,以从其减少的经济资本中获得更高的回报。达维拉等人(2017)研究了当政府向金融部门提供全系统救助时,大型和小型银行如何作出融资决策,得出的结论是,银行规模是决定银行杠杆选择的关键因素,即使救助政策对大银行和小银行是对称的。它们表明,一家大银行比一家小银行承担更多的杠杆作用,因为相对于一家小银行,一家大银行内化了这样一个事实:其行为直接影响到政府最优救助的规模,从而产生了承担债务的额外激励。布雷姆斯等人(2018)构建了金融领域的粒度模型,认为提高银行业集中度的政策可能会增加宏观经济结果的总体波动性。

从风险计量角度,艾伦等人(2012)构建了一个系统性风险度量指数(以下简称"风险指数")来测量单位金融机构的风险,并表明大银行和小银行的风险指数都可以预测宏观经济下滑,尽管大银行的风险指数可以比小银行更快地成功预测较低的经济活动。如果一家银行的股票市值低于纽约证交所上市公司的前五分之一,那它就是小银行。阿德里安等人(2016)构建了一个系统性风险的度量指标,即指定的条件风险价值(Conditional Vlaue at Risk,

CoVaR），并表明杠杆率较高、期限错配较多和规模较大的公司与较大的系统性风险贡献相关。如果一家银行比另一家银行大 10%，那么规模系数预测，大银行单位资本的条件风险价值比小银行的条件风险价值高 27 个基点。同样，国际清算银行的研究也得出了相同的定性结论。塔拉舍夫等人（2010）通过将夏普利价值（Shapley Value）方法应用于风险归因领域来衡量单个机构的系统重要性。作者发现，在其他条件相同的情况下，一个机构的系统重要性与一个较小的机构的系统重要性之比大于它们各自的规模之比。这意味着，针对系统重要性的审慎监管应比规模增长更快。

从市场结构与监管关系上，阿什拉夫特（2005）提供了一个关键性贡献，即揭示了银行规模、银行压力和经济绩效之间的联系。作者利用数十年来的县级数据，论证了小银行破产与县级收入下降的关联性大于大银行破产。必须指出的是，在作者的分析中，"小银行倒闭涉及存款与收入的比率低于第 90个百分点"。考虑到美国有数千家银行，银行在第 90 个百分点的分布下变得非常小，无论沿着哪个维度。事实上，在规模分布的第 99 个百分点，银行的资产规模已经降到 300 亿美元。在此基础上，艾米等人（2020）补充了阿什拉夫特（2005）的分析，因为我们关注的是银行分布的前 1% 以及宏观经济结果变量。艾米等人（2020）通过实证结果显示，在规模分布前 1% 的银行所经历的压力，对实体经济造成了统计上显著的负面影响。这种影响随着银行规模的扩大而增加。规模分布前 0.15% 的银行压力对季度实际 GDP 增长的负面影响是规模分布前 0.75% 的银行压力影响的两倍多，是规模分布前 1% 的银行压力影响的三倍多。这些结果广泛地说明了监管标准的严格程度应如何随银行规模而变化。即在其他条件相同的情况下，最大的银行应遵守最严格的要求，而较小的银行则应相继遵守较不严格的要求。艾米等人（2020）的分析为2018 年《经济增长、监管救济和消费者保护法》之后的宏观审慎监管辩论提供了支持。该法规要求联邦监管机构为在 1000 亿—2500 亿美元之间的银行制定审慎监管条例。

另一种观点是认为"小而美"并不存在,和大银行相类似,中小银行对经济影响同样很大,同样会带来风险。弗朗西斯(2013)指出中小银行行为可能与大型银行一样糟糕。中小银行可能会变得过于依赖不稳定的批发资金,而以太多的高风险放贷。他们可能是腐败和欺诈的。无论是 20 世纪 80 年代至 90 年代美国储贷危机,还是 1973—1975 年英国的第二次银行危机,这些中小银行风险与大银行一样威胁到了金融体系。从历史上看,中小银行并不比大银行"安全"。中小银行更有可能失败,而不是更少。"太大而不能倒"不仅限于大型银行,如果由于市场集中而相互联系和/或在系统上很重要,即使中小银行很小,也会被纾困。同样的观点,也在一些研究中被提及(萨宾,2016;伊丽莎,2018),在某个地区或者某个市场甚至对整个银行体系,中小银行可能会与大银行一样,具有系统重要性。

四、对现有理论的述评

从上述理论分析可知,中小银行发展转型理论零散于各个理论中,缺乏一整套整体分析研究框架,更缺少可以用于指导和研究中国中小银行发展转型实践的理论。从理论和现实紧迫性来看,急需重构中小银行发展转型的理论分析框架。

第三节　中小银行发展转型"微观—中观—宏观"分析框架

本书从"微观—中观—宏观"视角出发,将影响中小银行发展转型的基本要素依次分为以下三大基础、六项要素。

一、中小银行发展转型的微观基础之一:经营模式

经营模式本质是价值交换系统。本书所指的中小银行经营模式是指中小

银行为了生存和发展,以最大化自身价值为目标,依据自身资源优势,采取有别于大银行的市场定位、发展战略、业务结构、关键资源等模式选择。

二、中小银行发展转型的微观基础之二:公司治理

中小银行与一般企业不同,其公司治理也自然有别于一般企业,具有行业特殊性,即巨大的负外部性、较为特殊的治理目标、较为复杂的委托—代理关系。具体包括组织结构、股权结构、信息结构、风险结构等关键内容。

一是巨大的负外部性。银行是直接经营货币资金的金融机构,其经营资产主要来源于存款负债,具有高度的杠杆性、内生的脆弱性和巨大的负外部性。一般企业的倒闭只是有限的股东和公司的债权人直接遭受损失,而银行的倒闭,会导致公众对其他银行的信心也会受到影响,在整个金融体系中产生"多米诺骨牌效应",影响到所有的存款人。由于中小银行的客户基础多为中小企业和当地居民,这些客户注定更容易受到冲击,从而导致银行的负外部性更强。

二是治理目标较为特殊。银行公司治理的目标比一般企业更为复杂,也面临更加复杂的利益冲突。换言之,银行公司治理的目标既要关注营利性,还要关注资产的流动性和安全性。相对于大银行,中小银行立足于当地网络,利益关系更为复杂,经营模式和公司治理都受到影响,治理目标也因此变得更加多元化。

三是委托—代理关系较为复杂。银行因庞大的利益相关者群体,严重的信息不对称较为广泛,其委托—代理关系更加复杂[①],这大大增加了银行公司治理的难度。由于中小银行治理目标多元化,委托—代理关系也随之变得更加复杂化。

---

① 具体表现为银行与外部投资人(包括股东和存款人)、银行与贷款人、银行与存款人、股东与管理层、控股股东与中小股东之间。

三、中小银行发展转型的中观基础之一：市场结构

从中观逻辑来看，中小银行发展转型与其在市场结构的地位紧密相关。主要包括以下四大关系的平衡问题：

第一，中小银行与大银行的关系。相比于大银行，中小银行在软信息和关系型贷款上的优势，长期以来被视为维护其市场地位的根本所在。但是随着信息科技的创新发展，这些优势不再明显，大银行也可能反超中小银行。

第二，中小银行与其他存款类金融机构的关系。从各国实践来看，中小银行和大银行还面临着其他存款类金融机构的竞争。由于一些存款类金融机构本身享有一定的税收等方面的政策优惠，会对中小银行产生强大的竞争压力。比如美国银行式的信用合作社、农村信用体系等。

第三，中小银行与非银行类金融机构的关系。一些非银行类金融机构功能上银行化，或者因政策套利等原因成立类银行机构，这些不受银行监管却享受银行功能带来便利，形成不公平监管优势，这些都对中小银行形成挑战。

第四，中小银行与非传统金融机构的关系。金融科技的发展突破信息不对称和地域上的限制，一些科技巨头企业甚至利用产融结合和金融科技等优势，形成大科技（BigTech）公司，严重冲击中小银行乃至大银行的市场地位。

四、中小银行发展转型的中观基础之二：监管结构

从中观逻辑来看，各国监管结构设计也同样影响着中小银行发展转型。主要包括以下三个方面：

第一，中小银行与大银行的监管差异性问题。从美、日实践来看，中小银行监管差异化设计已纳入监管结构整体框架之中。如何在避免"一刀切"和避免政策套利之间取得平衡，是监管差异性需要考虑的问题。

第二,中小银行与其他金融机构监管公平性问题。从市场结构分析来看,其他存款类、非银行、非传统的各类金融机构都有可能享受银行展业优势而不用承担相应的监管成本,如何维持各类金融机构的监管公平性问题,是一个不可回避的挑战。

第三,各监管主体间监管平衡性问题。一是各监管主体之间职责分工是否界定清晰,是否能够统筹协调。二是银行监管和存款保险之间的平衡性问题。三是中央、地方监管结构设计问题。

五、中小银行发展转型的宏观基础之一:区域环境

区域环境对于中小银行而言,有着特殊意义。

一是区域环境直接决定中小银行经营模式的选择。本区域的企业和居民既是中小银行市场定位的对象,也是中小银行关键资源的基础。一方面,中小银行对于本区域的企业和居民具有"软信息"优势,可以挖掘出符合当地需求且被大银行忽视的金融服务需求。如美国社区银行为本社区的中小企业、居民家庭、农户提供就业、创业、买房、买车、种田、投资和财富管理等定制化金融服务和产品。日本地方银行针对中小企业人才不足、事业继承困难等痛点提供金融咨询和服务。另一方面,中小银行作为本区域的核心金融机构,不同程度地会承担支持区域发展的社会责任。美、日中小银行在这方面素有美誉,无形间转化为自身关键资源。美国社区银行被称为"社区的命脉",从单纯提供金融服务的"经济主体"演变为社区成员的"社会主体",广泛参与社区建设,如在当地学校和医院的董事会任职、向非营利组织捐款、在社区做志愿者等。日本区域银行享有"故乡银行"的美誉,与地方自治体和本地企业等合作,积极开展区域经济、产业活性化、区域环境保护等有助于建设可持续的地区社会的措施。如近年来为应对人口老龄化等社会问题,日本提出"基于区域的金融"的社区融资计划,以振兴区域经济和产业,实现可持续的区域社会。

二是区域环境是中小银行公司治理的基础。在我国,区域环境对中小银

行公司治理影响程度更多地体现在地方政府与中小银行的关系上。在实践中,双方存在互惠互利效应。这种来自地方政府的庇护,相当于为中小银行提供了显性或隐性的担保,有利于提升银行信誉、扩大资金来源、拓展客户渠道等。与此同时,地方政府也可享受到中小银行发展的红利,获得税收收入、解决当地就业,必要时还可以借助中小银行的资源,减轻历史包袱、化解地方金融风险等。但是,双方存在目标相冲突的问题。具体反映在中小银行公司治理机制运行、人事任免、经营目标等方面的行政干预上。

三是区域环境与市场结构、监管结构存在交互作用,影响到中小银行发展转型。各国各区域环境千差万别,与之相应的市场结构和监管结构各有不同。一方面,区域环境与市场结构的关系。大银行总部更多聚集于大城市,中小银行总部则分布在各个区域。这一点在各国都有共性。如日本,5 家都市银行,即大型商业银行,总部在东京与大阪。而地方银行则大部分规模较小,分散在各中心城市。相比之下,我国大银行总部分布集中在北京、上海等地,中小银行总部则分布在 31 个省(自治区、直辖市)。另一方面,区域环境与监管结构的关系。受监管结构差异性影响,一些国家地方监管部门拥有银行准入许可权,如美国。在我国,中央、地方监管职责分工,特别是地方政府属地责任和金融管理部门监管责任,是各地中小银行稳健发展的制度保障。

六、中小银行发展转型的宏观基础之二: 宏观环境

从国内外实践来看,中小银行发展转型离不开宏观环境这一基础。主要有以下四个方面:

一是经济周期的影响。处于经济周期不同阶段的中小银行,面临的机遇和挑战是不同的。由于我国并没有经历真正意义上的经济周期,目前处于高速增长向高质量增长转变阶段,经济下行压力下实体经济不振特别是中小企业不景气,使得中小银行面临巨大的生存挑战。从美国前期实践经验来看,社区银行在危机期间、经济强劲期间、危机复苏期间的表现,充分印证了宏观经

济周期的重要性。

二是经济结构的影响。城乡分布、中小企业地位、人口结构等都有可能影响到中小银行发展转型。其一,城乡分布。中小银行在城市和农村所采取业务结构、发展策略甚至股权结构、机构类型都有所区别。以美国为例,鉴于农村经济的重要性,社区银行在商业银行部门提供农业贷款中占比近 80%,在创造和维持农村经济繁荣方面发挥着关键作用。在过去 20 年中,美国农村社区银行的资产回报率和股本回报率始终高于城市同行。其二,中小企业地位。从国际经验来看,中小企业在经济结构中的地位,不仅关系到中小银行市场定位和业务结构的选择,而且有关中长期发展战略和战略投资者的调整。在经济下行或重大冲击期间,中小企业经营陷入困境,拖累中小银行不良率上升。其三,人口结构。人口老龄化和人口数量变少所带来的一系列经济社会问题,都会影响中小银行发展转型。以日本为例,因人口结构变化而带来事业继承问题已经显现,因找不到继承人而不得不放弃继续经营的经营者不断增加,这些停业危机对于以其为客户基础的中小银行来说,无疑是严峻的挑战。

三是制度环境的影响。法律环境、宏观调控环境、社会诚信环境、科技环境等一定程度上促进或制约着中小银行发展转型的成败。其一,法律环境。美国《社区再投资法》以执法检查形式督导银行和储蓄机构开展普惠金融业务,将普惠金融开展与金融机构新业务申请许可挂钩,确保金融服务的平等性。其二,宏观调控环境。在我国现行宏观调控政策中,对中小银行影响最大的是利率市场化改革。从国际实践来看,在利率市场化背景下,不仅使得整个银行业息差进一步压缩,还有可能会伴随着银行业特别是中小银行的快速转型甚至是破产倒闭。其三,社会诚信环境。受商业模式陷入僵局的影响,日本企业丑闻多发。自 2011 年以来,日本企业包括日本银行发生了多起财务欺诈、数据篡改造假,非法融资以及高管和员工严重违法行为。

四是科技环境的影响。金融科技已经基本应用于支付清算、融资模式、基础设施和投资管理等多个领域,对传统银行体系特别是中小银行形成强大冲击。

第四节　中小银行发展转型"微观—中观—宏观"逻辑演绎

一、经营模式与公司治理的微观逻辑：表象与本质的辩证关系

公司治理①是指董事会为了达成组织目标,对组织体的活动提供信息、指挥、管理和监视,同时实施程序和组织结构。公司治理改革的本质在于董事会为达成组织目标正确构建并导入"结构"和"过程"。如果组织的"结构"和"过程"没有被正确构建和导入,经营者、独立公司外董事、风险管理者、内部监察人无论多么优秀,都无法发挥其能力。

日本银行(2019)较为深入地探讨过两者之间的关系,甚至旗帜鲜明地提出这样的观点,即公司治理是经营的"掌舵"或"巩固基础"。同时,为了形容这一关系,日本银行(2019)比喻,在当前瞬息万变的时代,已经不是只有经营者"掌舵"的时代,经营者决定让独立外部董事乘坐同一艘船的"董事会"前进,独立外部董事作为顾问、监视或合作伙伴,与经营者一起"掌舵"。如果"掌舵"弄错了或者"基础"动摇的话,船就可能沉了或者建筑物就倒塌了。

由此可见,中小银行经营模式只是表象,公司治理才是本质。观察中小银行发展转型的微观基础应当更多从公司治理入手,而非只是关注一些经营模式上的特征。如果公司治理基础牢固,会自动纠偏经营模式上的偏差。但是如果公司治理的微观基础不牢固,则势必会影响经营模式的方方面面,最终会拖累中小银行长期发展转型。

---

① "治理"(governance)一词源自拉丁文(gubernare),含有"统治"(rule)或"操纵"(steer)的意思。

二、市场结构与监管结构的中观逻辑：创新与监管的辩证关系

无论是理论还是实践,市场结构与监管结构之间的匹配度问题,是一个关乎创新与监管之间博弈的永恒话题。

如何看待中小银行与大银行的关系,直接决定中小银行与大银行的监管差异性问题。其博弈难点在于,是否采用监管差异性,都可能会产生新的问题。如果不采用监管差异性,即"一刀切",可能让中小银行无法抵御大银行的蚕食,特别是在一些金融体系不够完善的国家。如果采用监管差异性,监管者将面临衡量监管匹配度的选择,这直接考验着监管专业性和有效性。

如何看待中小银行与其他金融机构的关系,直接决定中小银行与其他金融机构监管公平性问题。对于任何国家监管结构而言,维护各类金融机构之间的监管公平性,是一个难做又不可不做的任务。来自其他金融机构的创新活动,都有可能改变市场结构,挑战现有的监管结构。

三、区域环境与宏观环境的宏观逻辑：局部与整体的辩证关系

区域环境与宏观环境同属外部环境,为中小银行发展转型提供支撑。就区域环境与宏观环境的关系而言,主要体现为局部与整体的辩证关系。

一方面,经济、政治、社会、文化等环境有区域局部与宏观整体之分。从中小银行发展转型来看,受经营范围的限制,多数中小银行更易受区域环境的直接影响,宏观环境的影响较为间接。

另一方面,在我国,这种局部与整体的关系往往会演变为地方与中央的关系。由于中央财政集中统一性越来越强,地方财政日益入不敷出,倒逼地方政府通过汲取金融资源来弥补财政资源的不足。这些局部与整体之间的失衡关系自然会影响到中小银行发展转型的外部环境。

第二章 "微观—中观—宏观"视角下中小银行发展转型的历史演变

第一节 国外中小银行发展演变的历次转型

一、美国中小银行发展演变的五次转型

从1837年起,美国中小银行经历了五次转型(见表2-1)。

表2-1 美国中小银行发展演变的五次转型

类别 \ 次数	第一次	第二次	第三次	第四次	第五次
特征	自由式无序	管制式有序	竞争式出清	管制式出清	竞争式有序
时间	1837 — 1929年	1930 — 1980年	1980 — 2010年	2010 — 2018年	2018年至今
宏观	传统自由市场经济盛行,对经济活动几乎不干预	大萧条后,开始严格管制	储贷危机、2008年国际金融危机	2008年国际金融危机后,开始严格管制	特朗普上台后,呼吁适度放松对中小银行的管制
中观	联邦与州双重体系逐步形成	分业经营、分业监管	混业经营、放松监管	严格监管	适度监管
微观	野蛮式生长	享受限制的制度红利,进入发展黄金期	制度红利被打破,竞争激烈,数量大大缩水	受"一刀切"严监管影响,数量大幅下降	数量有所稳定

（一）第一次转型：自由式无序

这一时期为 1837—1929 年，主要特点是美国中小银行特别是社区银行自由发展。

宏观上，美国经历了南北战争大统一和 20 世纪 20 年代中西部大开发，为社区银行蓬勃发展提供了宏观环境。与此同时，美国处于大萧条前传统自由市场经济盛行时期，对经济活动几乎不干预。1837 年，美国颁布《自由银行法》(Free Banking Laws)，任何个人或集团只要有 10 万美元资本金，就可取得银行许可。但实际上，一些州如密歇根州并没有严格执行最低资本金的规定。截至 1862 年，银行数量达 1492 家，社区银行居大多数。

中观上，美国处于逐步形成联邦与州双重体系的时期，市场结构和监管结构也随之成形。1863 年，美国联邦政府颁布《国民银行法》(National Act)，该法案促成美国独具特色的联邦与州双重注册体系。1900 年，又再次修订法案。银行最低资本额从 5 万美元下调为 2.5 万美元；经营上，不得跨州设立机构，1927 年《麦克弗法登法》又限制跨地域经营。

微观上，由于外部缺乏监管和内部缺乏约束，这一时期社区银行属于野蛮式生长阶段。以纽约州为例，《自由银行法》颁布后的两年内，120 家社区银行相继成立，但因缺乏监管，大批银行在设立的一两年内迅速破产。截至 20 世纪 30 年代，美国社区银行总数已增加到 3 万家左右。

（二）第二次转型：管制式有序

这一时期为 1930—1980 年，主要特点是美国中小银行从前期自由式无序发展转向逐步严格管制下有序发展。

宏观上，美国经历了大萧条后，经济金融秩序陷入极度混乱①。1933 年，

---

① 在此期间，近万家银行倒闭，仅 1930—1933 年间就有 5100 家倒闭。

美国国会通过了《格拉斯-斯蒂格尔法》,就此进入严格管制时期。

中观上,美国经历了混业向分业的转变,市场结构和监管结构也向严格分业限制转型。市场结构方面,商业银行、投资银行、保险公司、经纪人公司等完全分开经营。监管结构方面,监管机构也是各管各的领地,美国联邦存款保险公司等监管机构也是在此期间成立并影响至今。

微观上,"分业经营、分业监管"格局下,美国中小银行实际上享受着来自区域①、产品②、价格③等方面限制所带来的制度红利,进入了发展的黄金时期。截至 1980 年年底,在美国商业银行 14434 家,中小银行④ 14078 家,数量占比为 97.5%,资产占比为 33.4%。

(三) 第三次转型:竞争式出清

这一时期为 1980—2010 年,主要特点是美国中小银行从逐步严格管制下有序发展转向放松监管下无序竞争再到竞争式出清。

宏观上,受越战结束、中东石油危机等政治事件影响,美国通货膨胀及国债利率都受到了很大的干扰。20 世纪 80 年代美国利率曲线开始倒挂,十年期国债利率由 1970 年的 6%—8%上升至 1981 年的 15%左右,而 1981 年隔夜利率提升至 20%。长时间利率曲线倒挂、因"Q 条例"⑤等限制带来的金融脱媒,以及德、日银行业的兴起,这些对美国银行业,尤其是储蓄机构带来了巨大冲击。与此同时,1981—1986 年,美国推进一系列税收改革,商业房地产受到优惠政策影响,继而导致 80 年代初写字楼及其他商业地产投资急剧增长。然

---

① 此期间仍然遵守 1927 年《麦克弗法登法》的地域限制规定。

② 至少是部分业务。

③ 除了 10 万美元以上可转让定期存单外,"Q 条例"给所有的存款强加了利率上限,禁止从事利率竞争。

④ 此处指资产规模低于 10 亿美元。

⑤ "Q 条例"是指美联储按字母顺序排列的一系列金融条例中的第 Q 项规定。对存款利率进行管制的规则正好是第 Q 项,故"Q 条例"变成对存款利率进行管制的代名词。

而,1986 年,商业地产贷款的优惠政策取消,造成了前期大规模投资空置,如得克萨斯州写字楼空置率甚至达 20%—30%,继而形成了美国银行业大量的不良资产。

中观上,美国经历了分业向混业的转变,市场结构和监管结构也从严格管制向放松监管转型。1980 年,规定在此后 6 年,逐步提高"Q 条例"的利率上限,并于 1986 年 3 月 31 日前,取消所有限制①。1982 年,进一步解除限制②,扩大多样化经营范围。1994 年,彻底取消了《麦克弗法登法》(*McFadden Act*)的地域限制,银行可以跨州、跨区域设立分支机构③。1999 年,允许银行、证券和保险之间联合经营,美国银行业再次回归混业经营模式④。这些限制不断放松,不仅从监管结构角度对美国以往分业格局进行了调整,更是给美国市场结构带来了长远影响,大银行在资本、技术、人才、网络等方面的优势日益扩大,渐成"大而不倒"之势,银行体系的集中度大幅上升,中小银行面临空前严峻的生存压力。

微观上,上述宏观环境和中观政策调整,都无形间打破了长期以来社区银行享有价格、产品、地域上的政策红利,社区银行面临银行同业、非银行等竞争,利润空间被大大压缩,甚至大量经营不善的社区银行要么倒闭要么被并购,这些都导致这一时期社区银行的数目大大缩水。从 20 世纪 80 年代末到 2001 年,美国中小银行⑤数量从 14078 家锐减到 7631 家,资产占比也从

---

① 《存款机构放松管制与货币管理法》(*Depository Institutions Deregulation and Monetary Control Act of* 1980)。

② 《甘恩—圣哲曼储蓄机构法》(*Garn-St Germain Depository Institutions Act*)出台,包括消除存款利率上限;消除先前对贷款价值比率(loan-to-valueratio)的法定限制;扩充了美国联邦储贷机构可投资的资产类型,允许其在商业按揭方面的投资比重最高可达总资产的 40%,消费者贷款最高达 30%以及商业租赁最高达 10%。

③ 《里格—尼尔州际银行与分支机构效率法》(*The Riegle-Neal Interstate Banking and Branching Efficiency Act*)出台。

④ 《格拉斯—斯蒂格尔法》被废除,《金融服务现代化法》(*Financial Services Modernization Act*)出台。

⑤ 资产规模 10 亿美元以下。

33.4%降至16.0%。甚至出现一种声音,社区银行会被彻底消灭。但事实证明,经历了此轮市场出清之后,社区银行再次转型调整后,逐步走向稳健经营之路,甚至在金融危机期间虽损失惨重,但也存活下来。美国联邦存款保险公司(2010)调查显示,社区银行从1985年至2010年的25年间,其存活比是36%,远高于非社区银行,说明社区银行强大的生命力。

(四) 第四次转型:管制式出清

这一时期为2010—2018年,主要特点是美国中小银行从竞争式出清转向严格监管下收缩。

宏观上,美国在经历了2008年次贷危机和国际金融危机后,于2010年7月21日出台了《多德—弗兰克华尔街改革与消费者保护法》(以下简称《多德—弗兰克法》),有效提升了美国银行业特别是大银行的稳健性,银行的资本金远远高于10年前。《多德—弗兰克法》过于"一刀切"(one-size-fits-all)监管模式却造成了意想不到的后果,使大银行变大,小银行变少,剥夺了美国人民获得金融服务和产品的机会。

中观上,针对市场结构中集中度上升的问题,美国监管结构始终保持积极调整的态势。为了提高监管的针对性,减轻社区银行的监管负担,各监管机构尝试通过设置与大银行相区别的监管方式与程序来监管社区银行。美国货币监理署设置了助理监察官专门负责社区银行的监管,并制定了针对社区银行的监管手册(Comptroller Handbook for Community Banking)。美国联邦存款保险公司则设立针对大银行的风险监管委员会,将剩余的监管力量投入到对社区银行的监管,并且对监管社区银行的人员进行专门培训。美联储于2011年建立了区域与社区委员会(Smaller Regional and Community Banking Subcommittee),专门负责社区银行监管;2015年,美联储发布了《小型银行控股公司信息规则》(Small Bank Holding Company Statement)的最终稿,允许小型银行控股公司暂时在较高债务水平下开展经营活动。一般来说,美联储不提倡银行控股公司采用负债的办法来开展收购活动,但考虑到小型银行机构开展收购活动面临资金压力,因此对相应规则进行了调整。同时,美联储明确提出,社区银行可从《以风险为基础及杠杆资本指引》(*Risk Based and Leverage Capital Guidelines*)获得豁免并免除了相关报备要求①。

微观上,自《多德—弗兰克法》通过后,美国各地的社区银行一直受到巨大监管的压力,合规成本上升至净收入的24%,存款份额损失近四分之一。2006—2010年间,社区银行在美国银行业资产中的份额下降了6%。相比之下,2010—2015年间,社区银行在美国银行业资产中的份额下降了12%以上。

(五) 第五次转型:竞争式有序

这一时期为2018年至今,主要特点是美国中小银行从严格监管下收缩再到适度监管下的竞争式有序。

宏观上,距离上一轮监管改革已经10年,对于《多德—弗兰克法》过于"一刀切"的做法批评声音越来越多,特别是对于中小银行的伤害几乎成了众矢之的。特朗普上台后,意欲以新的法案取代《多德—弗兰克法》,最终得以成功②。

中观上,资产规模低于2500亿美元的银行将不适用严格的监管规定,不必参加美联储每年组织的压力检测,不提交"生前遗嘱"等。将社区银行规模的认定标准,提高到100亿美元以下。对于符合相关标准的社区银行,杠杆率和风险资本监管要求简化;对交易性资产及负债小于资产总额5%的社区银行,豁免执行沃克尔规则;对于资产规模低于50亿美元的小型社区

---

① 在"综合资本分析与评估"(Comprehensive Capital Analysis and Review)中的资本压力测试以及相关内容均不适用于社区银行,仅适用于大型银行机构。

② 2018年5月,颁布《经济增长、放松监管和消费者保护法》(*Economic Growth*,*Regulatory Relief and Consumer Protection Act*),放松对中小型银行的监管。

银行,简化其财务报告披露内容的要求。同时,对少于500笔年发放住房抵押贷款的银行,免除其向监管机构报告借款人信息要求,除非这些银行在贷款歧视检测中表现欠佳;放松100亿美元以下规模银行在审核借款人住房抵押贷款偿付能力时的监管要求,同时如果此类银行年贷款笔数低于1000笔且贷款对象为农村或经济欠发达地区,还将免除住房抵押贷款强制性托管的要求。

微观上,根据《经济增长、放松监管和消费者保护法》新标准,美国执行系统重要性金融机构审慎监管标准的银行数量从38家减少到12家,减轻了部分中小型银行的合规成本。

二、日本中小银行发展演变的四次转型

从1910年起,日本中小银行经历了四次转型(见表2-2)。

表2-2 日本中小银行发展演变的四次转型

次数 类别	第一次	第二次	第三次	第四次
特征	"一县一行"	快速发展	体系形成	回归本源
时间	1910年至第二次世界大战	第二次世界大战后至20世纪70年代末期	20世纪80年代	20世纪90年代至今
宏观	大萧条的冲击,大批日本中小银行倒闭	经济重建资金严重匮乏,实施集中化管理和限制性管制	推行金融自由化	日本泡沫经济破灭,日本中小银行经历经营危机
中观	提出"一县一行"政策	分业经营、分业监管	取消各种限制;相互银行转型为第二地方银行	日本版的"金融大爆炸"
微观	基本实现了"一县一行"	享受限制的制度红利,进入发展黄金期	制度红利被打破,竞争激烈,地方银行进军海外	地方银行撤出海外业务,专心于国内经营;第二地方银行数量急剧下降

（一）第一次转型："一县一行"

这一时期为 1910 年至第二次世界大战,主要特点是日本中小银行特别是地方银行形成时期。

宏观上,1910 年明治末年前后,日本大银行[①]和中小银行[②]开始分化,到了 1920 年,两者之间的差距更加分化。受到大萧条的冲击,大批日本中小银行特别是地方银行倒闭。

中观上,日本大藏大臣马场于 1933 年提出"一县一行"的政策,为今后中小银行的发展提供了方向。但是正式将大银行和中小银行划分开来,还是在三年之后,即全国地方银行协会于 1936 年成立,地方银行正式与都市银行相区分。

微观上,第二次世界大战期间,在"一县一行"的思想指导下,日本地方银行逐渐形成并壮大。第二次世界大战结束后,日本地方银行基本实现了"一县一行"。

（二）第二次转型:快速发展

这一时期为第二次世界大战后至 20 世纪 70 年代末期,主要特点是日本进入严格管制时期。

宏观上,第二次世界大战后,面临经济重建资金严重匮乏的局面,日本对各个领域包括银行业实施集中化管理和限制性管制。从地域层面,急需金融中介来满足战后地方经济快速发展的资金缺口。

中观上,对于银行业而言,不仅实施严格的分业经营和分业监管,而且对存款利率、地域竞争等方面也进行了限制管理。这无形间保护了刚刚起步壮大的地方银行,使其在管制式有序环境下与都市银行保持了相对平衡,赢得了难得的发展黄金时期。值得一提的是,中观层面也并非一直严格监管,也曾在

---

① 以都市银行为代表。
② 以地方银行为代表。

1948 年左右经历过一度快速扩张,主要是允许增设店铺①。

微观上,地方银行快速增长和相互银行仍未转型为第二地方银行的阶段。从机构数量看,地方银行从 1946 年的 53 家增加到 1960 年的 64 家,其后变为 63 家②。与此同时,日本第二地方银行仍处于其前身,即相互银行③阶段。再加上日本各地区差异性,各相互银行的发展存在明显不平衡。但随着传统业务衰退,相互银行也开始向商业银行转型。

(三) 第三次转型:体系形成

此次转型经历了整个 20 世纪 80 年代,主要特点是日本进入金融自由化时期,相互银行转型为商业银行。

宏观上,20 世纪 70 年代末期,日本国内外经济金融形势发生巨变。受金融自由化国际浪潮的影响,日本于 80 年代起推行金融自由化。

---

① 1948 年,日本内阁为了增加银行存款,以利于拯救破败不堪的经济,决定允许地方银行设立简易店铺。当年,地方银行除分行以外增设店铺 2000 多个。与此同时,美国占领军当局,为了削弱日本金融垄断资本势力,敦促日本解散家族财阀,加快发展中小银行,日本政府顺其旨意,放宽地方银行设立限制,使得地方银行总行数量也有所增加。受此影响,地方银行总行数量急剧增加,分支机构大幅度扩张,银行之间的竞争加剧,甚至在融资中酿成许多黑市交易、行贿受贿等严重违反法令的现象。1949 年,美国改变对日本政策,变打击为扶植,停止实施"解散财阀"政策,允许金融机构实行合理垄断。在这样的大背景下,大藏省制定《银行店铺整备令》。地方银行遵行该法令,大幅度减少分行、支行和办事处数量,从而大大精简了组织机构。

② 1950 年以后,特别是 1955 年以后,随着经济恢复和发展速度加快,地方银行业务量急剧增加。但是,日本政府并没有头脑发热,允许过分增加地方银行数量及其网点。1949—1951 年,日本政府仅允许经营状况良好的东北银行、容山银行等 12 家银行加入地方银行行列。地方银行自行撤并 1444 个代理店,增设 957 家分行。1952 年,都市银行增设 174 家分行,相互银行增设 450 家分行,信用公库增设 603 家分行,而地方银行仅增设 98 家分行,可见其发展战略十分慎重。1955 年以后,随着经济进入高速增长时期,银行扩张余地加大,都市银行、专业银行借此机会大量增加网点。但是,地方银行却没有紧步其后尘,而是保持稳定发展的态势。1955—1965 年,总行减少一家,分行减少 147 家。

③ 相互银行是以股份公司的组织形式建设起来的,其前身是"无尽"组织。相互银行的业务本身限定为中小企业服务、可以向大企业贷款。对同一债务人的贷款额不能超过自有资本的 20%,或不能超过 15 亿日元(在二者中选最低者为准)。与商业银行不同,对中小企业以外的贷款受到限制。

中观上,日本取消对银行经营地域、价格等方面的限制,推行利率自由化、资金交流自由化等。在此背景下,地方银行不再受到保护,直接面临都市银行、证券公司等挑战。借助国际化机遇,地方银行也在这一时期进军海外,试图突破地域竞争的局限性。与此同时,相互银行转型为第二地方银行①。但从发展之初,第二地方银行与地方银行就存在一定的差距。

微观上,从机构数量看,地方银行于 1984 年从 63 家回升到 64 家,此后变化不大。

(四) 第四次转型:回归本源

这一时期为 20 世纪 90 年代至今,主要特点是日本中小银行经历经营危机后,再次回归本源。

宏观上,20 世纪 90 年代初期,日本泡沫经济破灭。受中小企业破产倒闭产生大量不良债权的影响,日本中小银行经营面临危机,自有资产和抵押品的价值大幅缩水,经营亏损增加,自有资本下降。

中观上,日本金融领域推动彻底改革②,以巴塞尔协议、美国早期纠正措施等国际标准为目标,逐步推动国内监管体系的提升。

微观上,第二地方银行受前期扩张较快和市场竞争加剧的影响,整个行业进入重整阶段。从 20 世纪 90 年代 68 家迅速下降到 2009 年 42 家,此后逐渐下降到 2018 年 39 家,目前为 38 家。③ 地方银行也在经历国际化经营失败教训④

---

① 1989 年 2 月,开始实施相互银行转变为普通银行的具体方案。到 1990 年 9 月为止,除松山市的东邦相互银行外,其余 6 家相互银行都已转变为普通银行。

② 从 1996 年起,在前首相桥本龙太郎的倡导下,实施了日本版的"金融大爆炸",实施大幅度改革。

③ 因大正银行、德岛银行于 2020 年 1 月 1 日合并为德岛大正银行。

④ 1998 年,标准普尔公司鉴于地方银行的海外扩张导致资产质量和赢利能力双双下降,继而调低了 Gunma Bank、Joyo Bank、千叶银行和静冈银行的评级后,同年,以骏河银行、纪阳银行和足利银行为代表的地方银行就纷纷撤出海外业务,关闭了在美国的分行,北陆银行则将其纽约分行降格为代表处。

后,回归本土经营。

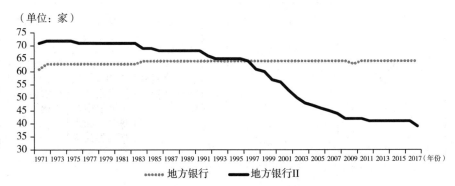

图 2-1 日本地方银行和第二地方银行机构数量变化情况(1971—2017 年)

资料来源:日本央行。

第二节 中国中小银行发展演变的历次转型

一、农村金融机构的六次转型

不同于美、日,中国中小银行是分两条路径各自独立发展的。

从 1949 年起,中国农村金融机构经历了六次转型(见表 2-3)。

表 2-3 中国农村金融机构发展演变的六次转型

次数 类别	第一次	第二次	第三次	第四次	第五次	第六次
特征	农村合作金融组织	独立经济实体的尝试	治理重组	专业化监管	股份制改制初期	股份制改制深入
时间	1949—1977年	1978—1985年	1986—1995年	1996—1999年	2000 年至2003 年3月	2003 年4月至今
宏观	特殊历史背景	改革开放初期	应对通货膨胀	东南亚金融危机	加入 WTO	分业监管体制
中观	1958—1962年,先后归人民公社和生产大队管理;1963—1978 年,重归中国人民银行管理	中国农业银行进行内部管理,中国人民银行实施行政监管	中国农业银行代表人行对农村信用社进行领导和管理	农村信用社与中国农业银行脱离隶属关系,县联社管理业务,中国人民银行负责监管(增设农村合作金融监督管理局)	省联社承担"管理、指导、协调和服务"职能,银监会负责监管

续表

次数 类别	第一次	第二次	第三次	第四次	第五次	第六次
微观	农村信用社成立,业务规模不大	改革受挫	整顿农村金融市场秩序	逐步组建地(市)联社,农村信用社经营逐步规范	省联社、农商行试点(2001年);县级联社和乡镇信用社的两级法人改组为县级统一法人社	农村信用社改革试点扩大;培育新型农村金融机构

(一) 第一次转型:农村合作金融组织

这一时期为1949—1977年,建立农村合作金融组织,即农村信用社。

从新中国成立到20世纪50年代后期开始的"大跃进"阶段,作为农商行的前身,农村信用社在这一段时间里实现了从无到有到繁荣。

1950年,中国人民银行和中华全国合作社联合总社提出在华北地区建立试点信用社(部)。1955年,中国人民银行颁布了《农村信用社章程》。在国内经济复苏、市场经济发展迅速的大环境下,国家政策的引导使得合作的金融机构不断涌现。1957年,农村信用社共有8.8万多家,存款总额20.3亿元。

但是自1958年"大跃进"后,农村信用社开始一波三折。由农村信用社变为公社信用部①(1958年)再到信用分部②(1959年)又回归农村信用社③(1962年)。

---

① 1958年,中共中央、国务院发布《关于适应人民公社化的形势改进农村财政贸易管理体制的决定》,国务院发布《关于人民公社信用部工作中几个问题和国营企业流动资金问题的规定》,决定将设立在人民公社的银行营业所和农村信用社合并,组成公社信用部。

② 1959年,中共中央发布《关于加强人民公社信贷管理工作的决定》。决定把原来的信用社从公社信用社分出,下放给行产大队,成为信用分部,由行产大队和公社信用部双重领导。

③ 1962年,中共中央、国务院批转中国人民银行《关于农村信用合作社若干问题的规定》,明确提出信用社是农村人民的互助组织,是国家银行的助手,是我国社会主义金融体系的重要组成部分。该规定重新界定信用社性质,使农村信用社具有独立性。

1963 年,中国政府重新设立了中国农业银行,由中国农业银行来管理农业和农业贷款,信用社实际上由中国农业银行来管理。然而,1965 年 12 月,中国农业银行再次被撤销。1966 年,"文化大革命"开始,农村信用社又被下放到人民公社和生产大队。在这一特殊的历史时期,频繁的政权交替给农村信用社的稳定、人力资源以及资产造成严重损失。这期间行政手段的过度干预更使信用社蒙上了一层"政府"的面纱,并未真正发挥出其作为一个金融机构应有的作用。据调查,1959 年年底,全国信贷部 16 亿元贷款中有 8 亿元被干部挪用浪费,事件发生后,有关各方受到严厉处罚。后来发现,这 8 亿元被借给了社区集体,其中约有 50%被用于基本建设,或用于分配成员等财务支出,导致长期贷款无法收回,成为坏账,拖延债务,成为信用社的历史遗留问题。

从监管职权来看,鉴于当时的经济体制和金融发展规模,不存在现代意义上的农村信用社监管。中国人民银行对农村信用社的监督管理职能①也是通过在其会计部门设置的这一检查处来实现的。这个时期我国农村金融业呈现结构单一的特点。除作为政府支农资金的代管部门——中国人民银行、少数几家专业银行和农村信用社外,基本上不存在其他的农村金融机构。我国农村金融制度始于 1951 年全国第一次农村金融工作会议,农村信用社得以保留并继续扩展,此后一段时间农村信用社由中国人民银行管理。在"大跃进"时期,1958—1962 年先后归人民公社和生产大队管理。1963—1978 年又重归中国人民银行管理。在这一时期,农村基层金融业务主要依靠农村信用社;与当时的经济发展水平相对应,农村信用社②的业务规模不大。

---

① 1950 年 11 月,国务院批准的《中央人民政府中国人民银行试行组织条例》规定在中国人民银行总行设立检查处,专门行使国家对金融业的监督管理职能。

② 1977 年,国务院发布《关于整顿和加强银行工作的几项规定》,提出信用社既是集体金融组织,又是国家银行在农村的基层机构。

(二) 第二次转型:独立经济实体的尝试

这一时期为 1978—1985 年,尝试将农村合作金融组织转变为独立的经济实体。

1978 年党的十一届三中全会后,随着我国农村经济体制的改革,农村信用社也获得了较快的发展,进入恢复时期。

归口管理部门历经数次变更。1979 年前,农村信用社一直由中国人民银行管理。1979 年中国农业银行恢复后,国家将农村信用社定为中国农业银行的附属机构。内部管理归中国农业银行,行政监管归中国人民银行[①]。

1982 年,中国农业银行开始不再将农村信用社当成附属机构,而是将其作为独立的经济实体来管理[②]。1982 年 10 月,中国农业银行中央委员会召开了三次扩大会议。会议重申农村信用社要坚持合作金融,强调要恢复信用社的"三个特征"(群众组织、民主管理、业务灵活性),不再走"官本位"老路。随后农村信用社恢复了在组织结构和经营管理方式上的高效特性。

1984 年,国务院批转中国农业银行《关于改革信用合作社管理体制的报告》指出,要通过改革,恢复和加强信用合作社组织上的群众性、管理上的民主性、经营上的灵活性,在国家方针、政策指导下,实行独立经营、独立核算、自负盈亏,充分发挥民间借贷的作用。各级人民政府要加强对这项改革的领导,注意研究解决改革中出现的问题,把信用社真正办成群众性的合作金融组织。

从 1984 年 1 月 1 日起,中国人民银行专门行使中央银行的职能,明确中

---

① 1979 年,中共中央办公厅转发中国人民银行党组《关于建议修改〈农村人民公社工作条例(试行)〉中有关信用社问题的报告》,同意将农村信用社更改为"是集体金融组织,又是农业银行的基层机构。办理农村各项金融业务,执行国家金融部门的职能任务"。

② 1980 年 8 月,中央财经领导小组讨论银行工作时指出,把信用社下放给公社办不好,搞成"官办"的也不对,这都不是把信用社办成真正集体的金融组织。并明确指示,农村信用社应该在银行的领导下,实行独立核算,自负盈亏的农村合作金融组织。它要办的灵活一些,不应受银行一套规定约束,要起民间借贷的作用。如果把农村信用社搞活了,供销社搞活了,农业责任制搞活了,三者一配套,社员的家庭副业也就搞活了,这将大大有利于农村经济的发展。

国人民银行是国务院领导和管理全国金融事业的国家机关,集中力量进行金融宏观调控与管理,不对企业和个人办理信贷业务,商业银行的经营功能转移到工、农、中、建四大专业银行。这一时期,农村信用社仍然由中国农业银行对其进行直接的管理,中国人民银行通过监管中国农业银行从而间接监管农村信用社①。

1985 年,由于信贷政策收紧以及银行与合作社"脱钩"对信用社改革的影响,农村信用社改革遭遇挫折。实际上,从 20 世纪 80 年代到 90 年代前期,农村信用社的管理依然听命于国家银行②,农村信用社与农户并未形成利益共同体,业务也没有与农户的生产活动密切结合,合作性质还没有完全确立。

(三) 第三次转型:治理重组

这一时期为 1986—1995 年。农村信用社改革进入治理重组阶段。

1986—1990 年是国家第六个五年计划时期,也是国家应对通货膨胀的关键时期。1990 年,通货膨胀得到有效控制,农村信用社改革继续进行。

1991 年 7 月 29 日,农村信用社暂行条例颁布实施,重申农村信用社应坚

---

① 《关于改革信用合作社管理体制的报告》进一步重申,"农业银行要加强对信用社的领导,不宜改变信用社的隶属关系"。并且提出,由农村信用社入股组建县联社。县联社是各个基层信用社组织起来的联合组织。建立县联社后,各个基层信用社仍然是独立经营、独立核算、自负盈亏的经济实体。县联社领导人,要召开全县信用社代表大会选举产生。县联社要在农业银行县支行领导下进行工作,日常具体工作由县支行信用合作股负责。其主要任务是:(一)在全县范围内调剂信用社的资金余缺;(二)从信用社利润中,提取一定数量的互助基金,用于调剂盈亏;(三)统筹解决职工退职退休经费;(四)组织经验交流和信息交流;(五)管理职工培训教育工作;(六)综合并考核信用社各项计划执行情况;(七)检查信用社执行方针、政策的情况。

② 1985 年,中共中央、国务院《关于进一步活跃农村经济的十项政策》文件指出:"信用社实行独立经营,自负盈亏。所组织的资金,除按规定向农业银行交付提存准备金外,全部归自己使用。在保证满足社员农业贷款这后,可以以余款经营农村工商信贷。可以跨地区开展存贷业务。信用社之间、信用社与各专业银行之间可以发生横向业务联系。存放利率允许参照银行所定基准利率上下浮动,有的可以接近市场利率。信用社必须遵守国家金融政策并接受中国农业银行领导。"

持"三个性质",详细而完整地规定信用合作社的各种管理系统,如机构管理、业务管理和民主管理。

根据《国务院关于金融体制改革的决定》①的要求,1993 年 12 月和 1994 年 2 月,中国人民银行和中国农业银行联合下发两个明传电报,明确中国农业银行代表中国人民银行对农村信用社进行领导和管理。

从监管来看,1996 年前,农村信用社的管理权数度上收至中国农业银行,和中国农业银行的营业部合并,受中国农业银行的管理。1993 年,中国人民银行下设合作金融监管司,专门负责对城市信用社和农村信用社的监管。直到这个时候,中国人民银行才出现专门针对合作金融机构的监管部门。此后一段时期,主要以市场整顿为主②。

(四) 第四次转型:专业化监管

这一时期为 1996—1999 年,为农村信用社的专业化监管建立时期。

从 1996 年起,随着农村信用社行政隶属关系与中国农业银行脱钩③,监

---

① 1993 年,《国务院关于金融体制改革的决定》合作金融的设计思想在于:首先把农村信用社联社从中国农业银行中独立出来,办成基层信用社联合组织;而后在农村信用合作联社的基础上逐步组建农村合作银行。《国务院关于金融体制改革的决定》指出:"有步骤地组建农村合作银行。根据农村商品经济发展的需要,在农村信用社联社的基础上,有步骤地组建农村合作银行。要制订《农村合作银行条例》,并先将农村信用社联社从中国农业银行中独立出来,办成基层信用社的联合组织。农村合作银行只在县(含县)以下地区组建。国有商业银行可以按《农村合作银行条例》向农村合作银行参股,但不能改变农村合作银行的集体合作金融性质"。

② 这段时期,农村金融监管重点放在整顿农村金融市场秩序方面,贯彻国务院提出的金融"约法三章",加快农村金融法制建设,依法规范农村金融机构的经营行为,取缔农村地下非法金融组织。

③ 1996 年 8 月,国务院发布《关于农村金融体制改革的决定》(国发〔1996〕33 号),成立国务院农村金融体制改革部际协调小组。确定改革的核心是把农村信用社逐步改为"由农民入股、由社员民主管理、主要为入股社员服务"的合作性金融组织。改革的步骤是:农村信用社与中国农业银行脱离行政隶属关系,对其业务管理和金融监管分别由农村信用社县联社和中国人民银行承担,然后按合作制原则加以规范。《关于农村金融体制改革的决定》实际上是对 1993 年改革框架的具体实施,指出要建立和完善以合作金融为基础,商业性、政策性金融分工协作的农村金融体系;提出已经商业化经营的农村信用社,经整顿后可合并组建农村合作银行。

管职责归人行,业务管理归县联社①。专业化监管走向正轨。1997 年,农村合作金融监督管理局②在中国人民银行内部设立,代表农村金融的专业化监管。在这期间,农村合作金融机构还只存在农村信用社这一种形式。在随后一段时间,一大批违法设立、越权批设的农村金融机构得到清理整顿,乱设机构、乱办业务、乱放款、乱拆借等违法违规行为得到有效遏制,农村金融秩序得到了好转,农村信用社经营逐步规范化。

根据 1997 年 2 月农村信用社管理体制改革工作会议部署③和 1998 年 11月《中国人民银行关于进一步做好农村信用社改革整顿规范管理工作的意见》④的要求,确定基本思路包括中国人民银行加强监管、按照合作制改造以及建立行业自律组织。

(五) 第五次转型:股份制改制初期

这一时期为 2000 年至 2003 年 3 月,为农村信用社的股份制改制初期。

长期以来,农村信用社在我国的广大农村地区一直存在着。随着我国农村经济的不断发展,原有的农村信用社不断地暴露出许多问题。首先,农村信用社出现严重的政企不分现象,导致农村信用社缺乏主体责任与意识。此外,

---

① 各地开始探索组建市联社、省联社。1999 年 4 月,经国务院同意,中国人民银行召开全国农村信用社工作会议。会议提出,根据需要,逐步组建地(市)联社,承担行业管理和服务职能;在全国各省建立信用合作协会,主要职能是对信用社提供联络、指导、协调、咨询、培训等方面的服务。

② 1997 年 6 月,国务院办公厅转发《中国人民银行关于进一步做好农村信用社管理体制改革工作的意见》,要求坚定不移地把农村信用社办成合作金融组织,按合作制原则改革农村信用社管理体制,完善和加强县联社建设,进一步加强中国人民银行对农村信用社的监督管理,在中国人民银行内部增设农村合作金融机构监管部门,专门承担对农村信用社的监管工作。

③ 1997 年 2 月,经国务院同意,国务院农村金融体制改革部际协调小组和中国人民银行在北京召开农村信用社管理体制改革工作会议,姜春云同志做了重要讲话。会议就农村信用社按合作制改革、组建行业自律组织等工作进行了部署。

④ 1998 年 11 月,国务院办公厅转发《中国人民银行关于进一步做好农村信用社改革整顿规范管理工作的意见》,要求对农村信用社进行清产核资,按合作制进行规范改造,中国人民银行加强监管,防范化解风险,组建农村信用社县以上行业自律组织,行使对农村信用社管理、指导、协调、服务的功能。

在农户与农村中小企业都出现了融资难的问题。迫于种种压力,农村信用社的股份制改制迫在眉睫。

2000 年,时任国务院总理朱镕基视察江浙时,针对农村体制改革召开了相关座谈会,并就"区域性商业银行"这一大胆设想展开了调研,后确定以张家港、常熟以及江阴为试点代表,开创性地探索农村商业银行。

苏南地区率先进行改革。2000 年,中国人民银行和江苏省政府进行了全面清产核资,组建省联社,为农村信用社改革试点做准备。2000 年 12 月 8 日,该社会建设项目正式启动,初具雏形的"区域性商业银行"从此在改革探索中不断地被完善,最终形成今天的农商行。

2001 年 11 月 29 日,全国第一家农商行——张家港市农村商业银行,由总行批准,由农村信用社改制成立①。这是农村金融机构改革的重大创举。不仅仅是股东结构发生了变化,更重要的是政企分开、产权明晰、服务意识增加、经营活力增加等等。这对以后农村信用社的改革积累了宝贵的实践与经验。

有了前面的成功试点,其他农村信用社纷纷走上改制之路。在北京、上海、重庆、天津、宁夏试点设立了 5 个省级联社,在浙江、四川、福建、黑龙江、陕西设立了 5 个省级协会,设立了 65 个地级市联社,为农村信用社的全面转型、早日实现改革进行了一系列的实践,获得了很好的市场效果和实践经验。

在江苏省首批试点农商行的两年后,试点地区范围进一步扩大。②

(六) 第六次转型:股份制改制深入

这一时期为 2003 年 4 月至今,为农村信用社的股份制改制不断深入时期。

---

① 2001 年,经国务院同意,在农村信用社合并重组的基础上,中国人民银行批准在张家港、常熟、江阴三地分别成立农村商业银行。

② 2003 年 1 月,中共中央、国务院联合发布《关于做好农业和农村工作的意见》(中发〔2003〕3 号),提出农村信用社要进一步深化改革,总的要求是明晰产权关系,强化约束机制,增强服务功能,国家适当扶持,地方政府负责。

1. 银监会成立

中国银监会于 2003 年 4 月成立后,承接由中国人民银行履行的主要监管职能。

2004 年 5 月,中国银监会颁布《中国银行业监督管理委员会监管职责分工和工作程序的暂行规定》,明确建立银监会、银监局、银监分局三个层次的监管工作体系,实行"统一领导、分级负责、部门落实、责任到人、加强考核、严格问责"的工作制度。同时,按照三个层次的监管工作体系,界定了对农村商业银行、农村合作银行、农村信用社及其各级联社监管的各自职责。

根据《深化农村信用社改革试点方案的通知》的规定,县级联社和乡镇信用社的两级法人改组为县级统一法人社,少数农村信用社直接改组农商行。决定在八省市[①]率先对农村信用社进行市场化改革试点,重点鼓励符合条件的地区将农村信用社改造为股份制商业银行。成立省(自治区)农村信用社联合社[②],将农村信用社管理权下放省级政府[③],而金融监管职能归银监会。

2. 农村信用社改革试点扩大

2003 年 4 月,浙江省宁波市鄞县农村合作联社改建为宁波鄞州农村合作银行。

2003 年 8 月,吴江市信用合作联社改制为江苏吴江农商行。

---

① 即吉林、山东、江西、浙江、江苏、陕西、贵州、重庆等。

② 国发〔2003〕15 号文并没有明确表示省联社具有对高管人员的提名权。2004 年 6 月,国务院办公厅转发银监会和中国人民银行发布的《关于明确对农村信用社监督管理职责分工的指导意见》(国办发〔2004〕48 号)指出,省级联社应"督促信用社依法选举理事和监事,选举、聘用高级管理人员"。在省联社的管理下,每逢基层农商行董、监事会换届,都需要先向省联社提出申请报告,阐明换届情况和时间;省联社派出团队实地考察后,同意换届并下发红头提名文件,提名范围包括"三长"(董事长、监事长、行长)和副行长人选。只有在获得省联社的提名文件后,基层农商行才可以继续走董监事提名、股东大会选举、新一届董监事会会议选举董监事长并聘任高管等流程。除了高管人事方面,农商行在普通岗位的职工招聘方面也须经省联社同意,由省联社统一分配。

③ 省级政府对于农村信用社的管理主要是通过省联社,承担"管理、指导、协调和服务"职能。

2003 年 6 月,开启新一轮农村信用社改革①。此后逐步确立了以法人为单位,改革信用社产权制度、明晰产权关系、完善法人治理结构,同时结合不同的具体情况确定相应的产权形式的改革目标。具备农村信用社股改条件的,可以按规定实施改革工作;对于条件不是很成熟的农村信用社,可以成立农村合作银行过渡一下,待时机成熟时再组建农商行。

这一时期,全国掀起股改潮流,诸多的农村信用社加入到股改的大军当中。2003 年,我国农村信用社股改的试点省市数量增加了 8 个;2004 年改制的省份数量增加了 21 个。截至 2004 年年末,只有西藏自治区和海南省没有实行农村信用社改制。

2006 年 12 月,海南省农村信用社改革试点方案获批,至此全国 30 个省、自治区、直辖市已全面步入农村信用社改革热潮。

2007 年 4 月,银监会出台《农村合作金融机构监管流程体系指导意见》,规定在银监会和各银监局的农村合作金融机构监管部门分别设非现场监管主协调员、协调员;在属地农村合作金融机构监管部门设主监管员,并配备相应的非现场监管员,银监局的协调员可同时兼任属地农村合作金融机构监管部门主监管员。在此基础上,进一步明确监管理念和监管思路②,从监管规划及年度监管计划、监管数据与信息的采集与共享、非现场监管、现场监管、行政许可、强制性监管措施与行政处罚、高风险农村合作金融机构处置以及综合风险评价、年度总结与分类监管等方面,对银监会、银监局、银监分局的监管职责作出了详尽的规定。

2010 年,银监会明确指出,具备农商行改革条件的,不再需要进行农村合作银行的过渡,直接筹备农商行的组建。要结合自身实际,农村合作银行争取

---

① 国务院印发《深化农村信用社改革试点方案的通知》(国发〔2003〕15 号)。
② 与其他的监管对象一样,对农村中小金融机构的监管也贯彻了"管法人、管内控、管风险、提高透明度"的监管理念和"准确分类—充足拨备—做实利润—资本充足率达标"的持续监管思路。

早日完成农商行的组建工作。农村信用社的股改是结合自身的实际需要,通过组建农商行、募集股权,使大量的坏账得到消化吸收,既分散了风险,又发现新的利润增长点,增强了活力,从而能够更好地服务"三农",不断获得社会的认可。在广大的农村虽然农村信用社的数量也不少,但是随着改革的不断推进,农商行对于未来农村地区的经济发展将起到至关重要的作用。

截至 2010 年 12 月末,全国共有农村商业银行 85 家,农村合作银行 223 家,农村信用社 2646 家,其中:省级农村信用社联合社 25 家、地市级统一法人社 4 家、县级统一法人社 1979 家(设在城区 297 家)、县级二级法人社 55 家和乡镇农村信用社 548 家。农村合作金融机构①法人数量从这一轮改革前的 35540 家下降至 2954 家。

2011 年,中国银监会宣布不再组建新的农村信用社和农村合作银行,全面取消资格股,逐步将有条件的农村信用社改组为农商行,农村合作银行要全部改组为农商行。在此政策背景下,农商行组建速度和资产增速明显加快,而农村信用社和农村合作银行数量则逐年下降,截至 2018 年年底,我国共有农商行 1397 家、农村信用社 812 家、农村合作银行 30 家,农商行总资产规模约为 262 万亿元。

2012 年 7 月,中国银监会发布《关于规范农村信用社省(自治区)联合社法人治理的指导意见》,对省联社进行改革,并鼓励农村合作银行、农村信用社改制为农商行。经过改革,农村信用社历史包袱大大减轻,经营实力和管理水平显著提升。加快推进农村信用社改革步伐②。目前全国共有 25 家省联

---

① 在实践中,一般将农村商业银行、农村合作银行、农村信用社三类机构笼统称为农村合作金融机构。

② 2010 年,中国银监会根据中央要求发表指导意见,表示"在 2015 年底前全面取消资格股。今后不再组建农村合作银行,符合农村商业银行准入条件的农村信用联社和农村合作银行,应直接改制为农村商业银行;暂不符合条件的,要尽快将资格股全部转换为投资股,并改制组建为股份制的农村信用社",同时表示"用三至五年时间将农村合作金融机构总体改制为产权关系明晰、股权结构合理、公司治理完善的股份制金融企业"。

社,在省联社强势的地区①,农商行市场化程度低;在省联社弱势的地区②,则农商行的市场化程度较高。各省(自治区、直辖市)农村信用社改制进度不一。截至目前,我国已有北京、天津、上海、重庆、安徽、湖北、江苏、山东和江西9省(自治区、直辖市)完成农村信用社改制工作,河南省也宣布已经总体完成全省农商银行组建工作。根据各省(自治区、直辖市)公开的政务信息,在可预见的时间里,预设的改制任务时间若如期完成,在2020年年底前全国将共有21个省(自治区、直辖市)全面完成农村信用社改制。

3.培育新型农村金融机构阶段

从2007年到2010年期间,新型农村金融机构培育试点工作持续加快,由2007年的31家增加到395家,并且村镇银行组建的主导地位也日益显现,由61.29%上升到了88.35%。截至2011年7月末,全国已有548家三类新型农村金融机构开业(其中村镇银行496家、贷款公司9家、农村资金互助社43家),另已批准筹建113家,其中中西部地区新型农村金融机构占60%以上。

二、城市商业银行的四次转型

从1979年起,中国城市商业银行经历了四次转型(见表2-4)。

表2-4　中国城市商业银行发展演变的四次转型

次数\类别	第一次	第二次	第三次	第四次
特征	城市信用社	转制为城市合作银行	更名为城市商业银行	城市商业银行逐步完善

---

① 省联社强管理模式:除江苏、浙江、四川、湖北等地区。县级联社在法律上独立,但在经营、管理上均受到省联社诸多掣肘。如经济欠发达省份、经营管理仍比较落后或实力相对比较弱小的农商行,其受到省联社的牵制依旧较强,甚至被作为地方政府的一大融资平台。

② 省联社弱管理模式:江苏、浙江、四川、湖北等地区。县级农村信用社联合组建成为地市级农商行,仍受农联社管理,但农商行规模较大,且随着省联社简政放权的推进,农商行话语权有所上升,与其他地区相比具有更大的自主权。例如,2017年常熟银行董事会否决省联社委派行长提名。

次数\类别	第一次	第二次	第三次	第四次
时间	1979—1985 年	1986—1997 年	1998—2008 年	2009 年至今
宏观	改革开放初期	应对通货膨胀	东南亚金融危机后	国际金融危机后
中观	央行统一监管		从 2003 年起,银监会监管	从 2018 年起,银保监会监管
微观	各地相继成立多家城市信用社	城市信用社处于清理整顿(1990—1991 年);改革试点不断推进	推进城市信用社整顿工作(2005 年);对外开放步伐加大	陆续取得多种非银行金融机构牌照及业务资格;城市信用社正式退出(2012 年)

（一）第一次转型:成立城市信用社

这一时期为 1979—1985 年,城市信用社成立。

1979 年,随着经济领域改革推进,城市商业银行前身——城市信用社成立,成立之初主要为城市集体企业、个体工商户以及城市居民提供金融服务。

1979 年 6 月,我国第一家城市信用社在河南省驻马店成立。随后,全国各地相继成立多家城市信用社。

（二）第二次转型:城市信用社转制为城市合作银行

这一时期为 1986—1997 年,城市信用社转制为城市合作银行。

1986 年 1 月,国务院下发《中华人民共和国银行管理暂行条例》,明确了城市信用社的地位,将城市信用社定性为"群众性的合作金融组织"。此后,城市信用社设立速度加快,到 1989 年年底,全国城市信用社数量达到 3330 家,总资产约 284 亿元。

1990—1991 年,城市信用社处于清理整顿阶段。到了 1992 年之后,伴随着我国经济进入高速发展时期,城市信用社的数量急剧增长,多数县(市)都设有城市信用社。1993 年年底,城市信用社数量近 4800 家,总资产约 1878

亿元,约占当年 GDP 的 5%。1994 年年底,已达到 5200 家,资产总额超过 3000 亿元,有力地支持了城市私营和个体经济的发展。

然而,迅猛扩张的城市信用社暴露出诸多问题,开始暴露出内控机制不健全、经营风险聚集、经营处境困难等问题,胡乱集资与随意放贷逐渐演变成区域金融的最大风险,于是监管层的集中整顿也紧随而至。为适应社会主义市场经济体制改革和积极化解风险,城市信用社开始向城市合作银行转制。

1993 年 12 月 25 日,国务院发布《关于金融体制改革的决定》,提出"在城市信用社的基础上,试办城市合作银行"。具体内容为:积极稳妥地发展合作银行体系。合作银行体系主要包括两部分:城市合作银行和农村合作银行,其主要任务是为中小企业、农业和发展地区经济服务。(1)在城市信用社的基础上,试办城市合作银行。城市合作银行只设市行和基层行两级,均为独立法人。要制定《城市合作银行条例》,并按此组建和改建城市合作银行。试办城市合作银行,要分期分批进行,防止一哄而起。(2)有步骤地组建农村合作银行。根据农村商品经济发展的需要,在省联社的基础上,有步骤地组建农村合作银行。要制定《农村合作银行条例》,并先将省联社从中国农业银行中独立出来,办成基层信用社的联合组织。农村合作银行只在县(含县)以下地区组建。国有商业银行可以按《农村合作银行条例》向农村合作银行参股,但不能改变农村合作银行的集体合作金融性质。(3)农村合作基金会不属于金融机构,不得办理存、贷款业务,要真正办成社区内的资金互助组织。对已办理存、贷款业务的农村合作基金会,经整顿验收合格后,可转变为农村信用社。

1995 年 2 月,城市合作银行领导小组成立,试点改制工作。将城市信用社改制为城市合作银行,首先选取了北京、上海、天津、深圳、石家庄 5 个城市试点,之后将试点范围扩大到包括河南、湖北、云南等省的省会城市,共计 16 个试点城市。

1995 年 6 月 22 日,深圳城市合作商业银行成立,标志着中国城市合作银行的成立。

1995 年 9 月 7 日,国务院发出《关于组建城市合作银行的通知》,最终决定在合并重组城市信用社的基础上,在经济发达的大中城市分期分批组建城市商业银行。条件成熟一个,批准一个。首先在京、津、沪等城市进行试点,在总结经验的基础上,在 35 个大中城市中逐步推开。

1996 年 6 月,组建范围扩大到地级市。将城市合作银行的组建范围扩大至上述 35 个大中城市之外的 60 个地级市。

1997 年 6 月 20 日,中国人民银行发布《城市合作银行管理规定》,规定城市合作银行是股份有限公司形式的商业银行,在合并所在城市已经商业化的城市信用社的基础上,吸收地方财政、当地企业共同发起设立。城市合作银行主要为设立城市的中小企业和居民提供金融服务,以促进地方经济的发展。

1997 年 12 月,再一次扩大组建范围。在东莞等 58 个地级城市继续开展城市合作银行的组建工作。

（三）第三次转型:城市合作银行更名为城市商业银行

这一时期为 1998—2008 年,城市合作银行更名为城市商业银行。

1998 年 3 月 12 日,经国务院同意,中国人民银行与国家工商行政管理局颁布《关于城市合作银行变更名称有关问题的通知》,进一步明确城市合作银行股份制性质,整体更名为城市商业银行。该通知指出,鉴于城市合作银行是股份制商业银行,不具有"合作"性质,经国务院同意,将"××城市合作银行"名称变更为"××市商业银行股份有限公司",银行在牌匾及广告宣传中可以使用简化名称"××市商业银行"。

1998 年 10 月 25 日,国务院办公厅转发中国人民银行《整顿城市信用合作社工作方案》,要求做好城市信用社的清产核资工作,摸清城市信用社的资产负债情况和风险程度,对城市信用社及联社进行规范改造或改制。在符合条件的城市,积极稳妥地推进组建城市商业银行工作。已按股份制组建、实际按商业银行机制运作的城市信用社,经清产核资后,质量较好的可纳入城市商业银行组建范围。地方人民政府要加强领导,严格按照有关规定做好组建工作,对资产质量差、亏损严重、资不抵债以及存在支付危机等问题的城市信用社,不得通过行政手段强行纳入组建范围。

2002 年 4 月 25 日,浙江省 8 家城市商业银行发布《共同打造民营企业主办银行品牌》的行动宣言。自 2002 年起,浙江省在 3 年内,8 家城市商业银行将逐步发展成为以民营资本为投资主体、以民营企业为服务主体的地方性商业银行。这个行动宣言表明了在市场经济发达的浙江省,中小商业银行已逐步找准了市场定位,对全国城市商业银行的发展将起到巨大的示范和推动作用。

2002 年,城市商业银行发起成立"城市商业银行资金清算中心",有效解决了城市商业银行间跨区域支付和结算问题。

从 2004 年起,城市商业银行探索实践区域性发展。从 2005 年起,城市商业银行多种方式开展联合重组,实现资源的有效配置。

2005 年 11 月,《关于进一步推进城市信用社整顿工作的意见》,切实推进城市信用社整顿工作,推进被撤销和停业整顿城市信用社的市场退出工作。

2006 年 4 月,上海银行在宁波、杭州、南京、天津及成都等地区开设分行,是我国实现跨区域发展的第一家城市商业银行。截至 2006 年年底,全国城市商业银行已达 124 家,分支机构 3000 多个,资产总额 5539 亿元,负债总额达 5290 亿元,所有者权益达 248 亿元,存款达 4484 亿元,贷款达 2699 亿元。

2007 年,城市商业银行登陆 A 股市场,开辟了城市商业银行上市的先河。

2007 年,城市商业银行开办村镇银行,大力支持农村金融建设。

与此同时,城市商业银行的对外开放步伐加快。

从 1999 年起,城市商业银行引入境外战略投资,开启了以"引资、引智、引技"为核心的境外战略投资者引入模式。引入战略投资者,既能提升城市商业银行的国际知名度和市场形象,又能优化其股权结构,改善公司治理,使城市商业银行转变成具有现代产权制度的商业银行。1999 年 9 月 9 日,经中国人民银行批准,上海银行正式接受国际金融公司(IFC)①参股投资。这是世界银行集团投资中国银行业的第一个项目。

2001年12月,我国正式加入世贸组织。随着政策逐步放开,几家规模较大的城市商业银行成功引入了战略投资者,入股中资银行成为境外大型银行和金融集团进入中国银行业的主要途径。

2001年12月29日,即加入世贸组织的当月,上海银行又成功引进汇丰银行、香港上海商业银行参股投资以及国际金融公司追加投资,从而成为当时国内外资持股比例最高的一家商业银行,开创了吸收外资机构投资多元化的新模式。上海银行在引进外资的同时,采取引资与引智相结合的策略,主动引进和消化吸收外资金融机构先进的公司治理理念和经营管理技术,借鉴国际金融业的成功经验,对上海银行的快速、稳健、开放式发展起到了积极的作用。

2001年10月,国际金融公司入股南京市商业银行,占股15%。促使银行业政策环境发生变化的主要动因,是银行业的开放加快和外资银行竞争加剧。外资参股国内商业银行早已暗流涌动,在我国正式加入世界贸易组织的2001年年底,国际金融公司即与南京市商业银行签订投资协议,以2700万美元代价收购南京市商业银行15%的股份。此后,关于外资参股国内银行的报道更是风生水起。

2001年,国际金融公司宣布投资参股南京市商业银行,此举被中外媒体称为我国加入世贸组织后的一项重大突破。2002年2月27日,国际金融公司投资参股的资金正式到账。3月8日,中国人民银行南京分行下发批复,同意南京市商业银行注册资本由原来的10.25亿元人民币变更为12.068亿元人民币;国际金融公司也以2700万美元持有15%的股权而成为当时国内银行

---

① 多年来,国际金融公司一直关注中国金融改革的进程,并希望能与一家中资股份制商业银行建立合作关系。该公司经过考察,于1995年向上海银行提出了参股投资意向。其后,经过4年的准备工作,双方就参股投资事宜达成一致意见。1999年9月4日,中国人民银行正式批准了该项目。此次国际金融公司参股投资为1亿股。

业最大的外资股东。

2003 年 1 月 5 日,国际金融公司和加拿大丰业银行分别以 2.50%的股权入股西安银行。

2005 年 7 月,德国投资与开发有限公司(DEG)和德国储蓄银行国际发展基金(SIDT)分别以 10%和 3.3%的股权入股南充市商业银行。

2005 年 10 月 25 日,马来西亚丰隆银行(HLB)以 19.99%股权入股成都银行。

2006 年 12 月 21 日,香港大新银行和美国凯雷投资基金分别以 17%和 7.99%股权入股重庆市商业银行。

(四) 第四次转型:城市商业银行逐步完善

这一时期为 2009 年至今,城市商业银行逐步完善时期。

从 2009 年起,城市商业银行陆续取得多种非银行金融机构牌照及业务资格,进一步拓宽了经营领域。

2012 年 3 月,城市信用社正式退出历史舞台,宁波象山县绿叶城市信用社改制为宁波东海银行。

2013 年,城市商业银行开始走向国际资本市场,部分城市商业银行成功在 H 股上市。

城市商业银行积极探索国际化经营,大力发展外汇业务,推进跨境人民币服务,稳步推进国际化布局。

2012 年,为支持西藏自治区社会经济发展,西藏银行获特批成立。

2009 年 10 月 17 日,国际金融公司以 15%股权入股德阳银行。

2013 年 11 月 12 日,香港中央结算公司以 28.57%股权入股徽商银行。

2014 年,中国银监会开展了首批民营银行试点工作,5 家民营银行获得试点资格,深圳前海微众银行股份有限公司年末成立。

第三章 "微观—中观—宏观"视角下中小银行发展转型的国际实践

第一节 国外中小银行发展转型的微观实践

一、美国中小银行发展转型的微观实践

（一）美国中小银行的经营模式

从市场定位、发展战略、业务结构、关键资源等方面对美国社区银行进行分析。

1.市场定位

长期以来,美国社区银行市场定位有别于大银行,以当地居民和中小企业为主,提供差异化的金融服务和功能,进而帮助支持美国各城市、城镇和农村社区,如小企业贷款。这些小企业占据了美国新增就业岗位的大部分。在美国,占12%资产份额的社区银行却为中小企业和农场主提供了48%的贷款份额。

2.发展战略

美国社区银行对本地区有着深刻的了解,并与社区和服务这些社区的组织有着密切的关系。利用这些"软信息",社区银行能够专注于特定的本地需

求,为本社区的企业和居民提供那些往往被大银行忽视的多种服务,尤其是定制和创新产品①。此外,社区银行广泛参与社区建设,从金融服务提供者的"经济主体"变为社区成员的"社会主体",故被称为社区的命脉。比如,在当地学校和医院的董事会任职,向非营利组织捐款,在社区做志愿者等。通过落实上述发展战略,社区银行通过提供的金融服务来支持城市、城镇和农村社区的发展和繁荣经济活动,而这些反过来对稳固和稳定的金融体系至关重要。

值得一提的是,不同社区银行差异性还是很大的(Bowman,2020),所以具体到每个社区银行发展战略也会有所区别。比如,个别社区银行是独立的机构。再如,社区银行通常有分支机构和自动取款机,这扩大了它们的覆盖面。一些社区银行可能在附近城镇设有网点,或与其他社区银行有联系。

3. 业务结构

截至 2019 年年末②,美国联邦存款保险公司承保的机构数量为 5177 家,总资产为 186453 亿美元,存款总额为 145353 亿美元,净收入为 2331.4 亿美元。其中社区银行数量为 4750 家,占比为 87.3%;总资产为 22313.07 亿美元,占比为 12%;存款总额为 18343.05 亿美元,占比为 12.6%;净收入为258.39 亿美元,占比为 11.1%。

从 2013 年起,美国社区银行总资产增长较为平稳,但其后又呈下降趋势(2016 年)甚至为负(2019 年),不赢利机构占比从 2013 年的 8.4% 减少到2018 年的 3.81%,呈下降趋势(见图 3-1)。资产回报率(ROA)从 2013 年的0.9% 逐年上升到 2019 年的 1.2%,平均增长率为 33.3%。净资产收益率(ROE)从 2013 年的 8.28% 逐年上升到 2019 年的 10.27%,平均增长率为24%。核心杠杆率从 2013 年的 10.43% 逐年上升到 2019 年的 11.15%,平均增长率为 6.9%(见图 3-2)。

从 2019 年当年经营情况看。全年净收入增长 7.5%。2019 年全年净收

① 比如,为社区居民提供就业、创业、买房、买车、种田、投资和财富管理等金融服务。
② 以下数据如无特殊说明,均源自美国联邦存款保险公司。

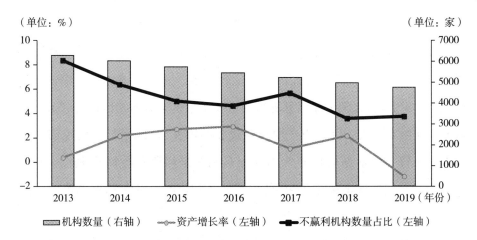

图 3-1　2013—2019 年美国社区银行总体情况

资料来源:美国联邦存款保险公司。

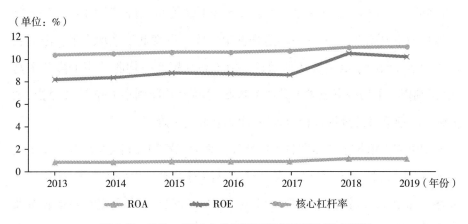

图 3-2　2013—2019 年美国社区银行赢利和资本情况

资料来源:美国联邦存款保险公司。

入 258 亿美元,比 2018 年全年增长 18 亿美元(7.5%),63.6%的银行公布了年度收入增长。营业净收入和证券实现收益增加 63 亿美元(7.2%),非利息支出增加 36 亿美元(6.4%)。营业净收入的增长是广泛的;超过四分之三的社区银行(76.1%)报告了更高的营业净收入。平均净息差(NIM)下降 5 个基点至 3.67%,因赢利资产的平均融资成本增幅高于赢利资产的平均收益率。社区银行平均税前资产收益率连续第十年上升,上升 2 个基点至 1.44%。无利可图的社区银行比例温和上升至 3.8%。

其中,社区银行第四季度收入增加提振了社区银行季度净收入。净收入较上年同期增加 2.703 亿美元(4.4%),至 64 亿美元。更高的营业净收入和已实现证券收益,抵消了非利息支出的增长。超过半数的社区银行(53.9%)公布了年收入增长。由于资产增长超过收益增长,社区银行平均税前资产收益率下降 3 个基点至 1.37%,比非社区银行平均利率低 15 个基点。不赢利机构的比例大致维持在 7.7% 的水平,仅略高于 2018 年第四季度的创纪录低点。

社区银行季度营业净收入较 2018 年第四季度增加 13 亿美元(5.6%)。非利息收入增加 8.844 亿美元(20.5%),净利息收入增加 3.839 亿美元(2.1%)。较高的贷款销售收入(增长 5.231 亿美元,增长 79%)是非利息收入增长的主要原因,主要是一年前贷款销售收入季度低于平均水平。净利息收入的增加归因于赢利资产的增长。由于赢利资产平均收益率下降 7 个基点,赢利资产平均融资成本上升 8 个基点,季度平均净利率下降 15 个基点,至3.62%。近 70% 的社区银行报告说,净息差同比下降。

工资支出增长推动非利息支出增加。因为工资和福利支出增加 7.163 亿美元,同比增加 8.6%,非利息支出较上年同期增加 9.866 亿美元,同比增加6.7%。年内,社区银行共增加 6352 名全职同等雇员,平均每名雇员的薪金及福利开支增加 6.8%。所有其他非利息费用,包括房屋费用、诉讼费用和所有其他费用,增加了 2.702 亿美元(4.3%)。非利息支出占平均资产的比重上升3 个基点至 2.83%,高于非市政银行比率 22 个基点。超过三分之二的社区银行报告说,非利息支出逐年上升。

超过 70% 的银行公布年度贷款增长。社区银行贷款和租赁余额同比增长 818 亿美元(5.5%),主要是以下类别的增长:非农业非住宅贷款(增长 322亿美元,或增长 7.3%)、1—4 户家庭贷款(增长 127 亿美元,或增长 3.3%)、建筑和开发(C&D)贷款(增加 81 亿美元,或增长 7.7%)。2019 年,所有主要贷款类别均增长,72.3%的社区银行实现年度增长。无基金承诺的年度增长强劲。未供资承诺总额增加 226 亿美元(7.8%),连续第三季度增长超过 7%。

虽然多数银行(59.1%)公布了季度贷款增长,但增速从 2019 年第三季度的 1.3%放缓至 1%。虽然商业和工业(C&I)贷款增加 39 亿美元(1.9%)、多户型贷款增加 16 亿美元(1.6%),但是 1—4 户家庭贷款减少 7 亿美元(0.2%)和农业生产贷款季节性下降减少 12 亿美元(2.3%)。无资金支持的承诺总额增长了 40 亿美元(1.3%),商业和工业贷款无资金支持的承诺增长了 22 亿美元(2.2%)。

企业小额贷款同比增长 1.9%。社区银行对企业的小额贷款同比增长 55 亿美元(1.9%),是非社区银行报告增长率的两倍多。商业和工业贷款、向企业提供的非农业非住宅和农田小额贷款增加了 64 亿美元(2.5%),但农业生产贷款余额减少了 8.423 亿美元(3%),部分抵消了这些贷款。社区银行占企业小额贷款总额的 40.4%。

社区银行存款增长快于非社区银行存款。社区银行存款较上年增加 998 亿美元(5.8%),超过非社区银行 4.7%的年增长率。这一增长包括国内有息存款增加 759 亿美元(5.6%),国内无息存款增加 236 亿美元(6.4%)。存款增长基础广泛,约 75%的社区银行实现年度增长。

非流动贷款利率降至 2006 年以来的最低水平至 0.75%,为 2006 年第四季度以来的最低水平。超过半数的社区银行(52.9%)报告其非流动利率每年下降。非流动利率的最大改善出现在消费贷款组合(下降 11 个基点至 0.56%)和 1—4 户家庭贷款组合(下降 10 个基点至 0.94%)。农业贷款类别非流动利率年增幅最大。农业生产贷款非流动利率上升 28 个基点至 1.08%,农田担保贷款非流动利率上升 12 个基点至 1.47%。农业贷款非流动利率为 1.32%,已连续 16 个季度同比增长,处于 2011 年第二季度以来的最高点。

净冲销率略有提高。总贷款的净冲销率较上年同期上升 3 个基点至

0.18%。商业和工业贷款与消费者贷款类别是造成增长的主要原因。商业和工业贷款净冲销率上升 14 个基点至 0.52%,消费者贷款净冲销率上升 12 个基点至 1.10%。尽管农业贷款总额非流动率有所增长,但农业贷款净冲销率仍保持相对稳定,同比仅增长 1 个基点,达到 0.18%。

资本增长推动资本比率上升。总股本比 2018 年第四季度增加了 22 亿美元(9.1%)。总股本比率为 11.77%,上升 35 个基点;一级杠杆率为 11.15%,上升 6 个基点;总风险资本比率为 15.93%,上升 17 个基点;一级资本充足率为 14.93%,上升 22 个基点。每个社区银行的资本比率都超过了非社区银行的资产比率。

4.关键资源

社区银行以高度依赖个人关系著称。圣路易斯联邦储备银行(2013)强调了"繁荣"社区银行的一些显著特征:"保守的借贷原则"、强调人际关系、股东高度参与银行运营,以及精心设计的信贷管理和承销政策。[1]

乔治梅森大学的梅卡图斯中心对"小银行"(100 亿美元以下)进行了研究,发现它们"收集和考虑'软信息'的能力使它们能够向可能无法获得贷款的借款人放贷来自更依赖标准化贷款标准的大型机构,所谓的信息不透明的借款人"[2]。美国政府问责办公室(GAO)、美国联邦储备委员会、美国联邦存款保险公司也提出了类似的观点:社区银行在贷款决策中利用人际关系代替财务报表和数据驱动模型,使他们能够更好地为小型企业服务。[3]

在 2013 年由美联储系统和州银行监管机构联合主办的 21 世纪社区银

---

① R.Alton Gilbert, Andrew P.Meyer and James W.Fuchs, "The Future of Community Banks: Lessons from Banks that Thrived during the Recent Financial Crisis", *Federal Reserve Bank of St.Louis Review*, 1995, No.2(March/April 2013), pp.115–143、128–131.

② Peirce et al., "How Are Small Banks Faring under Dodd-Frank?", No.14–15, February 2014, p.12.

③ U.S.Government Accountability Office, Community Banks and Credit Unions: Impact of the Dodd-Frank Act Depends Largely on Future Rulemakings, GAO–12–881, September 2012, pp.17–18.

行业大会上,2012年的一项研究报告强调了人际关系对社区银行的高度重要性,发现农村社区银行发放的商业贷款的违约率明显低于城市社区银行发放的贷款。[①] 这是社区银行独特之处的核心所在,也是小型银行数量众多的理由之一,从经济角度来看,这可能并没有达到最高效率。在某些贷款市场中,大型机构可以使用的技术尚未被证明是许多传统社区银行的技能、知识和人际能力的有效替代品。

(二) 美国中小银行的公司治理

社区银行通常(但并非总是)由当地拥有和管理。从历史上看,地方所有权及其与城镇或地区、工业和消费者的关系,定义了"社区"方面。社区银行业特色在于其董事会根据对当地客户的密切了解直接批准贷款。银行董事未必来自当地社区,银行董事会可能包括具有专业技能的外部专业人士——律师、IT专业人士、产品专家、会计师。即使是社区银行的资产范围也大不相同。

在许多研究中,社区银行被定义为通常依赖核心存款融资的小型机构,在有限的地理区域内作为关系贷款人运营。社区银行的股权结构及其与日常经营控制和长期管理继任的关系在文献中较少受到关注。

关于所有权结构和管理控制如何影响社区银行效率和赢利能力的问题研究,往往受限于缺乏公开的数据。大多数关于银行所有权的研究都集中在需要公开披露信息的大型银行。对于没有这些披露要求的小型银行,大部分研究使用了保密的监管数据。这些监管数据提供了一些关于社区银行所有权结构的信息,但仅仅是关于"主要股东"的存在,这些数据没有涉及所有权和管理权的重叠问题。

---

① Robert DeYoung et al., "Small Business Lending and Social Capital: Are Rural Relationships Different?" (Paper Presented at the Community Banking in the 21st Century Conference, Federal Reserve System & Conference of State Bank Supervisors, St. Louis, Mo., October 2–3, 2013).

　　美国联邦存款保险公司通过介绍其中央监管区 21 个州的社区银行的联邦存款保险公司审查员收集的最新调查数据,解决了描述这些属性的数据相对缺乏的问题。四分之三美国联邦存款保险公司监管的社区银行是由一种集中控制的组织形式来定义的。这些集中控股银行中,绝大多数都是由与家人或社区有着共同联系的团体所拥有,其中一大部分也显示出所有权团体和有效管理银行的关键官员之间存在着实质性的重叠。调查显示,在管理层继任问题上,无论是持有集中控股银行还是股权分散银行似乎都面临重大挑战,只有半数集中控股银行已经确定了这位关键高管的继任者。

　　对此,美国联邦存款保险公司通过对芝加哥、达拉斯和堪萨斯城三个监管区域(包括 21 个州)的调查,对象为 2014 年和 2015 年第一季度接受检查的社区银行。问卷包括一系列简单的问题:银行所有权的结构、所有权和管理权的重叠,以及银行在管理层继任中的地位。调查结果包括 1400 多家美国联邦存款保险公司监管的银行,约占这些地区美国联邦存款保险公司监管银行的50%。分析仅限于调查范围内 97%符合美国联邦存款保险公司对社区银行定义的银行,共有 1357 家社区银行。

　　这项调查是针对 2014 年年底一部分社区银行的银行所有权的,不是全国范围内,也不是这三个地区社区银行的随机样本。调查结果覆盖了三个地区美国联邦存款保险公司监管的一半的社区银行,以及美国联邦存款保险公司承保的所有社区银行的 33%。调查方法的优势中包括这些地区有大量的社区银行,能够直接访问。

　　在美国联邦存款保险公司监管的三个地区,四分之三的社区银行由集中控股的银行组成。地区调查结果表明,在美国联邦存款保险公司监管的三个地区的社区银行中,集中控股银行是常态而非例外。审查人员将调查中 75%的社区银行描述为拥有可识别的主要所有者①(见表 3-1)。这些被集中控股

---

　　① 即"拥有大量所有权的个人或团体单独或集体对机构治理产生决定性影响的股份"。

的银行绝大多数由有家族或社区关系的集团控制(见表3-2)。在几乎所有集中控股的社区银行中,主要所有权集团的成员都是银行的董事。

表3-1 美国联邦存款保险公司监管的三个地区集中控股社区银行的数量与比例

区域	社区银行数量	占美国联邦存款保险公司该地区所有监管社区银行的比例	集中控股数量	集中控股占调查社区银行的比例
堪萨斯城	505	52%	424	84%
芝加哥	459	54%	288	63%
达拉斯	393	46%	301	77%
总计	1357	50%	1013	75%

注:调查问题:根据您的判断,贵行是否有可识别的主要所有人或所有权集团? 银行的主要所有人或所有权集团是指拥有大量所有权股份的个人或集团,这些个人或集团单独或集体对该机构的治理产生决定性影响。

表3-2 集中控股社区银行公司治理情况

地区	集中控股数量	集中控股中有家族关系的比例	集中控股中有社区关系的比例	集中控股中控股股东董事会中任职的比例
堪萨斯城	424	90%	83%	96%
芝加哥	288	84%	84%	94%
达拉斯	301	77%	89%	94%
总计	1013	85%	85%	95%

在大多数集中控股的社区银行中,主要的所有者群体和被调查定义为"在日常基础上有效管理银行的人(不管其头衔如何)"之间也存在显著的重叠。在48%的集中控股的社区银行中,关键高管人员可被视为主要所有权集团的成员(见表3-3)。在另外10%的集中控股银行中,关键高管人员可以被视为所有权集团内部人士,即使不是主要所有者。综上所述,这些结果表明在调查范围内,美国联邦存款保险公司监管的近60%的社区银行,所有权和管理权的重叠有助于限制委托代理问题,从而降低损害运营效率的

可能性。

表3-3 集中控股社区银行所有权和控制权重叠情况

地区	集中控股数量	集中控股中关键高管与控股股东重叠的比例	集中控股中关键高管不是控股股东,但为内部人员的比例	集中控股中关键高管与控股股东重叠的比例
堪萨斯城	424	51%	6%	58%
芝加哥	288	44%	7%	51%
达拉斯	301	45%	17%	62%
总计	1013	48%	10%	57%

　　调查还包括了关于管理层继任计划的问题,这被广泛认为是社区银行运营上的一个重要问题①。在集中控股的银行中,50%的银行尚未确定关键高管人员的潜在继任者,而在股权分散的银行中,这一比例为54%(见表3-4)。此外,38%的集中控股银行被认为"不适合从银行外部招聘合格的管理人才",相比之下,股权分散银行为31%。总体而言,调查结果表明,继任规划无论是集中控股银行还是股权分散银行,都是个问题。

表3-4 社区银行管理层继任者情况

地区	集中控股数量	集中控股中已经确认继任者的比例	集中控股中从外部招聘继任者的比例
堪萨斯城	424	57%	67%
芝加哥	288	41%	56%
达拉斯	301	50%	62%
全部集中控股	1013	50%	62%
全部股权分散	344	46%	69%

　　关于社区银行的特征、财务业绩和资本形成。美国联邦存款保险公司将

---

① Stewart, Jackie, Community Banks Are Falling Behind in Succession Planning, American Banker, March 26, 2013, http://www.americanbanker.com/issues/178_59/communitybanks-are-falling-behind-in-succession-planning-1057825-1.html.

调查数据与监管报告中的财务数据结合起来,可以进一步分析集中控股和股权分散的社区银行。这部分用以评估被调查银行的所有权结构和管理控制权对其规模和地理特征、财务业绩和筹资能力的影响。通过对财务绩效和效率的比较表明,近几年来,受访的集中控股社区银行的表现一直优于股权分散的社区银行。在所有权和管理权之间存在实质性重叠的集中控股社区银行中,表现最好,因此可能出现代理冲突最小化。尽管被调查的集中控股银行比股权分散银行更依赖留存收益来筹集资本,而且筹集外部资本的频率更低,但几乎没有证据表明,集中控股的社区银行在获得外部资本方面对股权分散的银行处于决定性的不利地位。

通过对这些集中控股和股权分散的社区银行之间优势性比较表明,集中控股的组织形式绝不是对绩效的阻碍,很可能是集中控股银行成功的关键。即使考虑到影响绩效的其他因素,所有权和管理大部分重叠的集中控股社区银行似乎也比其他社区银行显示出优势。尽管如此,这些机构在解决管理层继任问题时,可能很难在未来复制这种依赖于所有权集团内部人士的经理人的成功秘诀。进一步的研究将有助于更好地了解社区银行如何处理管理层继任问题,以及他们处理这一问题的方法如何影响他们的财务业绩和保持独立的能力。

(1)社区银行的特征:与股权分散的银行相比,集中控股的社区银行更小、更集中于农村和农业、成立更久。

集中控股银行通常比股权分散银行小(见表3-5);与2014年年底相比,集中控股银行平均资产为2.64亿美元,而股权分散银行为3.34亿美元。

表3-5 集中控股和股权分散社区银行的区别

特性	集中控股银行	股权分散银行
资产		
平均资产规模	2.64 亿美元	3.34 亿美元
平均股本占资产的百分比	10.70%	11.00%

续表

特性	集中控股银行	股权分散银行
地理		
总部设在大城市[a]	46%	57%
总部设在小城市	18%	22%
总部设在农村县	36%	21%
总部位于人口减少的农村地区[b]	24%	10%
贷款专业		
农业贷款专项[c]	25%	13%
工商贷款专业	2%	1%
商业地产贷款专业	20%	23%
抵押贷款专业	7%	18%
多个贷款专业	12%	19%
无贷款专业(多元化)	32%	24%
其他消费贷款专业	1%	1%
成立时间		
15 年或以下	7%	24%
超过 100 年	43%	38%

注:截至 2014 年 12 月。

　　a.这项研究遵循了美国管理和预算办公室为 3221 个美国县和县中的每一个城市制定的名称(1236 个县与 388 个美国大都市统计区中的 1 个县有经济联系)、小城镇(646 个县以 1 万至 5 万人口的城市核心区为中心)或农村(不位于大都市或小城镇地区的县)。

　　b."农村人口减少县"是指在 1980 年人口普查和 2010 年人口普查期间人口减少的县。

　　c.美国联邦存款保险公司(2012)第 5 章定义的社区银行贷款专业团体。

　　集中控股银行在农村地区更为集中,其总部更可能是在人口减少的县。36%的集中控股社区银行的总部设在农村地区,而股权分散银行为 21%。24%被调查的集中控股社区银行的总部设在人口减少的农村地区,而股权分散银行只有 10%。总部位于人口减少地区的银行面临着客户基础下降的挑战,在一些地区,难以吸引合格的管理人员。①

　　在调查中,集中控股社区银行在农业贷款专业化方面的可能性是股权分

_____

　　① 详见 Anderlik and Cofer(2014)。

散银行的近两倍①。这些特点与集中控股社区银行的总部设在农村县的倾向相一致。相比之下,调查中股权分散的社区银行,更集中在大城市或小城市,更有可能专门从事抵押贷款或多个贷款领域。最后,在调查中,集中控股社区银行往往比股权分散银行历史更悠久。超过百年的,集中控股和股权分散分别占43%和38%。然而,股权分散银行15年或15年以下的可能性(24%)是集中控股银行(7%)的三倍多。

(2)社区银行的财务业绩:近几年来,当与管理层有重叠时,集中控股银行的表现普遍优于股权分散银行。

基于对所有权、管理和银行效率的经济学理论的讨论,进一步了解所有权结构以及所有权和控制权的重叠对财务绩效的影响。为了抓住这些差异,将银行分为三类:关键高管人员同时也是主要所有权集团成员的集中控股银行;在股权分散银行中是一个局外人("没有重叠");以及在股权分散银行中没有主要的所有者。

第一个比较是资产的税前回报率。2009—2014年,集中控股银行的表现一直优于股权分散银行。将集中控股银行分为拥有所有权的银行——管理层重叠的银行和不拥有所有权的银行,然而,拥有所有权和管理层重叠的集中控股的银行明显超过了拥有所有权和管理层重叠的银行——形成了股权分散银行与拥有所有权和管理层没有重叠的集中控股银行。与没有重叠的集中控股银行相比,管理层重叠的集中控股社区银行的年平均绩效优势高出21个基点,与股权分散社区银行相比高出30个基点。尽管这些差距在过去三年似乎有所缩小,但2014年仍超过20个基点。

另一个更直接关注运营效率的比较,为效率比率,即非利息支出与净运营收入的比率。这一指标代表银行为产生1美元收入而发生的费用。与赢利能力的比较类似,在最近的六年里,所有权和管理层重叠的集中控股社区银行报

---

① 详见 Lending Specialty Definitions are from Chapter 5 of FDIC(2012)。

告的效率比率要优于没有重叠的。

从效率比率的构成来看,管理层和所有权重叠的集中控股银行报告显示,在过去六年中,工资支出占平均资产的百分比较高。然而,更高的非利息收入水平和更高的贷款收益率,远远弥补了工资支出的劣势。

在比较这些集团的业绩时,尝试保持这些其他特征不变是很重要的。因此,对被调查银行 2010—2014 年五年的经营业绩进行多元回归分析,确定不同特征对财务业绩的相对贡献。在控制了银行间的其他差异之后,在统计上,集中控股对财务业绩没有显著影响。然而,集中控股的组织结构的某些好处是在所有者和管理层之间利益有重叠,便于委托代理问题的解决,进而对财务业绩有着显著的、积极的影响。

(3)社区银行的资本形成:集中控股银行筹集外部资本的频率低于其股权分散银行,但在获得资本来源方面似乎并不处于劣势。

一个潜在的担忧是,这种集中控股的组织结构是否限制了银行获得外部资本来源的机会,从而限制了银行应对不利冲击或寻求战略机遇的能力。正如预期的那样,受访的集中控股银行倾向于更多地依赖留存收益来增加股本和筹集资金。在 2009—2014 年间,集中控股银行通过留存收益获得了 60% 的资本增加总额,而股权分散银行仅为 48%。

此外,研究期间,股权分散社区银行筹集外部资本的频率高于集中控股银行[①]。在研究的 6 年中,除一年外,股权分散社区银行筹集外部资本的频率高于集中控股银行,2014 年的差距最大。在此必须指出的是,外部资本也可能包括来自现有所有者或内部人士的资本,对于社区银行而言,更可能通过私募

① 样本包括联邦政府通过不良资产救助计划(TARP)和小企业借贷基金(SBLF)对银行进行资本重组的三年。这些计划被股权分散银行比集中控股银行使用得更多。不良资产救助计划在 2009 年和 2010 年被使用,在那些年里,36% 的受访股权分散银行筹集了资金,21% 的受访集中控股银行收到了不良资产救助计划资金。2011 年,即小企业借贷基金拨付资金的那一年,31% 的受访股权分散募集资金银行获得了小企业借贷基金资金,相比之下,24% 的受访集中控股募集资金银行获得了小企业借贷基金资金。

而不是通过市场发行来实现。集中控股银行更依赖留存收益来增加资本,而且筹集外部资本的频率也低于股权分散银行,几乎没有证据表明集中控股商业银行在获得外部资本方面处于决定性的劣势。

二、日本中小银行发展转型的微观实践

(一) 日本中小银行的经营模式

1.市场定位

自成立以来,以区域银行为代表的日本中小银行,便将市场定位为其所在地区,资金大多"取之于地方、用之于地方"。区域银行享有"故乡银行"的美誉,作为地区金融的领导者,通过遍布各地的密集商店和 ATM 网络,提供满足个人客户和中小企业业务合作伙伴多样化需求的金融服务。同时,利用多年建立的区域网络,发挥地区金融中介功能和咨询功能,提供高品质的金融服务,帮助提升当地产业的竞争力,为振兴当地经济作出了贡献。

2.发展战略

在长期的发展演变中,日本中小银行在应对经营环境变化的同时,逐渐摸索相对稳健又不乏创新,即"三大支柱"发展战略。

第一支柱是"为地区经济的发展和持续增长作出贡献"。为占日本企业99%的中小企业提供金融中介功能和咨询功能支持,包括经营者的创业、事业扩大、生产率提高、事业继承和事业再生的支援等,从而支持地区经济的发展。针对个人客户,根据客户的生活阶段提供适当的金融服务。努力提供符合客户生活计划的金融服务,彻底实行以顾客为中心的业务运营,为长期稳定的资产形成作出贡献。另外,努力充实面向老年人的服务。同时,日本中小银行以地方经济振兴作为社会使命,为实现可持续的地区社会,除推进 SDGs(可持续发展目标)/ESG(环保,社会,管理)外,还将继续积极支援自然灾害的恢复和复兴。

第二支柱是"确立可持续的商业模式"。鉴于日益严峻的挑战,存款、汇兑等传统银行业务收益收窄,日本中小银行在提高原本金融中介功能质量的同时,以创新的视角,确立与客户、地区共同成长的可持续商业模式。包括积极引进 AI 等新技术,促进开放创新、推进无现金化等具有附加价值的金融服务等。

第三支柱是"提高金融交易的安全性和可靠性"。致力于提供各种金融服务的同时,彻底防止账户买卖等不正当交易。防止汇款欺诈等特殊欺诈,强化网络安全,强化反洗钱、反逃税、反恐怖融资,努力提供安全、安心的金融服务。

3. 业务结构

日本中小银行主要由 102 家区域银行构成,其中地方银行 64 家,第二地方银行 38 家。

(1)全国地方银行

截至 2019 年 3 月末,64 家全国地方银行拥有 7604 家分支机构、33743 台自动柜员机、130976 名员工、股本 25960 亿日元。2018 财年全国地方银行存款为 2681866 亿日元,比上年同期增加 61759 亿日元,同比增长 2.4%。贴现贷款和票据为 2091002 亿日元,比上年同期增加 87515 亿日元,同比增长 4.4%。有价证券为 657030 亿日元,比上年同期减少 40593 亿日元,同比减少 5.8%。从存款余额构成来看,个人存款占 69.4%、一般法人占 23.9%、政府占 4.9%、金融机构占 0.7%、其他占 1.1%;从贷款余额构成来看,中小企业①占

---

① "中小企业"是指资本金在 3 亿日元以下,正式员工在 300 名以下(批发资本为 1 亿日元以下,正式员工在 100 名以下;资本金在 5000 万日元以下或全职雇员在 100 名以下的公司,零售和餐饮业的资本在 5000 万日元以下或在职员工 50 名以下)。"中小型公司"是除中小型公司和大型公司以外的公司。"大型公司"是资本金在 10 亿日元以上,正式员工超过 300 名的公司(批发和租赁业务中的正式员工超过 100 名,零售和餐饮业中的常规员工超过 50 名)(货物租赁业务包括货物租赁业务、学术研究/专业技术服务业务、住宿业务、生活相关服务业务/娱乐业务、教育/学习支持业务、医疗/福利以及其他服务)。

41.6%、个人占 28.7%、大企业占 13.4%、地方公共团体占 9.6%、骨干企业占
2.4%、其他占 4.3%。

截至 2019 年 3 月末,全国地方银行业务净利润为 9739 亿日元,比上年同
期增加 275 亿日元,同比增长 2.9%。核心业务净利润为 10299 亿日元,比上
年同期减少 588 亿日元,同比减少了 5.4%。国债等债券相关损益为 228 亿日
元,比上年同期减少 839 亿日元,同比减少了 78.6%。虽然业务净利润增加
了,但由于不良债权处理额的增加,导致经常利润为 9269 亿日元,比上年同期
减少了 1746 亿日元,同比减少了 15.9%。当期净利润为 6223 亿日元,比上年
同期减少 1615 亿日元,同比减少了 20.6%。

截至 2019 年 3 月末,全国地方银行中,10 家国际银行资本充足率为
14.33%,比上年同期减少了 0.21%;一级资本充足率为 13.90%,比上年同期
减少了 0.25%。54 家国内银行(即国内标准,未合并)资本充足率为 9.53%,
比上年同期减少了 0.28%。

截至 2019 年 3 月末,全国地方银行资产回报率和资本回报率分别为
0.31% 和 6.75%,比上年同期下降了 0.04% 和 0.71%。全国地方银行不良贷
款余额为 36803 亿日元,比上年同期增加了 3146 亿日元,同比增加 9.3%。不
良贷款率为 1.73%,同比增加 0.08%。

(2)第二地方银行

截至 2019 年 3 月末,日本第二地方银行存款余额 655115 亿日元,比上年
同期增加 7979 亿日元,同比增长 1.2%。贷款余额 521614 亿日元,比上年同
期增加 13823 亿日元,同比增长 2.7%。从存款余额构成来看,个人存款占
71.8%、一般法人占 24.5%、政府占 3%、其他占 0.7%;从贷款余额构成来看,
中小企业占 48.2%、个人占 30.8%、大企业占 8.8%、地方公共团体占 9.1%、
骨干企业占 2.2%、其他占 0.9%。

截至 2019 年 3 月末,日本第二地方银行业务净利润为 1730 亿日元,比上
年同期减少 161 亿日元,同比减少 8.5%。因为贷款利率降低而导致的贷款利

息减少,核心业务净利润为 1842 亿日元,比上年同期减少 14 亿日元,同比减少了 7.5%。因业务净利润减少、股票等减少,经常利润为 1709 亿日元,比上年同期减少 464 亿日元,同比减少了 21.4%。当期净利润为 1241 亿日元,比上年同期减少 315 亿日元,同比减少了 20.2%。

截至 2019 年 3 月末,日本第二地方银行资本充足率为 9.05%,同比减少 0.18%。不良贷款余额为 9810 亿日元,比上年同期减少了 194 亿日元,同比减少了 1.9%。不良贷款率为 1.85%,同比减少了 0.09%。

(3)区域银行

截至 2019 年 3 月末,区域银行存款余额占所有日本金融机构的比例为 30.5%,其中地方银行占 24.5%,第二地方银行占 6%,总体低于都市银行的 34.2%;区域银行贷款余额占所有日本金融机构的比例为 38.2%,其中地方银行占 30.6%,第二地方银行占 7.6%;总体高于都市银行的 29.1%。

截至 2019 年 3 月末,从日本地方公共团体贷款份额占比来看,地方银行占 58.2%,其他国内银行占 21.9%,信用金库占 15.5%,其他占 4.4%。从日本现金提取机和 ATM 机台数占比来看,地方银行占 32.2%,第二地方银行占 9.9%,都市银行占 32.2%,信用金库占 18.5%,农林渔业系统机构占 11.9%,其他国内银行占 0.5%,其他占 3.8%。

4. 关键资源

地方银行活用多年来积累的经验技术和网络,为地区企业提供适合其生活阶段的金融服务。例如,人才不足、事业继承困难等,地域企业面临的各种各样的难题,通过发挥金融中介功能和咨询功能,得以支持解决。

同时,地方银行与地方自治体和本地企业等合作,积极开展区域经济、产业活性化、区域环境保护等可持续的地区社会建设。其中,来自大规模灾害的经济复兴支援是重要内容。

此外,技术资源方面,以 64 家地方银行为例,实现了互联互通。一是全国卡服务(ACS)系统。客户可以从地方银行的任意 ATM 机提取存款等服务。

截至 2019 年 3 月末,地方银行 ATM 机合计 33743 台。另外,地方银行还参与了民间金融机构①之间的 CD、ATM 在线合作网络——全国现金服务(MICS),客户可以使用地方银行以外的 MICS 加盟金融机构的 ATM 机。二是信用风险信息综合服务(CRITS)系统。为了使各地方银行在地区进一步发挥金融中介功能,通过适当把握和管理客户经营者的信用风险,正在构建有关信用风险信息的数据库、开发信用风险测量模型等。三是地银网络服务(CNS)系统。打通经营者、地方银行、地方税费缴纳之间的网络服务。

(二) 日本中小银行的公司治理

与全球相比,日本公司治理评级相对较低。在国际治理评价中,日本公司的评级大多数低于国际平均评级水平。按照国际惯例,公司治理中关于风险管理的三道防线的设置较为普遍。第一道防线(简称 1 线),由事业部门负责,承担确定风险、管理、评价、监控、报告的责任。第二道防线(简称 2 线),由风险管理部门(包含指令部门)负责,通过监视和评价事业部门的风险和成果,向事业部门提出适当的疑问。同时,负责制订方针、监视银行整体的风险并作出报告,以及提供与风险相关的教育和进修。第三道防线(简称 3 线),由内部监察部门负责,独立于前两道防线,独立检查内部管理态势的适当性和实效性,负责向董事会提供内部管理态势的保证(见表 3-6)。

表 3-6 全球公司治理与日本公司治理对比情况

项目 \ 国别	全球	日本(一般企业)	日本(金融机构)
董事会	公司外董事过半数	公司外董事为少数	公司外董事为少数
	从独立的客观立场出发	从独立的客观立场出发	从独立的客观立场出发
	监督功能强	监督功能弱	监督功能弱

---

① 包括地方银行、城市银行、信用金库等 9 个业态。

续表

项目＼国别	全球	日本（一般企业）	日本（金融机构）
风险委员会 合规委员会 质量管理委员会	有。主席是公司外董事。委员以公司外董事为主体	无	很多金融机构都没有（只有大型金融机构有）
	公司外董事通过两条线主要参与和批准监督框架的制定。公司外董事有个别指示风险验证的权限	通过2线的监督框架由执行方（经营者以下）决定。公司外董事根据在规定的框架内获得的信息进行判断	通过2线的监督框架由执行方（经营者以下）决定。公司外董事根据在规定的框架内获得的信息进行判断
2线（本部：风险管理部门、合规部门、品质管理部门）	1线和2线的董事、部长是不同的，禁止兼职。2线（本部）从1线独立出来	1线和2线的董事、部长相同，人物（兼职）。2线（本部）隶属于1线	1线和2线的董事、部长是不同的人物，禁止兼职。2线（本部）从1线独立出来
2线（现场）	合规等直属2线（本部）。禁止兼任1线。2线（现场）从1线独立出来	合规等由1线的次席者级别兼任。2线（现场）隶属于1线	合规等由1线的次席者级别兼任。2线（现场）隶属于1线
2线和1线之间的人事轮换	有	有	有
监察委员会 监事会	委员长是公司外部董事	公司内部监察官是核心	公司内部监察官是核心
	由公司外部董事构成委员	由公司内部监事向外部监事筛选、提供信息	由公司内部监事向外部监事筛选、提供信息
	在监察委员中设置公司内部董事	将公司内部监事置于法律上	将公司内部监事置于法律上
	在法律和制度上，有很多国家都禁止这种行为	有义务	有义务
	监察委员会对3线内部监察部门直接指挥	监事会是3线内部监察部门不能直接指挥	监事会是3线内部监察部门不能直接指挥（一部分金融机构的审计委员会可以直接指挥3线的内部监察部门）

续表

国别 项目	全球	日本（一般企业）	日本（金融机构）
3线（内部监察部门）	直属监察委员会	直属社长 CEO	直属社长 CEO
	从经营角度进行监察	人数少,总体上形式化	准据性审计的重要性很高
	3线从1、2线独立	不独立	不独立
3线和1、2线之间的人事轮换	无。专业职位是主力。干部候补作为交换员分配	有	有

　　日本银行（2019）总结出日本金融机构公司治理的特点和主要问题。一是董事会以公司内部董事和执行董事为中心,监督和执行没有明确分离。二是现任总经理实质上指定下一任总经理,虽有提名委员会也只是形式上的。三是总经理担任会长后,仍会以顾问等形式留在公司,可能影响管理决策。四是总经理报酬相对较少,与短期、中长期业绩联动的部分相对较少。五是虽然存在管理理念、计划和目标,但没有具体记录内部控制和风险管理的细节。六是有交叉持股惯例,在股东大会上一定会有支持总经理议案的稳定股东。七是包括总经理在内的多数公司董事经常是审计的实质负责人。八是外部公司审计师每月工作一次左右,主要通过内部公司审计员获得审计信息。九是内部审计部门置于总经理的指挥之下。十是内部审计部门没有专职人员。

　　针对以上问题,日本政府及日本银行早在2015年就着手开展公司治理改革工作。① 公司治理向拥有提名委员会过渡,且拥有审计委员会的公司数量正在扩大。董事会主席和代表董事逐步开始分离,董事会议事程序的管理正在稳步向审计委员会形式过渡。同时,日本银行针对国内大型银行、地方性银行等金融机构的公司治理明确了方向。

　　大型银行公司治理改革框架:一是总部要设立提名委员会,核心子公司要

---

　　①　2015年,日本修订了《公司法》,并通过了《公司治理准则》,使独立的外部董事任命一度提升。

设置审计委员会(例如瑞穗银行等)。通过设置提名、薪酬委员会,可以决定该集团人员的选举解雇和薪酬金额等事项。二是要在独立外部董事中设立提名薪酬委员会主席(法定)、风险委员会主席(自主确定)、审计委员会主席(法定)和内部审计总监(CAE),在内部董事中设立总经理(CEO)、财务总监(CFO)、风险总监(CRO)等职位。其中总经理对财务总监、风险总监有指挥命令权,审计委员会主席对内部审计总监有指挥命令权。

地方性银行公司治理改革框架:其改革方向与大型银行基本相同,坚持审计委员会与公司经营相分离的理念。但对于提名委员会、薪酬委员会的地位要求有所降低,不再是法定要求。

第二节　国外中小银行发展转型的中观实践

一、美国中小银行发展转型的中观实践

(一) 美国中小银行的市场结构

从社区银行角度看,其面临市场结构挑战主要来自以下几个方面:

第一,大银行向"社区化"进军。12 家超级大银行[①]总资产达 12.4 万亿美元,占比为 48.8%,几乎占国内银行资产的一半。除这 12 家银行机构外,资产规模 1000 亿美元及以上的大型和外国银行机构有 177 家,总资产达 7.4 万亿美元,占比为 29.1%;总资产在 100 亿—1000 亿美元之间的区域银行组织有 88 家,总资产达 2.1 万亿美元,占比为 8.3%。自 2008 年国际金融危机以来,得益于其规模、地理范围、多样化的客户基础和收入来源,这些银行尤其是大银行财务状况逐步恢复,资本充足水平得以大幅提升,市场份额逐步提升。

---

① 包括美国全球系统重要性银行(G-SIBs)8 家以及在美国拥有大型和复杂业务的外国银行组织(FBOs)4 家。

近年来,信息科技创新发展很大程度上缓解了信息不对称问题,再加上大银行原本在信息成本、资金成本运营效率上的比较优势,社区银行面临激烈的竞争,生存空间受到挤压。

第二,信用合作社快速增长。截至 2019 年年末,联邦注册①的信用合作社为 5236 家,拥有 1.2 亿成员,资产总额达 1.6 万亿美元,90% 的信用社资产不到 5.6 亿美元,但是最大的信用社的资产接近 1000 亿美元。自 2008 年国际金融危机以来,美国信用合作社资本充足水平逐步上升,总净值(相当于银行杠杆率)由 2009 年年底的 9.89% 上升至 2019 年年底的 11.37%。资产快速增长,目前几乎是 2009 年的一倍。虽然名义上信用合作社是为指定社区服务的金融合作社。但在税收补贴政策的支持下,免税信用合作社实际上已无法与纳税商业银行区分开来。许多信用合作社正积极推进商业贷款,其他则试图进入财富管理领域,一些甚至将活动扩展到远远超出其最初使命的范围,购买价值数百万美元的体育场命名权,炫耀其几乎无限的会员领域等。对此,美国独立社区银行家协会(ICBA)敦促国会恢复美国金融服务市场的平衡,提出抑制或取消对信用合作社税收补贴,并反对美国国家信用社管理局藐视法定限制,放开对会员、会员企业贷款和发行补充资本领域的限制。倡导让信用合作社遵守《社区再投资法》,披露更多的信用合作社赔偿信息,对信用合作社银行转换和合并进行相互监督,确保银行收购信用合作社不会比信用合作社收购银行更困难等。

第三,农村信用体系挤占农村社区银行贷款。与农村社区银行相比,农业信贷系统放款人享有不公平的优势,并利用其税收和资金优势,作为政府资助企业从社区银行吸走最好的贷款。农业信贷系统是唯一一家在零售层面直接与私营银行竞争的政府资助企业。农业信贷系统是由国会特许为真正的农民和牧场主以及一个与农场有关的小集团服务。近年来,农业信贷系统寻求非

---

① 据美国国家信用社管理局(National Credit Union Administration,NCUA)统计。

农业贷款权,以期与商业银行直接竞争非农业客户。

第四,工业贷款公司功能上全能银行化。《银行控股公司法》中的一个漏洞允许商业公司和金融科技公司拥有或收购工业贷款公司(ILCs),而不受联邦综合监管。换言之,工业贷款公司在功能上等同于全方位服务银行。与美国长期的经济政策背道而驰的是,商业公司拥有工业贷款公司则打造了产融结合的通道。在大数据、社交媒体和电子商务集团、人工智能和金融技术占主导地位的新时代,这些公司可能会利用这一漏洞,对社区银行甚至整个联邦安全网构成威胁。如 Square 和 Amazon 这样的大型科技公司很可能会形成工业贷款公司,从而导致银行系统出现隐私和利益冲突问题。为维持银行业与商业的长期分离,并确保银行系统的安全和稳健,美国独立社区银行家协会甚至提出敦促美国联邦存款保险公司暂停工业贷款公司存款保险申请,并建议由国会辩论这一禁令,从而决定美国金融服务业的前景,以及联邦安全网是否应该延伸到商业、大数据或电子商务集团。

第五,来自金融科技的冲击。目前,美国国内针对在线市场放贷人或其他金融科技公司与社区银行等存款机构相比,是否存在不公平的监管优势,尚无定论。如何对新的金融科技公司颁发特别用途许可的同时,还能够保障与其他联邦特许机构相同的安全、健全和公平标准,考验着监管智慧。

第六,非银行支付服务提供商可能影响竞争格局。长期以来,美国监管层试图在银行和非银行金融服务提供商之间建立一个公平竞争的环境。换言之,非银行提供者需要遵守与银行相同的规则,即要遵守消费者保护法律法规以及监督检查和数据安全要求。但是,非银行支付服务提供商的出现,打破了这一平衡。因为这些提供商不受与银行相同的安全、健全或监督和检查要求的约束,不但增加了支付系统的风险,影响了其完整性,更使得使用这些服务的消费者和小企业面临更大的风险。目前,美国国内正在考虑将非银行支付提供商置于与银行相同的隐私、安全、消费者保护和其他法律和监管要求之下,即技术应安全可靠,受到与银行相同的监管和消费者保护,并使银行无论规模、特许经营类型或地点,都能在客户关系中发挥积极作用。

从数据来看,再次验证了社区银行面临着来自市场结构的挑战。

与 2011 年第三季度相比,2018 年年末资产规模在 2.5 亿美元以下的小型社区银行确实要少很多。与此同时,大型社区银行和资产规模在 100 亿美元以上的银行(非社区银行)的数量没有太大变化(见图 3-3)。

（单位：家）

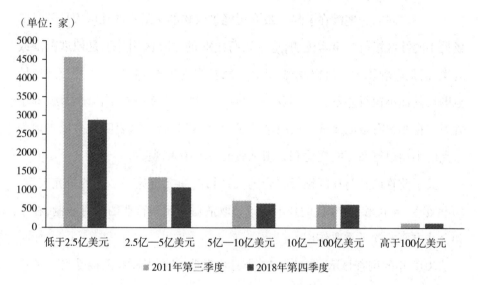

图 3-3 2011 年和 2018 年按资产规模分组的社区银行的变化

资料来源:美国联邦存款保险公司。

在过去 8 年中,很少有小型社区银行倒闭或被清算,截至 2011 年第三季度末,这一规模类别的银行总数只有 100 多家,占总数的 2%。关于 2800 家银行,远远超过这一最初数量的一半,所有权没有变化,资产仍低于 2.5 亿美元,大约 470 家银行,占最初数量的 10%,目前资产已经超过 2.5 亿美元。

而在这段时间里,只有超过四分之一的最小社区银行(近 1200 家),被其他银行收购。这些被收购银行中有相当一部分——五分之一被同一控股公司内的另一家银行收购。更多的是控股公司层面的重组,而不是竞争对手的收购。其余银行(2011 年经营的最小银行中的 20%)被另一家金融机构收购。其中 17 宗收购案,约占 1.5%,是信用社对一家小型社区银行的收购案,而 14

宗(略高于1%)涉及一家资产超过100亿美元的非社区银行收购案。换言之,在这一时期收购的五分之四的银行,即约930家银行被另一家社区银行收购,这种模式与危机前时期相类似。与后危机时期不同的是,从1998年第四季度到2007年第三季度,收购中较大一部分涉及银行控股公司内部重组。①

为了更好地了解这些机构的情况,需要关注已被收购和未被收购的小型社区银行之间的一些潜在差异。最有可能被收购的是最小的社区银行还是市场最小的社区银行? 事实证明,这些银行之间的主要区别并不是地理范围或规模,而是赢利能力。研究发现,被另一家机构收购的小银行平均规模和地域范围与其他小银行差不多,但赢利能力较差。这一事实挑战了传统看法,即小规模或在非常有限的地理区域内经营是一个不利因素,这表明许多以当地为重点的小型银行在不断变化和充满挑战的市场中表现良好。

关于监管调整与社区银行整合的关系目前尚无定论。早先的研究表明,20世纪80年代和90年代的技术变革和取消对跨州银行业的监管限制,在推动合并方面发挥了重要作用。

2018年的调查显示,在过去12个月内已收到并认真考虑接受另一家机构收购要约的银行中,绝大多数在考虑报价的决定中认为监管成本或规模经济缺乏是"重要"或"非常重要"的。大约一半的人提到继任问题。调查没有询问银行家们认为哪一个因素最重要,银行考虑出售的原因可能有很多。但在这些受访者中,近75%的人认为监管成本是一个主导因素。

研究表明,大多数人(10人中有8人)将规模经济作为提出收购要约的一个因素。其他共同动机包括进入新市场的愿望、在目标机构开发未充分利用的潜力以及在现有市场内扩张的愿望。

---

① 这一时期始于1994年《里格尔—尼尔州际银行和分支银行效率法》(*Riegle‐Neal Interstate Banking and Branching Efficiency Act of* 1994)签署四年后,该法取消了对州际银行的许多限制。

（二）美国中小银行的监管结构

美国金融监管机构可分为以下几类：

第一类：专注于银行监管机构，包括美联储（FED）、货币监理署（OCC）、联邦存款保险公司（FDIC）和全国银行业联合会；

第二类：专注于金融市场的监管机构，包括证交会和商品期货交易委员会；

第三类：专注于住房金融的监管机构，即联邦住房金融管理局；

第四类：专注于消费者金融保护；

第五类：自律组织有助于监管金融部门的某些部门，包括金融业监管局（FINRA）、市证券规则制定委员会（MSRB）和国家期货协会（NFA）。

第六类：保险主要是在州一级监管的。

美国社区银行监管机构主要由货币监理署、美联储、联邦存款保险公司、消费者金融保护局（CFPB）四大联邦级别金融监管机构以及各州的银行管理厅组成。货币监理署是国民银行的主要监管机构，国民银行作为联邦存款保险公司会员，还要接受联邦存款保险公司的监管；州特许银行有权选择是否成为美联储会员，选择成为美联储会员的州特许银行，由美联储与州监管机构共同监管，美联储是其主要的监管机构；没有加入美联储会员的州特许银行，由联邦存款保险公司与州监管机构共同监管，联邦存款保险公司承担主要的监管职能。此外，联邦金融机构检查委员会（FFIEC）专门负责为美联储、货币管理者、联邦存款保险公司、消费者金融保护局制定统一的监管原则、标准和报告形式，开展跨机构监管培训，促进监管协调，避免监管资源浪费，为银行降低合规成本。

美国实行双重银行体系（dual banking system），即银行可以选择取得联邦或州牌照，每一家银行或储蓄机构要求有一个主监管者（primary regulator），联邦注册的国民银行、联邦注册的储贷机构、州注册的联储成员银行和州注册的非联储成员银行分别受到不同监管机构的监管。

所有 50 个州、哥伦比亚特区和美国领土都有银行监管机构,监管着大约 5000 家总资产超过 4.9 万亿美元的存款机构。被保险的州存款机构也受到联邦存款保险公司的监督和监管,而选择成为美联储系统成员的州存款机构也受到美联储的监督和监管。各州还监管大多数非存款金融机构,包括抵押贷款发起人和服务商、消费金融公司、发薪日贷款人和货币服务企业。作为非存款金融机构的一部分,许多国家监管机构对不断增长的金融技术部门中的金融机构进行监管。目前,国家监管机构批准了约 16000 家抵押贷款公司和 138000 多家非存款金融机构。

二、日本中小银行发展转型的中观实践

(一) 日本中小银行的市场结构

日本金融体系由中央银行、民间金融机构和政策性金融机构等组成。中小银行的概念属于民间金融机构范畴内。

根据日本存款保险机构(Deposit Insurance Corporation of Japan,DICJ)统计,截至 2020 年 2 月 10 日,共有银行 136 家。其中包括都市银行① 5 家、信托银行 14 家、地方银行 64 家、第二地方银行 38 家、其他银行 15 家;信用金库 255 家;信用合作社 145 家;劳动金库 13 家;联合会 3 家;其他 1 家。

根据日本央行统计,截至 2019 年 9 月底,主要银行② 10 家;地方银行 64 家;第二地方银行 39 家;Shinkin 银行③(商业银行)共 249 家。

值得注意的是,上述两家机构关于第二地方银行的数据有所不同。原因在于,大正银行、德岛银行于 2020 年 1 月 1 日合并,新行名为德岛大正银行。

---

① 即瑞穗银行、三菱日联银行、三井住友银行、理索纳银行、埼玉理索纳银行。
② 即瑞穗银行、三菱日联银行、三井住友银行、斋田瑞穗银行、三菱日联信托银行、瑞穗信托银行、三井住友信托银行、新成银行、青泽银行。
③ 在日本银行开设经常账户的 Shinkin 银行。

从经营状况对比上,可以看出以区域银行为代表的日本中小银行主要面临着来自同业的挑战。

截至 2019 年 3 月末①,日本区域银行 2018 财年净收入约为 0.7 万亿日元,较上年下降 20.8%。净收入下降的原因是:(1)国内贷款利润率下降导致净利息收入持续下降;(2)主要由于投资信托销售疲软导致的非利息收入净额下降;(3)信贷成本增加。净收入水平的支撑因素是一般费用和管理费用的下降以及已实现损失超过债券持有收益数额的下降。相比之下,主要银行 2018 财年净收入约为 2.1 万亿日元,较上年下降 23.4%。商业银行 2018 财年净收入约为 0.2 万亿日元,较上年下降 12.1%。

虽然主要银行 2018 财年合并口径和非合并口径净收入均出现下降,区域银行和商业银行的净收入分别连续第三年和第四年下降,但从长期来看,所有类型银行的净收入水平与雷曼兄弟破产前甚至 20 世纪 90 年代初日本泡沫经济破裂前的水平相比都要高。

1. 资产负债对比

从各类银行 2018 财年资产负债表来看,区域银行的总资产增加了 7.3 万亿日元,因为贷款、现金和银行应付款项(包括日本央行经常账户余额)的增加,而日本政府债券有所减少;区域银行负债方面,主要增加的是存款。相比之下,主要银行总资产增加了 24.9 万亿日元,因为现金和银行应付款项(包括日本央行经常账户余额)、贷款和外国证券的增加;主要银行负债方面,主要增加的是存款。商业银行总资产增加了 3.0 万亿日元,因为现金和银行应付款项、贷款和证券(不包括日本国债)的增加。商业银行负债方面,主要增加的是存款。

2. 赢利能力对比

2018 财年各大银行拨备前净收入(不含交易收入)下降 10.1%,连续第四

---

① 根据日本财年计算方法,上半年为当年 4 月至 9 月,下半年为 10 月至次年 3 月。2018 财年应为 2018 年 4 月至 2019 年 3 月。

年下降,仅为四年前水平的70%左右。区域银行拨备前净收入(交易收入)比上年下降6.1%。商业银行拨备前净收入(不含交易收入)较上年小幅增长3.7%。

从长期来看,在国内净利息收入持续下降的情况下,各类银行的拨备前净收入水平(不含交易收入)仍呈下降趋势,处于泡沫经济破灭以来的最低水平。

(1)利息净收入

主要银行2018财年利息净收入比上年下降1.2%。一方面,在国内商业部门,由于股票股息收益率上升,与证券有关的收入增加,而贷款有关的收入由于贷款利差缩小而继续减少;另一方面,在国际商业部门,与贷款有关的收入继续增加。

区域银行2018财年利息净收入比上年下降2.8%。由于贷款利差缩小,贷款相关收入继续下降,证券相关收入也下降,反映出收益率相对较高的日本国债被赎回。

(2)非利息净收入

由于手续费和佣金收入下降,再加上外汇和衍生品交易收益下降,区域银行非利息净收入同比减少4.8%。

主要银行非利息净收入比上年下降7.6%。具体而言,外汇和衍生品交易收益减少主要是由于衍生品估值方法的改进,而手续费和佣金收入基本不变,因为国际商业部门手续费和佣金收入增加,而国内商业部门投资信托基金销售疲弱。

(3)一般费用及管理费用

区域银行一般费用和管理费用比上年下降1.8%,由于人事费用下降。主要银行的一般费用和管理费用基本不变,比上年下降0.3%;国内业务部门下降,国际业务部门上升。虽然主要银行和区域银行的营业总利润都有所下降,但主要银行的管理费用比率(管理费用/营业总利润)由于其管理费用保持不变而继续上升,而区域银行的管理费用比率随着其管理费用的下降而保持不变。

3. 资产质量对比

由于一些大公司的经营状况恶化,区域银行不良贷款率略有上升,但总体水平仍然较低。主要银行要表现更好,不良贷款率不断呈现下降趋势,而且达到 2001 财年首次有相关数据记录以来的最低水平;同时,三大银行海外贷款不良贷款率仍处于较低水平。

从按借款人分类的未偿贷款比例来看,主要银行和地区银行的正常贷款比例仍然很高,主要银行超过 95%,地区银行接近 90%,不过地区银行的比例略有下降。

区域银行的贷款损失准备金率的上升。主要银行所有风险敞口的平均贷款损失准备金率较上年有所下降,原因是关注类贷款损失准备金率有较大幅度下降。

4. 派息情况对比

尽管赢利能力下降,但许多区域银行优先考虑稳定派息,一些银行回购股份。因此,各地区域银行间的股息派息率和总派息率均呈上升趋势,其分布也呈现出向上倾斜的趋势。这一趋势可能在 2019 财年基本上会继续。

5. 风险水平对比

(1)信用风险

包括区域银行在内的各类银行的信用风险总体上保持在较低水平,但最近各类银行的信用风险略有上升。按借款人分类的贷款细目显示,主要银行和区域银行的正常贷款占总贷款的比例明显超过了国际金融危机前的峰值。然而,随着信贷成本的上升,正常贷款所占的份额或多或少没有变化,或已开始下降。因此,需要注意未来可能增加的信贷风险。

(2)市场风险

最近,以日元计价的债券投资相关的利率风险有所增加。自 2012 年见顶以来,该指数一直呈下降趋势,反映出它们持有此类债券的数量有所下降。虽然日元债券持有量的减少继续对利率风险构成下行压力,但主要由超长期债券购买量的增加,推动了债券投资组合期限的延长,整体上抬升了利率风险。

按银行类型划分,主要银行与日元计价债券投资相关的利率风险金额与资本金额的比率一直较低,在5%左右,而区域银行和商业银行的比率则相对较高,分别在15%和25%左右。此外,区域银行之间的比率异质性也相当高。

最近,以外币计价的债券投资相关的利率风险数额有所增加。与外币债券相关的利率风险金额占资本金的比例,主要银行被限制在10%左右,地区银行被限制在5%左右。在主要银行中,由于一些银行增加了持有美国国债的数量和期限,并在对冲货币风险后,更多地投资于收益率相对较高的欧洲债券,因此近期这一比率的异质性有所增加。对于区域银行而言,其平均比率或异质性均未发生重大变化;但对于区域银行持有的约40%的投资信托而言,海外利率风险是主要的风险因素。因此,管理包括投资信托相关的外币利率风险是非常重要的。

关于其他市场风险,包括与投资信托有关的风险。区域银行增持了投资信托,因此面临着广泛的市场风险,如信贷、房地产和外汇相关风险,以及海外利率风险和持股相关风险。虽然海外固定收益投资信托公司购买的资产主要是主权债券,但一些投资信托公司的投资组合中也包括信用风险相对较高的产品(如高收益债券)。此外,一些金融机构还投资了多资产投资信托基金,这些基金投资于包括新兴经济体在内的国内外债券、股票等多种不同资产类型,其资产配置根据市场变化进行灵活调整。由于传统预测分析模型无法应用于这些投资信任风险因素分析,如果风险因素之间的协方差结构发生显著变化,风险分散效应受到限制,则可能出现意外损失。

6. 资本状况对比

目前,日本各类银行资本状况良好,远高于监管底线要求。近年来,由于留存收益的增长速度低于风险加权资产,部分原因是低回报借款人的贷款增加。此外,由于赎回次级债券和贷款等混合债务资本工具以及《巴塞尔协议Ⅲ》过渡安排所要求的纳入监管资本等减少,导致次级债券和贷款等混合债务资本工具数量的减少,造成国内银行的资本充足率有所下降。

(二) 日本中小银行的监管结构

日本金融监管框架的特点是由金融服务厅(FSA)牵头统一监管框架。财政部和日本央行继续发挥重要作用。日本存款保险公司负责实施偿还保险存款和金融援助等实际措施,重组破产银行。

第一,各监管主体的分工职责。

(1)日本财政部

财政部负责管理政府预算,维护日元信誉和外汇市场稳定。尽管财政部在危机管理委员会中仍有一个角色,但由于金融稳定管理局的成立,其监督作用有限。此外,财政部负责该国所有公共实体的预算,有大约 70000 名雇员。

(2)日本央行

作为央行,日本央行的目标是发行货币和实施货币政策。此外,日本央行负责金融稳定①,确保资金有效结算。这些审查的依据是在中央银行有存款的所有机构且这些机构同意日本央行进行现场检查。这种检查使日本央行能够对金融机构的日常健康状况进行详细了解,为日本央行履行其最后贷款人职能提供必要信息。

日本央行董事会由 9 名成员组成,每名成员任期 5 年:6 名政策委员会成员、1 名日本央行行长和 2 名副行长。总督和副总督由内阁任命,但须经众议院和议会同意。

政策委员会的成员也由内阁任命,但须经众议院和议会同意。行长任命

---

① 日本央行的主要监管职责是使用现场检查,使其能够履行其金融稳定责任。

日本央行职员。日本央行每半年向国会报告一次。

（3）日本金融服务厅（FSA）

日本金融服务厅是内阁办公室的一部分。日本金融服务厅负责确保金融体系的稳定；保护存款人、保险投保人和证券投资者；通过有关金融体系的规划和决策等措施，确保金融顺畅以及对私营金融机构的检查和监督。

日本金融服务厅由经内阁批准的金融服务部长任命的专员领导。由首相任命的金融服务部长、高级副部长和议会秘书负责监督金融服务管理局的运作。日本金融服务厅雇用了大约1300人。

1998年，引入了"迅速纠正行动"（PCA）框架，该框架规定日本金融服务厅根据资本充足率要求向金融机构发布行政命令。除了"迅速纠正行动"之外，日本金融服务厅还有一个"预警系统"，包括深入访谈、报告请求和行政命令，以改进金融机构对信贷风险、市场风险和流动性风险的处理。日本金融服务厅还为证券和保险活动设立了主成分分析和预警系统。

日本金融服务厅可以在面临困境时采取各种行动。它可以发布行政命令，要求采取各种措施，包括：修改公司的经营计划；减少资产，禁止从事新的业务；停止存款；增加资本；合并或关闭机构。

（4）日本证券交易监察委员会（SESC）

日本证券交易监察委员会是日本金融服务厅下辖的一个委员会，负责对证券公司进行市场监察及实地视察。证券交易监察委员会有权进行检查，但不得采取处罚等行政行为。日本金融服务厅根据证券交易监察委员会的建议实施处罚。证券交易监察委员会有权监督证券公司。经参众两院同意，由总理任命，由一名主席和两名委员组成议会选举委员会，任期三年。所有证券交易监察委员会业务的资金都再分配给日本金融服务厅的预算内。

（5）日本存款保险公司（DICJ）

日本存款保险公司是一个准自治的政府组织，成立于1971年，目的是经营存款保险制度。它由一名州长、四名副州长和一名审计员（兼职）组成。官员由首相任命,并经参众两院同意。决策委员会内的政策委员会由不超过八名成员组成,此外还有决策委员会的理事和副理事。经总理和财政部部长批准,政策委员会主任任命政策委员会成员,任期一年,可以连任。日本存款保险公司的行政人员任期两年,包括一名州长、不超过四名副州长和一名审计员,由总理任命,须经议会两院批准。

除用于支付和结算目的的存款外,存款保险公司可为每位存款人支付本金为 1000 万日元的存款保险索赔,该保险索赔受全额保护。日本存款保险公司的全资子公司,即处置和收集公司,负责管理和处置从破产金融机构购买的资产。

1998 年,成立了日本人寿保险投保人保护公司,以支持投保人在人寿保险公司倒闭时转让保险单和支付承保索赔。日本所有的人寿保险公司目前都是这个组织的成员。1998 年,日本财产和意外伤害保险投保人保护公司成立。此外,设立投资者保护基金是为了保护投资者免受因证券公司倒闭而蒙受的损失。

第二,各监管主体间协调机制。

日本国内协调框架有一个特定的危机管理机制,即金融系统管理委员会(FSMC),当政府有必要干预陷入困境的金融机构时,这一机制就会启动。

金融系统管理委员会由首相(主席)、内阁官房长官、金融服务部长、财政部部长、金融服务专员和日本央行行长组成。当一个或多个金融机构面临严重的流动性或偿付能力问题时,该机构由总理召集会议作出决定。如有必要,日本央行可应首相和财政部部长的要求,通过金融系统管理委员会的决定,向资不抵债的金融机构提供无抵押贷款。自成立以来,金融系统管理委员会只使用了两次,而且自从全面担保解除以来,提供部分存款人保护的一般银行解决措施从未得到应用。

目前日本金融监管当局之间没有明确的谅解备忘录。最后,有关金融体系的一般性建议通过金融体系委员会提供,该委员会应总理、金融服务管理局局长或财政部部长的要求,对金融体系进行广泛的审议。理事会审议了需要改进涉及立法措施的金融体系的事项,并从中长期角度提供关于金融体系的报告。

第三,非正式监管组织。

行业团体(自愿性协会)采用了各种自律机制①,成立这些行业集团是为了提高各行业在经济中的地位,并通过政治游说保护自身利益。涉及中小银行,分别是地方银行协会②和第二地方银行协会③。

第三节 国外中小银行发展转型的宏观实践

一、美国中小银行发展转型的宏观实践

(一) 美国中小银行的区域环境

从各区域分布情况看,截至 2019 年年末,全美社区银行 4750 家,分布在六大区域:

纽约区域④,数量占比为 11.4%、资产占比为 25.8%、存款占比为 25.0%。亚特兰大区域⑤,数量占比为 11.3%、资产占比为 10.3%、存款占比为 10.4%。芝加哥区域⑥,数量占比为 22.1%、资产占比为 18.4%、存款占比为 18.4%。堪萨斯城区域⑦,数量占比为 26.8%、资产占比为 16.8%、存款占比为 16.9%。

---

①　如日本银行家协会、日本区域银行协会、日本国民银行协会、日本人寿保险协会、日本一般保险协会、日本证券商协会、日本商品期货协会、日本金融服务协会和日本证券投资顾问协会。

②　全称为"一般社团法人全国地方银行协会"。

③　全称为"一般社团法人第二地方银行协会"。

④　纽约区域包括康涅狄格州、特拉华州、哥伦比亚特区、缅因州、马里兰州、马萨诸塞州、新罕布什尔州、新泽西州、纽约州、宾夕法尼亚州、波多黎各、罗得岛州、佛蒙特州、美属维尔京群岛。

⑤　亚特兰大区域包括阿拉巴马州、佛罗里达州、乔治亚州、北卡罗来纳州、南卡罗来纳州、弗吉尼亚州、西弗吉尼亚州。

⑥　芝加哥区域包括伊利诺伊州、印第安纳州、肯塔基州、密歇根州、俄亥俄州、威斯康星州。

⑦　堪萨斯城区域包括爱荷华州、堪萨斯州明尼苏达州、密苏里州、内布拉斯加州、北达科他州、南达科他州。

达拉斯区域①,数量占比为 22.2%、资产占比为 18.8%、存款占比为 19.3%。旧金山区域②,数量占比为 6.2%、资产占比为 9.9%、存款占比为 10.0%。

从各区域赢利情况看(见图 3-4),2019 年整个社区银行净息差水平为 3.67%,其中达拉斯区域和旧金山区域最高,均为 3.94%,随后依次是亚特兰大区域为 3.81%、堪萨斯城区域为 3.72%、芝加哥区域为 3.62%、纽约区域为 3.3%。整个社区银行资本回报率水平为 1.2%,其中芝加哥区域最高,为 1.33%,随后依次是堪萨斯城区域为 1.32%、达拉斯区域为 1.3%、旧金山区域为 1.26%、亚特兰大区域为 1.1%、纽约区域为 0.97%。整个社区银行资产回报率水平为 10.27%,其中堪萨斯城区域最高,为 11.48%,随后依次是芝加哥区域为 11.38%、达拉斯区域为 11.21%、旧金山区域为 10.49%、亚特兰大区域为 9.47%、纽约区域为 8.26%。整个社区银行不赢利机构数量占比为 3.81%,其中旧金山区域最高,为 6.14%,随后依次是亚特兰大区域为 5.58%、纽约区域为 5.19%、芝加哥区域为 4.1%、达拉斯区域为 2.75%、堪萨斯城区域为 2.59%。

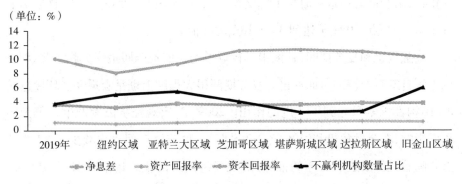

（单位：%）

图 3-4 全美社区银行六大区域赢利情况(2019 年)

资料来源:美国联邦存款保险公司。

① 达拉斯区域包括阿肯色州、科罗拉多州、路易斯安那州、密西西比州、新墨西哥州、俄克拉荷马州、田纳西州、得克萨斯州。

② 旧金山区域包括阿拉斯加州、亚利桑那州、加利福尼亚州、夏威夷州、爱达荷州、蒙大拿州、内华达州、俄勒冈州、太平洋岛屿、犹他州、华盛顿州、怀俄明州。

（二）美国中小银行的宏观环境

1.经济周期

美国联邦存款保险公司利用 1985—2015 年间数据来评估宏观经济冲击对社区银行行业平均税前资产回报率（ROA）的影响。

美国联邦存款保险公司将这 31 年划分为三个不同的时期：1985—1990 年的储贷危机（S & L）期间、1991—2007 年的经济强劲期间以及 2008—2015 年的金融危机和复苏期间。

储贷危机期间，社区银行行业平均税前资产回报率相对较低，在很大程度上独立于宏观经济环境，主要是行业内结构性因素的结果。宏观经济因素共同将税前资产收益率提高了 2 个基点。结构性因素的变化是储贷危机期间影响社区银行资产收益率的主要因素。

经济强劲期间，社区银行行业平均税前资产回报率相对较高，主要是宏观经济异常强劲的结果。然而，也正是因经济强劲，能够维持效率越来越低的社区银行，赢利能力在这一时期下降缓慢。宏观经济因素使税前资产收益率上升了 15 个基点，1998 年达到 33 个基点的峰值。

金融危机和复苏期间，社区银行行业平均税前资产回报率大幅下降，80% 以上源自宏观经济的负面冲击。复苏期间很大程度上也是宏观经济环境造成的，结构性因素只起到了一定的作用。2009 年，宏观经济因素产生了很大的负面影响，在金融危机和经济严重衰退期间，税前资产回报率减少了 87 个基点。随着经济衰退后复苏的推进，宏观经济因素的拖累逐渐减弱。2014 年，宏观经济因素开始提高税前资产回报率，到 2015 年，它们将社区银行行业平均税前资产回报率提高了 18 个基点。

美国联邦存款保险公司在对宏观经济因素进行控制后发现，在危机后的大部分时间里，社区银行核心赢利能力一直高于长期平均水平。尽管危机后经济充满挑战，但社区银行的核心赢利模式依然稳健。

社区银行的年平均税前资产回报率从 1993 年的 1.54%(峰值)到 2009 年的 0.01%(最低点)不等。1985—1990 年,税前资产回报率相对较低,平均只有 0.58%。在 20 世纪 90 年代早期,这一比例急剧上升,从 1992—2005 年超过了 1.25%。在 2009 年的最低点之后,税前资产回报率反弹。贷款损失准备金占总资产的百分比,与税前资产回报率呈反周期变化。

由于社区银行很大程度上受当地经济状况的影响,全国各地的资产回报率差异很大。达拉斯地区社区银行平均税前资产回报率在 20 世纪 80 年代末达到了 1%,而纽约地区则超过了 1.5%。相比之下,达拉斯地区社区银行相对较好地渡过了 2008 年国际金融危机。与其他地区相比,其平均税前资产回报率仅略微下降至 0.6%,而旧金山地区社区银行的平均税前资产回报率急剧下降至-1.5%以下。

美国联邦存款保险公司通过经济增长、失业率、利率和息差这四个宏观经济因素来评估社区银行税前资产回报率随时间变化的影响。

其中,失业率是影响整个样本期和大多数年份社区银行资产回报率的主要宏观经济因素。这是因为社区银行专注于关系型贷款,强劲的本地就业市场促进了贷款需求,而疲软的就业市场可能会提高拖欠率。1994—2008 年,低失业率使社区银行的年平均资产回报率上升了 25 个基点;然而,金融危机期间失业率的急剧上升与社区银行赢利能力的大幅下降有关,2009 年和 2010 年的税前资产回报率分别下降了 68 个基点和 64 个基点。随后失业率的下降首先减轻了对社区银行赢利能力的拖累,最终促成了 2014 年和 2015 年的赢利能力。

经济增长在四个宏观经济因素中的影响最小。这说明直接影响社区银行的赢利能力应该是息差、利率和失业率,间接影响是经济增长通过其他宏观经济因素来进行。

在危机后的几年里,当各国央行维持零利率政策时,利率对赢利能力的负面影响最大。到 2013 年,低利率将资产回报率降低了 17 个基点。到 2015

年,随着贷款期限的延长和宏观经济环境的改善,情况有所好转。

利差一般独立于其他三个宏观经济变量。利差在前两年产生了较小的正面影响,1990—1991 年经济衰退前的收益率曲线倒转产生了负面影响,在 20 世纪 90 年代上半年收益率曲线急剧陡峭时产生了较大的正面影响,在 90 年代中期至 2001 年经济衰退期间,利差再次产生了负面影响,曲线在 2000 年反转前变平。从 1995 年到 1998 年,利差成为唯一导致负面影响的变量。这种模式在 2001 年经济衰退后重演,陡峭的收益率曲线提振了社区银行的利润,随后逐渐趋平,最后在 2008 年国际金融危机前逆转。随着收益率曲线趋平,利差对 2014 年和 2015 年的赢利能力仍有较大的正面影响。这可能反映了对收益率的追求,因为社区银行将三年内到期的贷款比例从 2012 年的约 40% 提高到 2014 年的约 50%。

2.经济结构

充满活力的农村经济对美国的繁荣至关重要。社区银行在商业银行部门提供农业贷款中占比近 80%。由于近三十年里,总人口虽然增加,但农村人口在不断减少,生活在农村地区的人口比例也在下降。自 2008 年以来,美国的就业增长大多发生在城市地区。

由于城市与农村在许多方面有所不同,包括人口的年龄分布、拥有大学学位的人口比例、住房拥有率、贫困率和拥有互联网的人口比例等。鉴于这些不同带来的宏观环境多样性,在农村和城市地区开展业务的社区银行往往面临不同的挑战。例如,一家银行机构在城市银行面临的竞争对手数量往往大于农村,而在农村,招聘和留住高素质员工可能更为困难。一些观察人士对过去二三十年银行合并对农村地区获得银行服务的影响表示担忧,同时也对农村社区银行未来的生存能力表示怀疑。

在过去的 20 年里,社区银行呈萎缩态势,但在城乡两类市场中仍然发挥着积极作用,占美国运营银行的 95% 以上。城乡社区银行的降幅大致相当,主要在农村市场运营的社区银行所占份额稳定在 50% 以上。虽然规模上农村社区银行不占优势,但在过去20年中,尽管经济环境更具挑战性,农村社区银行的资产回报率和股本回报率始终高于城市同行。

(1)过去20年城乡社区银行的全国趋势

在过去20年里,美国的银行数量下降了近一半,从1997年的约10700家下降到2017年的约5600家。约97%的下降是由社区银行造成的。从城乡社区银行数量的趋势来看,这两类银行的数量一直在下降。金融危机前,农村银行的下降率高于城市银行,但在危机后有所逆转。这种逆转可能是因为,正如我们暂时看到的那样,城市社区银行在金融危机后不久遭受的损失比农村社区银行更为严重。而业务主要在农村市场运营的社区银行损失所占的比例也略有上升,从53%上升到54%。

虽然农村社区银行比城市社区银行多,但城市社区银行的存款、贷款和办公室数量始终高于农村社区银行。就总资产而言,城市社区银行的平均规模约为农村社区银行平均规模的2.5倍—3.5倍。随着社区银行资产规模的增加,它们的分行网络也在不断扩大。城市银行的平均分行数约为农村银行的1.7倍—2倍。

所有城市社区银行和所有农村社区银行的存款总额,随着时间的推移,两者都呈上升趋势。1997—2008年,城乡社区银行未偿贷款总额增长强劲。2008—2011年间,城市社区银行的贷款下降比农村银行更为严重。从近期的经济衰退中走出来,农村社区银行自2011年以来贷款增长相当温和,而城市社区银行贷款增长速度自2013年以来一直强劲。增长率的这种差异可能是由于最近经济衰退的复苏在城市地区比在农村地区更为强劲。

在绩效指标方面,即资产回报率和股本回报率,农村社区银行始终优于城市社区银行。这种差异在金融危机期间尤为明显,当时城市社区银行的赢利能力下降幅度远大于农村社区银行。从冲销率来看,在过去20年的大部分时间里,这两类社区银行的冲销率非常相似,但2008—2013年间除外,当时农村社区银行的冲销率低于城市社区银行。

（2）所有银行和社区银行的市场趋势

截至2017年，城市市场上平均有18家社区银行和8家以上的大型银行，这与1997年的21家社区银行和6家大型银行有所不同。在过去20年中，每个农村市场的社区银行平均数量稳定在4家左右，而每个农村市场的大型银行平均数量从略低于1家增加到1.4家。这些统计数字表明，在过去20年里，农村市场的平均银行数量实际上有所增加。

如果从银行分支机构的数量而不是竞争对手的数量来看，城市平均市场的分支机构数量显著增加，而整个增长都来自大型银行的分支机构。同期，农村市场分支机构数量基本没有变化，大银行分支机构占比略有上升。

这种存款份额从社区银行转移的现象，类似于分行份额的转移，在城市市场已经相当严重，但在农村市场仅处于边缘。1997年，社区银行在城市银行分行的存款几乎占到全部存款的一半，但2017年仅占三分之一多一点。在农村市场，1997年社区银行的存款市场份额总计为80%，2017年适度下降至77%。

尽管在过去20年中，社区银行在城乡市场的存款总份额有所下降，主要是由于社区银行减少所致。自2008年以来，平均每家社区银行都保持或增加了其存款市场份额，这一事实表明，在最近的经济衰退期间和自最近的经济衰退以来，社区银行能够在城市和农村市场与大型银行进行相当成功的竞争。

（3）总部

在过去20年中，位于城市市场的银行总部数量减少了一半，而在农村市场的数量减少了45%。城市市场的总部办公室平均数量多于农村市场。总部位于城市市场的银行平均仅为8家（低于1997年的14家），而总部位于农村市场的银行平均为1.3家（低于1997年的2.4家）。银行更能适应其总部所在社区的需求，因此这一损失的重要性可能会对当地市场产生影响。

3. 制度环境

(1)《社区再投资法》的立法背景

针对长期以来社区金融服务区域歧视现象①,美国于 1977 年出台《社区再投资法》(*Community Reinvestment Act*,简称 CRA),从制度环境保障中小银行的社区金融服务②。同时,以执法检查形式督导银行和储蓄机构开展普惠金融业务,将普惠金融开展与金融机构新业务申请许可相挂钩。

(2)《社区再投资法》执法检查的特点

多个联邦金融监管部门分头进行。由于美国监管结构的特点,《社区再投资法》针对的对象为所有接受联邦存款保险的银行和储蓄机构,而这些机构又是由不同的联邦金融监管部门监管,《社区再投资法》执法检查分别由美联储、货币监理署、联邦存款保险公司对其监管对象进行。

由于三家联邦金融监管部门的《社区再投资法》执法检查所依据的法律完全相同,为了协调执法过程中可能出现的差异,它们在联邦金融机构检查委员会(Federal Financial Institutions Examination Council,简称 FFIEC)③框架下

---

① 20 世纪 30 年代,美国房主贷款公司(Home Owners' Loan Corporation)在联邦住房贷款银行委员会的指示下,对美国较大城市及周边地区进行了信用等级评定。那些被视为风险大的社区在地图上会被红线圈示出来,也即"划红线"(redlining),银行业金融机构则根据这样的地图作出是否贷款的决定。对于那些居住在"红线区"的家庭来说,他们能否获得住房抵押贷款与他们的收入情况并没有太大的关系,起决定性作用的是其居住地,导致出现金融服务的区域歧视问题。20 世纪 70 年代美国金融服务的"划红线"和"社区不投资"等问题不断恶化,导致金融机构对中低收入社区不投资甚至撤离,演变成了严重的社会问题。一些研究认为,尽管信贷业务存在一定的特殊性,但是就像公用事业公司不能只为特定对象提供服务一样,设立在本地社区的金融机构选择性地提供金融服务甚至不服务是不符合公共利益的。

② 《社区再投资法》规定银行和储蓄机构不能把落后地区划为红线区,突出了对中低收入社区金融权利的保护,确保各个社区的居民能够享有平等、充分的金融服务。

③ 联邦金融机构检查委员会是根据"1978 年金融机构监管和利率控制法案"建立的一个正式的跨部门联邦机构,专门为联邦金融监管部门的执法检查制定统一的原则、标准和报告形式。目前的联邦金融机构检查委员会成员除了美联储、联邦存款保险公司、货币监理署外,还包括国家信用社管理局(National Credit Union Administration,简称 NCUA)、消费者金融保护局(the Consumer Financial Protection Bureau,简称 CFPB),同时,为了协调各州的金融监管部门,联邦金融机构检查委员会还建立了州联络委员会(the State Liaison Committee),由来自 5 个州的金融监管部门代表组成,在联邦金融机构检查委员会中拥有投票权。

进行协调统一,在检查对象类型划分标准、检查程序、检查内容和合规评级方面都做了统一,因此目前三家联邦金融监管部门在《社区再投资法》执法检查的内容和形式上基本一致。

(3)按照金融机构资产规模确定《社区再投资法》执法检查内容

在《社区再投资法》执法检查过程中,联邦金融监管部门按照资产规模将银行和储蓄机构划分为小银行(Small bank)、中小银行(Intermediate small bank)和大银行(Large retail bank)三类,执行不同的检查程序和内容,同时,联邦金融监管部门每年将根据 CPI、薪资变化等情况,对小银行、中小银行和大银行的划分标准进行调整,因此银行和储蓄机构接受的《社区再投资法》检查项目会随自身资产规模的变化而有所不同(见表3-7)。以 2017 年的认定标准为例,如果在过去两个日历年度末(12 月 31 日),资产规模均超过 12.26 亿美元,划入大银行范畴,否则纳入小银行范围;但如果在两个日历年度末,小银行的资产规模均超过 3.07 亿美元,则划入中小银行范围,历年《社区再投资法》检查银行分类资产规模划分标准见表3-7。

表 3-7 《社区再投资法》检查小银行的上限和
中小银行的下限资产规模认定标准　　　　　(单位:亿美元)

实施时间	小银行的上限	中小银行的下限
2020 年 1 月 1 日	13.05	3.26
2019 年 1 月 1 日	12.84	3.21
2018 年 1 月 1 日	12.52	3.13
2017 年 1 月 18 日	12.26	3.07
2016 年 1 月 1 日	12.16	3.04
2015 年 1 月 1 日	12.21	3.05
2014 年 1 月 1 日	12.02	3.00
2013 年 1 月 1 日	11.86	2.96
2012 年 1 月 1 日	11.60	2.90
2011 年 1 月 1 日	11.22	2.80

根据联邦金融机构检查委员会协调三家《社区再投资法》执法部门后制定的检查标准,对小银行检查通常采用简化的方法,重点集中在社区贷款方面,也即主要进行社区贷款检测(lending test),但小银行也可申请开展其他检查,这样有助于提高检查的最终评估等级;对中小银行的检查一般在小银行社区贷款检测的基础上,还需要进行社区发展检测①(community development test);对大银行的检查比较复杂和全面,需要开展三类检测:社区贷款检测、社区投资检测(investment test)和社区服务检测(service test)。《社区再投资法》执法检查对大银行的要求较中小银行更加严格、要求更高、检测项目更多(见表3-8)。其中,社区贷款检测是最基本、最主要的检查内容,根据评级要求,如果一家大银行在社区贷款检测中被评级为"优秀",那么它的整体评级将不会低于"满意"。联邦金融监管部门《社区再投资法》检查类别和主要内容见表3-9。

表3-8 大银行评级的评分构成

检查类别 / 评级划分	贷款检测	投资检测	服务检测
优秀	12	6	6
非常满意	9	4	4
一般满意	6	3	3
需要改进	3	1	1
严重不合规	0	0	0

大型银行总体评级:得分20分及以上为"优秀",11—19分为"满意",5—10分为"需要改进",0—4分为"严重不合规"。

---

① 主要评估银行向所在社区提供社区发展贷款、合格投资以及社区发展服务的情况。

表 3-9　CRA 检查的类别及主要内容

检查类别	主要内容
社区贷款	1. 贷款/存款比率 2. 评估社区贷款在银行全部贷款的百分比 3. 银行贷款活动的记录情况：借款人的收入水平情况、企业和农场借款人的规模情况 4. 贷款的地理分布情况 5. 对书面投诉所采取的措施
社区投资	1. 在社区发展方面的贷款和投资的笔数和总量 2. 社区发展服务水平情况 3. 在开展社区发展活动中对社区需要的响应情况 4. 在开展社区发展活动中的创新水平、复杂程度和弹性情况（仅用于大银行评估）
社区服务	1. 银行提供零售银行服务的可得性和有效性，如为非营利、部落或政府组织在中低收入人群住房、经济恢复和发展方面提供金融方面的技术支持情况 2. 提供社区发展服务的深度和创新情况，如为中低收入人群开设金融社区服务教育课程

（4）《社区再投资法》检查需要确定评估区域

《社区再投资法》检查限定在一个明确的评估区域（Assessing Area）内进行，而这个评估区域由银行或储蓄机构自己来划定。这种评估区域的划定方法①基于对分支机构以及 ATM 都是吸收存款工具的考虑，也就相应地界定了银行或储蓄机构需要再投资的社区范围。此评估区域划分方法也与国会在通过《社区再投资法》时的基本论断相一致，申请在特定区域开展存贷业务的金融机构要求证明在该区域开展特许业务的同时也能够为社区提供便利，满足社区的金融服务需求。

（5）建立《社区再投资法》执法检查的正向激励机制

联邦金融监管部门在进行《社区再投资法》执法检查过程中，建立了正向

---

①　一般与一个普通的可识别的城市区域或行政区相对应，这样的区域一般与人口统计片区（Census Tract）相对应，人口普查局划分每一个街区（Block）为最小统计单位，几个到几十个街区不等组成统计片区，然后是（几乎相当于）社区的单位。涵盖了银行的主要办公机构、分支机构和吸纳存款的 ATM，银行在其中发放或购买绝大部分贷款。

激励机制,对经检查评估为"优秀"的银行或储蓄机构降低检查频率,而对检查评级为"严重不合规"者进行惩罚,并加大检查频率(见表3-10)。

表3-10 CRA检查周期情况

银行类别	评级	检查频率
小银行	优秀	5—6年
	满意	4—5年
	需要改进	1—2年
	严重不合规	1年
中小银行和大银行	优秀	2—3年
	满意	2—3年
	需要改进	1—2年
	严重不合规	1年

二、日本中小银行发展转型的宏观实践

(一)日本中小银行的区域环境

按照日本地域①划分,64家全国地方银行和38家第二地方银行分布在11个区域(见表3-11)。

表3-11 日本区域银行地域分布情况

序号	区域	全国地方银行	第二地方银行	区域银行
1	北海道地方	1	1	2
2	东北地方	10	5	15
3	关东地方	9	6	15
4	甲信越地方	4	2	6
5	北陆地方	4	2	6

① 指日本将国家领土划分为各大地方的区域性概念。

序号	区域	全国地方银行	第二地方银行	区域银行
6	东海地方	7	5	12
7	近畿地方	7	1	8
8	中国地方	5	4	9
9	四国地方	4	4	8
10	九州地方	11	7	18
11	冲绳地方	2	1	3
	小计	64	38	102

日本区域银行命名较有特色,要么以数字作为银行名,如七十银行、百十四银行等,这源自 19 世纪 70 年代,为规范银行经营,按从北向南的地域位置,从 1 开始编号;要么以当地地名作为银行名,如北海道银行、秋田银行等。

近年来,日本中小银行特别是地方银行提出"基于区域的金融"的社区融资计划。一方面,与地方政府及公司合作解决各种区域问题,从而振兴区域经济和产业,应对超龄化社会,实现可持续的区域社会;另一方面,通过利用多年积累的专业知识和网络,根据企业生命周期提供适当的金融产品和服务,例如业务启动、业务扩展、生产力提高、业务继承和业务复兴支持、提供可持续区域社会支援。

具体措施如下:

1. 根据企业生命周期提供金融支持

(1)关于创业、开拓新事业的金融支持

对以创业和开拓新事业为目标的企业,地方银行在提供事业计划的制作和创业手续方面的建议等支援的同时,还支持创业资金的融资和对企业培养基金的投资等,以应对事业启动时的资金需求。

(2)关于成长阶段的金融支持

第一,对国内外拓展销路的金融支持。

为支援推进新商业模式发展的企业,地方银行通过开展商务匹配和国内外的商谈会等,帮助其扩大销路。为了应对地区中小企业的海外发展需求,除设立海外据点外,还通过与当地银行和国内外咨询公司的合作提供支持,并为客户企业向当地法人提供资金等服务。

第二,采用事业性评价等措施,不过分依赖担保和保证。

地方银行不仅在客户的财务方面,还对事业的内容、技术和人才等知识资产、未来性等进行分析和评价(事业性评价),进行经营和融资支持。另外,对于以动产、债权为担保的融资(ABL)也在积极地进行。比如,七十七银行于2018年5月对创业100年的老字号印刷公司实施了以新购入的印刷机为担保的动产担保融资。该公司因东日本大地震,不得不停止生产线等,遭受了巨大损失。七十七银行借助老化印刷机即将更新的时期,提出了以新购入的印刷机为担保的融资方案,并付诸实施,从而帮助该公司尽早恢复营业,为地区的复兴作出贡献。

第三,支持客户企业的人才资源保障。

在生产年龄人口减少的情况下,各地区企业如何解决人才不足和确保有专业知识的优秀人才成为当务之急。除了协助地方自治体转型外,地方银行还参与人才介绍行业,通过与人才介绍公司的业务合作等,支持当地企业的人才资源保障。另外,与外部企业加强合作,为引入外国人才提供支援。比如,福井银行(福井县)为了支援以开展客户企业海外事业为目的的外国人才的固定化,于2019年5月与内定桥株式会社进行了业务合作。该公司除了对接受外国人才的企业进行公司内部交流研修外,还对在企业就职的外国人才进行日语交流研修等。基于业务合作,福井银行于2019年8月之前向该公司介绍了20家同行的客户企业。

(3)关于事业继承阶段的金融支持

在地区的中小企业中,没有后继者成为重要的经营问题。地方银行设立事业继承的专门部门,与本部、分店一体化,接受客户的咨询。除了向希望转让企业和事业部门的客户企业介绍收购与兼并的对方以外,还进行事业继承所需资金的融资等,根据企业的需要进行支援。此外,还利用地方银行之间的网络,进行跨县业务提供支持。

比如,鸟取银行(鸟取县)以本地经营者的事业继承及新事业支援为目的,于 2019 年 5 月至 12 月实施了风险型事业继承支援计划"阿特吉本查·营"。该项目以年轻继承人从上一代继承下来的有形、无形的经营资源为基础,勇敢地应对风险和壁垒,同时也是新事业、产业形态转换、新市场进入等新领域。这是一个通过挑战区域来实现持久经营的计划。本项目共有 16 人参加,到 2019 年 12 月为止,为了开展新事业,除了进行假设验证和检测营销等实践性措施外,还与县外的创业者团体开展合作活动等。

再如,十六银行(岐阜县)为了解决事业继承的问题,在同一法人营业部内设置了"经营继承支援室",再加上 10 亿日元规模的"经营继承基金"与东海东京金融控股株式会社共同设立。"经营继承支援室"于 2019 年 3 月设置,包括 4 名经营者在内的经验丰富的 8 名工作人员,为了解决经营者的烦恼,设置了免费电话以提供帮助。

(4)关于事业再生和经营改善阶段的金融支持

对于需要事业再生和经营改善的中小企业,地方银行提供多种支援方式,包括直接出资企业再生基金,寻求与外部各类机构①合作等。

比如,在岩手县经营强化塑料制造业的 A 公司,因东日本大地震,该公司工厂遭受了全部损坏。由于合同上的经营自由度受到一定程度的限制,东北银行(岩手县)考虑到该公司的事业性和今后的事业计划,于 2019 年 1 月对该公司的震灾支援机构债权进行收购。在震灾支援机构的债权收购支援下,该公司实现了连续 2 期赢利。

2.对可持续地区社会的贡献

为了实现可持续的地区社会,地方银行与当地的地方自治体和企业合作,

---

① 如中小企业再生支援协议会、地域经济活性化支援机构(REVIC)、震灾支援机构等。

致力于解决地区发展中的问题。

（1）搞活地区经济和产业

地方银行与当地的地方自治体和企业合作,致力于地区整体的活力。另外,为了实现可持续的地区社会,地区居民尤其是年轻人的参与是必不可少的。地方银行为了让地区的年轻人对地区事务感兴趣,举办了各种各样的活动。

纪阳银行（和歌山县）实施政府可持续发展目标地方创生游戏①。于2019年7月与近畿财务局和歌山财务事务所、新金银行共同举办了政府可持续发展目标地方创生游戏。政府可持续发展目标地方创生游戏是政府可持续发展目标与地方创生相结合的体验型模拟游戏。玩家分为行政职员和市民（商店主和一次产业从业者等）,使用地域的人力资源和预算来实践城市建设项目,目标是"个人的目标"和"地区的目标"。64名银行职员和大学生等年轻人聚集在一起,通过游戏在加深对政府可持续发展目标的理解的同时,就地方创生和歌山县的未来进行了意见交换。

（2）打造安心生活的社区

地方银行着眼于人生100年的生活目标,根据客户个人的状况和生活计划提供适当的服务,构建从年轻人到老年人都能安心生活的地区。例如,面向老年人,除了提供延长资产寿命的金融商品外,还销售预防痴呆症的保险,配置痴呆症支援者,提供家族信托等。另外,为了让年轻人能够安心生活,也致力于充实地区的育儿环境和教育环境。

比如,横滨银行（神奈川县）协助藤泽市内的市民参与痴呆症的见证实验。横滨银行为了实现对痴呆症患者的关注和早期发现,于2019年3月协助参加了藤泽市内的实证实验活动"奥特守护挑战"。一方面,在本次活动中,居住在藤泽市内的65岁以上高龄者约35人饰演痴呆症的失踪者,并用专用的智能手机应用软件带上可以检测住所的钥匙圈型标签在藤泽市内徘徊;另

---

① 地方创生（Plale making）:是指建构与培育人与所在环境的相互关系。2014年,日本首相安倍晋三将本届国会定位为"地方创生国会",强调要"重新激发地方发展的活力"。

一方面,居住在藤泽市内、在职、在校的约 2000 名守护者将成为搜索者,启动该 APP 以发现失踪者。同住市内及分店工作的银行职员也作为"守护者"参加了本活动。

(3)应对环境问题等的措施

地方银行积极开展防止温暖化、保护自然环境等环保活动。除了向致力于环境保护的企业提供环境相关的融资商品之外,还着力于环境负荷的降低、森林保护、环境美化、清扫活动等。

比如,155 银行(三重县)活用银行独有的环境等级的环境评价融资,即"环保·前沿"。155 银行于 2019 年 6 月,对开展废弃物收集搬运和净化槽清扫管理的株式会社实施了环境等级融资"环保·前沿"。2010 年 3 月开始办理,2019 年 6 月末为止的销售业绩是 208 件共 323 亿日元。

再如,大分银行(大分县)从 2018 年 7 月开始,在"大分银行应用"(智能手机终端应用)中提供了可以查询交易明细的"智能存折",呼吁从纸质媒介的存折中更换。

(4)支援大规模灾害的复兴

在东日本大地震、各地发生的暴雨灾害等大规模灾害中,地方银行致力于为直接、间接受灾的客户提供经营重建、生活支援等区域整体复兴的活动。例如,在"平成三十年 7 月暴雨"①的受灾地银行,面向中小企业实施了用于灾害恢复的运转资金、设备资金相关的特别融资、恢复支援贷款等。另外,作为地方银行界全体的努力,全国地方银行协会除了运营着"灾害捐款制度"外,还将作为地方银行界捐赠善款。

比如,西日本城市银行(福冈县)作为本地银行,支援因"平成二十九年 7月九州北部暴雨"而受灾地区的复兴。2018 年 7 月,朝仓市、浮田市、添田町、东峰村、日田市参加了此次暴雨发生 1 年的活动,福冈博多站前广场上举办了

---

① 注:是指 2018 年 7 月 5 日开始发生于日本西部中心的连日暴雨灾害。

"复兴应援马修"。在本次活动中,各市町村展出了展位,除了贩卖物产外,还进行了观光、故乡纳税回礼的宣传。此外,会场还设置了支援复兴的七夕信息征集角,向受灾地区传达了鼓励的话语和应援的信息。

再如,筑波银行(茨城县)面向东日本大地震的恢复和复兴的客户提供经营支援。经营运输业的 A 公司,在东日本大地震中县内港湾在一定时期内无法使用时,由于来自远方的装载费用增加,业绩恶化,为了弥补赤字而进行的借贷还款负担成了经营难题。筑波银行从 2013 年 6 月开始,利用茨城县产业复兴机构投资事业有限责任组合的基金,制订了 DDS 金融支援等再生计划,该公司的经营改革谋求了善变。

(二) 日本中小银行的宏观环境

人口结构的长期性变化、不同行业的加入和超低利息政策的长期化等,日本中小银行面临宏观环境的挑战仍然十分严峻。

1. 经济周期

日本银行(2020)回顾了 20 世纪 80 年代到此次新冠肺炎疫情全球暴发前的情况。

热度图用颜色表示是否有过热迹象,如 20 世纪 80 年代末泡沫时期观察到的过热迹象,显示出与各种金融活动指数(faix)趋势的偏离程度。在目前的热度图中,14 个指数中有 12 个显示为"绿色",既没有显示经济过热,也没有显示经济收缩。在 2019 年 4 月的报告中变为"红色"的房地产贷款占 GDP 的比率一直保持"红色"。在这份报告中,上一期仍为"绿色"的信贷总额与 GDP 之比自 1991 年年初以来首次变为"红色"。这一变化的一个主要和直接原因,无疑使 2019 年 10—12 月国内生产总值(GDP)出现较大幅度下降,这主要是由于海外经济放缓、消费税上调和自然灾害的影响。然而,更为根本的是,这一偏差是由信贷总量(这一比率的分子)相对于 GDP 的长期快速增长所推动的。

自泡沫破裂以来,信贷总量占 GDP 的比重明显呈下降趋势,种种迹象表明,相对于这一下降趋势,经济出现过热。这种下降趋势似乎主要是由于企业贷款需求的长期下降,主要反映了日本潜在和预期增长率的大幅下降。

一些在泡沫时期大幅偏离其趋势的指数,如土地价格与国内生产总值的比率、家庭投资与可支配收入的比率,在现阶段保持稳定。在这方面,由于乐观情绪的强弱和预期形成过程中的过热程度不同,近年来金融周期的发展与泡沫时期有很大不同。也就是说,鉴于信贷增长已经超过经济增长数年,上述脆弱性值得注意:(1)向中等风险公司提供贷款;(2)向租赁住房企业提供贷款;(3)向高杠杆项目(如大规模并购交易)提供贷款。

还应注意的是,由于企业经营状况的下行压力暂时还存在,金融机构已表现出积极向企业提供资金以支持企业现金管理的态度,反映了政府和日本央行的政策行动。因此,总信贷占 GDP 的比例可能暂时进一步提高,如果出现这种情况,就被视为是对政策行动作出反应的必要发展。

关于"金融缺口",这是通过计算热度图中各联邦调查局偏离其趋势的加权平均数而建立的,正缺口较上一份报告有所增加,反映了上述债务总额与国内生产总值比率的发展情况。纵观"面临风险的 GDP"(GaR),以金融缺口的这些发展为条件的未来 3 年 GDP 增长的估计概率分布近年来在下行方面表现出更大的尾部,尽管这一尾部没有泡沫时期那么"胖"。这些结果表明,虽然近年来金融周期的扩张支持了经济适度扩张的趋势,从某种较长期的角度来看,这也导致了经济增长下行尾部风险的增加,因为低利率的累积效应加大了资产负债表调整的压力。随着新冠肺炎疫情的蔓延,如果实体经济的实质性恶化持续下去,有必要密切监控,实体经济和金融部门的协同恶化是否会因充分的金融调整而实现,具体表现为发展背后的脆弱性。

2. 经济结构

从长期来看,日本经济的结构性问题①始终存在,而最近暴发新冠肺炎疫

---

① 如长期的低利率环境、人口下降和企业部门储蓄过剩。

情加剧了日本的经济活动和企业行为的负面影响。

一方面,上述这些问题,会直接导致日本国内存贷款业务利润持续下行的压力,包括中小银行在内的金融机构也将面临挑战。大型金融机构需要改善自身的治理,以应对其系统重要性,这一点随着其全球业务的扩张而不断增强。中小金融机构建立商业模式,通过促进区域经济的振兴来确保利润,这一点越来越重要。各大银行和区域金融机构面临的一个共同挑战是,需要从当前的压力中吸取教训,加强风险管理能力。金融机构需要持续努力,应对数字化和气候变化带来的商业环境中长期变化带来的风险和机遇。

另一方面,上述这些问题,会加剧日本中小企业经营风险,间接加大了以中小企业为对象的中小银行的压力。自 2012 年 12 月以来,日本经济处于"有可能是战后最长"复苏态势,但是对于中小企业而言,经营环境压力却没有减缓。在人口减少且少子高龄化的大背景下,事业继承是当前日本中小企业普遍面临的问题。根据东京工商调查显示,2018 年全国企业破产(负债总额 1000 万日元以上)为 8335 件,比 2017 年减少了 2.0%。从 2009 年以来,全国企业破产连续十年低于前一年,目前是 1990 年(468 件)以来的最低水平。但与此同时,2018 年休业、解散的企业数达到 46724 件,比上一年增加 14.2%,达到破产案件数的 5 倍以上,持续位于高水准。事实上,因找不到继承人而不得不放弃继续经营的经营者增加了。在 380 万中小企业中,现在 60 岁以上的中小企业经营者有 245 万人。据经济产业省称,127 万人还未确定后继者。从继承需要花费时间来应对看,可以说停业危机逼近了中小企业全体的三分之一。

3.其他因素

日本企业的商业模式陷入僵局,业绩长期停滞。日本银行(2019)特别指出,除了日本金融机构,日本企业同样需要改革商业模式和公司治理。商业模式的改革和公司治理的改革应相一致,尤其是如果不致力于支持商业模式的治理改革,就无法实现企业中长期价值的提高。

一是股票指数的净资产收益率（ROE）平均值较低，其中 2009 —2012 年和 2013 —2016 年的平均值分别为 4.5% 和 8.2% ，远低于同期世界的平均水平，即 10.9% 和 10.8% 。

二是个人金融资产增长速度慢，与美国等发达国家具有较大的差距。换言之，从 2000 年以来，日本几乎未增加个人金融资产。股价上涨缓慢，1990—2016 年，日本股价涨幅较小且远低于同期的世界和中国水平。

三是社会环境诚信问题。受商业模式陷入僵局的影响，日本企业丑闻多发。自 2011 年以来，日本发生了多起财务欺诈、数据篡改造假、非法融资以及高管和员工严重违法行为（见表3-12）。一些日本企业里普遍存在这些问题，光靠自律不起作用。

表 3-12　2011 年以来日本企业丑闻案例

年份	企业	内容
2011	奥林巴斯	财务欺诈
	大王造纸	经营者不正当行为
2012	野村控股	增资内幕
2013	北海道铁路公司	轨道数据篡改造假、脱轨事故
	瑞穗银行	向黑社会融资
2015	东洋橡胶	抗震数据篡改造假
	东芝	财务欺诈
	旭化成建材	打桩数据篡改造假、隐瞒
2016	三菱汽车	燃料费数据不正确
2017	富士施乐	财务欺诈
	日产汽车	违反国家规定的新车"无资格检查"
	神户炼钢厂	品质数据篡改造假
	工商中金	不正当的制度融资
2018	苏打银行	对合租房等的不正当融资
	凯迩必	减震设备的性能检测数据篡改造假

第四章 "微观—中观—宏观"视角下中小银行发展转型的中国实践

第一节 我国中小银行发展转型的微观探索

一、我国中小银行经营模式的基本特征与现实困境

（一）我国中小银行经营模式存在的问题

1.市场定位：跟随大银行

相比于美国的社区银行，我国中小银行的市场定位具有较强的政策规划色彩，而不是市场选择的结果。这主要原因在于，我国中小银行的出现是"补空式"的制度安排，旨在催生出有别于大银行的金融服务主体。然而，长期以来我们并没有提供足够的、与中小银行市场定位相匹配的一系列政策支持和配套措施。再加上，前期政策环境较为宽松、地方政府不当干预、银行自身逐利诉求等方面的问题。这些都导致了我国中小银行的市场定位并不清晰，虽然名义上定位是以当地居民、中小微企业、"三农"等为服务对象，但实践上几乎是在"照搬"或"跟随"大银行。

2.发展战略：缺乏差异化战略

从美、日中小银行的经验来看，发展战略和市场定位通常密切相关。一般

而言,依据市场定位来确定差异化的发展战略。由于我国中小银行市场定位并不清晰,发展战略也出现同质化现象。在区域扩展上,倾向于中心城市及经济发达区,部分城市商业银行近年来盲目扩张甚至加快跨区经营的步伐。在服务客户上,在软信息和关系型业务上的比较优势并未建立起来,倾向于"垒大户"。在业务发展上,要么同质化经营,定位于资金批发业务和对公业务,要么盲目跟风市场,依赖同业。在产品设计上,研发水平和经营理念落后,产品创新存在趋同现象,缺乏自身特色。

3. 业务结构:"三端"失衡

我国中小银行业务结构特征可以总结为"三端"失衡,负债端吸收存款存在天然劣势,资产端追求规模过度扩张,权益端资本不足且补充渠道单一。正是因为这些内在缺陷,诱发了近年来中小银行对同业业务的依赖,也诱使中小银行的业务结构越来越失衡。我国中小银行依赖同业业务的成因主要有以下三个。

第一,中小银行吸收存款存在天然劣势,维系负债端稳定压力较大。

得益于资本实力、市场份额、品牌信誉等方面的优势,以大型商业银行和股份制银行为代表的大银行,揽储能力非大部分中小银行可比拟(见图4-1)。近

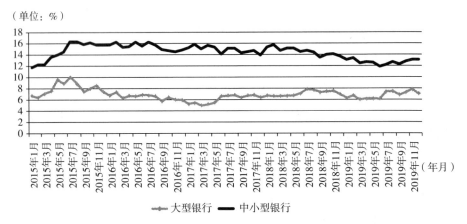

图 4-1 各类银行非存款类金融机构存款占比情况(2015—2019 年)

资料来源:Wind(如无特殊说明,下同)。

年来,一般性存款增速始终显著低于包括基金、证券、保险等在内的资管类产品增速,存款持续呈现出活期化运行态势,对银行流动性管理形成较大压力。特别是物理网点、客群基础和科技能力相对较弱的中小银行,其核心负债占比较低,对同业存款等批发性负债的依赖较高,而这类批发性融资金额大、期限短、不稳定,使得中小银行的流动性管理更为艰巨。在维系负债端稳定的压力下,中小银行不断探索"创新"方式,变相高息揽储,如结构性存款、协议存款、智能存款等。自2020年以来,多地规范定期存款提前支取靠档计息产品,正是中小银行揽储工具之一。中小银行吸收存款压力较大,进一步转化为对同业负债的依赖。

值得一提的是,自2017年以来,监管限制性要求逐渐增加,但同业存单仍具有相对优势①,中小银行将其作为主动负债的重要手段②。2016—2019年,中小银行同期发行占比依次为50.84%、56.16%、51.91%、52.20%,分别高于股份制银行的47.45%、41.60%、39.51%、34.16%(见图4-2)。

第二,中小银行利用同业资金加杠杆运作,支持资产端过度扩张。

2011年至2019年6月,中小银行总资产同比增速始终高于大银行,两者相差的平均值达9.2%。在此期间,有19个季度的中小银行与大银行总资产同比增速相差大于10%,占该区间季度数量的56%。与此同时,城市商业银行净息差始终低于大型商业银行;农商行因涉农信贷和储蓄存款较为稳定,净息差较高但波动较大。又如资产回报率(ROA),城市商业银行及股份制银行始终低于大型银行;从2015年6月起,除部分季度外,农商行也低于大型银

① 作为加快推进利率市场化改革的重要举措,2013年我国引入同业存单业务。在引入之初,同业存单监管较少且不需要缴纳存款准备金。

② 2013年推出同业存单时,发行主体以大型商业银行和股份制银行(大银行)为主,发行规模相对较小,当年发行总规模仅为340亿元,占发行总量的90%以上。随着金融市场改革的深入以及同业存单市场规模的扩大,以城市商业银行和农商行为代表的中小银行代替大银行成为市场的主要发行者。2014—2015年,股份制银行牵头带领同业存单市场不断扩大,同期发行占比分别高达59.56%和55.36%。自2016年起,中小银行一跃成为同业存单市场的主要发行者,实现了弯道超车。

（单位：%）

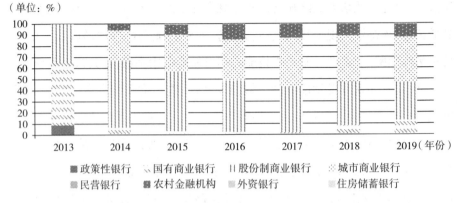

图4-2　各类银行同业存单发行规模占比（2013—2019年）

行。在盲目追求规模和利润的驱动下，"同业+杠杆①+跨区经营②"成为中小银行发展模式,这也是近年来风险爆发的根源所在。

第三,中小银行资本不足且补充渠道单一,借助同业业务规避监管。

与大银行特别是大型商业银行相比,中小银行资本充足率水平较低,资本补充渠道较为匮乏,难以支撑其规模扩张的速度。2014—2018年,大型商业银行资本充足率为14.16%,高于城市商业银行的12.33%和农商行的13.25%。截至2019年年末,大型商业银行和股份制银行的资本充足率分别为16.31%和13.42%,远高于城市商业银行的12.70%和农商行的13.13%。这些与中小银行资产规模快速扩张形成鲜明对比。再加上相关监管规定③,

---

① 出于对资产负债表扩张的需要以及对利润的追求,中小银行大量发行同业存单主动负债扩张资产负债表,再将同业借来的资金配置到同业理财、委外、非标理财等期限更长且风险更高的资产,赚取息差。

② 部分城市商业银行、农村金融机构过分追求做大做强,偏离了服务小微的初衷,过度跨区激进发展,甚至通过在北京、上海等资金中心设立事业部等方式继续吸引跨区域、跨市场、跨机构同业资金。跨区经营过度扩张导致部分中小银行资金配置效率下降。很多经济落后地区城市商业银行将域外资金投向回报较低的域内项目,积累了大量隐患。

③ 按照《商业银行资本管理办法(试行)》的规定,由于商业银行对我国其他商业银行债权的风险权重为25%,其中原始期限三个月以内(含)债权的风险权重为20%,对其他金融机构和一般企业债权的风险权重为100%。为突破资本约束,中小银行通过转换资产形式,将信贷或类信贷以回购形式转为风险权重较低的同业资产。

使得同业业务成为中小银行节约资本占用和实现政策套利的渠道。

(二) 我国中小银行经营模式的现实困境

1. 信用风险加大,不良双升势头未减

中小银行不良贷款和不良贷款率都在增长,其速度远超大型商业银行和股份制商业银行。根据监管部门的数据,2019 年年底,城商行不良贷款率达到 2.32%,农商行不良贷款率在 2018 年年底达到 4.28%,目前为 3.90%(见图 4-3)。而大型商业银行和股份制商业银行不良贷款率分别为 1.38% 和1.64%。中小银行不良贷款率高应是可以理解的,既与管理水平有关,也与经济环境有关,更与规模大小有关。

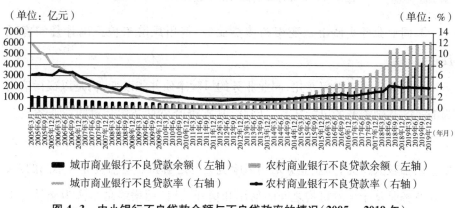

图 4-3 中小银行不良贷款余额与不良贷款率的情况(2005—2019 年)

2. 期限错配不断累积,易形成流动性风险

同业业务在支撑中小银行规模扩张的同时,也累积了大量期限错配风险。自 2014 年以来,在"同业存单—同业理财—自营投资/委外投资"同业套利链条中,中小银行通过短久期的同业存单筹措资金,配置长久期的同业理财产品,依靠期限错配获利。负债到期后,中小银行若流动性不足,只能滚动接续发行同业存单,以旧偿新。在盲目追求规模扩张的冲动下,中小银行不断"发短买长",连续发行续做压力增加,进一步推高当前和后续的市场供给量(见图 4-4),形

成"滚雪球效应",流动性风险不断累积。一旦监管趋严或是市场环境变化,中小银行若无法继续通过发行同业存单筹措资金,则会立刻出现流动性危机。

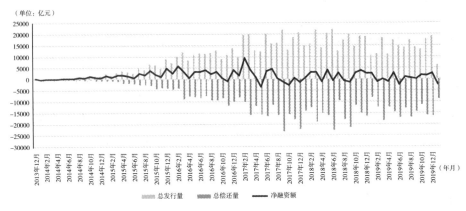

（单位：亿元）

图 4-4　同业存单当月净融资额（2013—2019 年）

3. 同业业务实质上是变相的信贷业务,信用风险未被正确计量和客观反映

无论业务模式如何变化,同业业务的风险本质并未改变,仍是以银行信用为掩盖的基础资产的风险转移。因此,基础资产质量必然会对同业业务资产质量产生影响。受实体经济下行和中小企业经营困境的影响,中小信贷资产质量面临较大压力,同业业务信用风险也会随之暴露。与信贷业务不同的是,同业业务是基于金融机构之间的信用和信任,其信用增级是由作为交易对手的金融机构直接无条件提供的,而不是普通客户信用增级。然而,我国同业业务不断"创新"背后是变相的信贷业务,本质上是打通了普通客户信用增级与金融机构信用增级之间"隔离墙",将一般公司客户信用风险转化为金融机构信用风险,导致中小银行在其中承担的实质信用风险却未被正确计量和客观反映。这进而会引发整个金融系统信用的滥用,加大系统性风险。这也就是为什么在每一轮监管博弈中,监管层面总是强调同业业务会计核算要遵守"实质重于形式"原则,即当银行实际要承担资金使用企业的违约风险时,银行就应当把它作为信贷资产而不是表外资产或同业,并计入资产负债表。

4. 杠杆风险具有较强交叉传染性,进而引发系统性风险

中小银行采用的发行同业存单和同业理财获取资金,再通过委外投资股市与债市的运作模式,本身蕴含了巨大的杠杆风险。杠杆风险具有较强的交叉传染性,会增加金融系统的不稳定和脆弱性。从中小银行负债角度(发行方)看,同业存单和同业理财作为负债,会与资产形成期限错配,积累潜在的流动性风险;这一风险又通过委外链条,从银行传导至非银机构,形成了整个市场的交叉传染风险。由于同业链条牵扯多家同业机构,如果都以同业信用作为担保,只要一家机构发生问题,就会牵扯多个金融机构。资金在金融体系内盘根错节、层层嵌套、层层错配,实际上是不断加杠杆加久期,不断拉长信用链条,中间任何一个环节出现问题,都极易形成流动性风险和信用风险,进而引发系统性风险。2013 年 6 月"钱荒"就是例证,多家银行的同业业务头尾相接,资金在金融体系内盘根错节、层层嵌套、层层错配,一旦中间某家银行发生违约,就会产生连锁反应。在这种情况下,同业业务不再是减震器,而是刚好相反,反而加大了市场波动。

5. 资金"脱实向虚"推升实体经济融资成本,加大企业资金链断裂的风险

从宏观看,同业套利链条会引发资金空转和"脱实向虚"。资金在金融体系内部空转,非但没有进入实体经济促进投资,反而绕道流入地方政府融资平台、房地产行业、"两高一剩"等高风险领域。一些中小银行进行同业套利时,实际上与这些行业的风险相捆绑,不仅自身面临较大的合规风险,而且严重干扰了国家的产业结构调整,资金"脱实向虚"更是加重了经济下行压力和推高资产价格泡沫。如 2013 年 4 月,中国银监会下发《中国银监会关于加强 2013 年地方政府融资平台贷款风险监管的指导意见》(以下简称《指导意见》),要求各银行控制地方平台贷款总量,不得新增融资平台贷款规模。但《指导意见》对非银行金融机构投资限制较少。部分银行为了逐利和维系客户关系,"借道"非银行金融机构,将资金投向了房地产、地方平台和"两高一剩"等监管限制行业。此外,为规避监管,一些同业业务往往加入多个交易主体,形成

多个交易环节,且每一个环节的利率均高于前一环节,致使融资链条拉长,实体经济融资成本不断推升。一些无法通过正常渠道融资的企业为了生存,往往不计成本,盲目负债,甚至以不健康的方式"滚雪球",加大了企业资金链断裂的风险。

二、我国中小银行公司治理的基本特征与现实困境

(一) 我国中小银行公司治理的基本特征

1.风险负外部性较大,易形成区域性风险

鉴于中小银行业务发展与所在区域的资源禀赋和经济社会发展状况密切相关,所在区域的经济、社会、文化水平决定其业务水平和风险特征,再加上近年来部分银行跨区域经营、依靠同业负债支撑高速扩张,中小银行风险开始暴露,信用风险、流动性风险和市场风险逐渐显现。这些特点往往会带来一个新的"多米诺骨牌效应",即本区域或者相似业务特征的一家中小银行出现风险,就可能会波及公众对其他中小银行的信心,如不及时加以干预,极易形成区域性风险。值得注意的是,中小银行的风险是多年得不到及时纠正所积累的结果,是风险处置的原因,而不是风险处置带来的额外风险。如果当前不及时采取风险处置措施,将可能导致风险加速积累,未来的处置难度会更大。

2.治理目标较为多元,委托—代理关系相对复杂

与大银行相比,地方政府往往具有股东和地方经济金融宏观管理者双重角色,对中小银行公司治理的影响不容忽视。近年来,一些以各种"系"为代表的大型民营企业入股中小银行,滥用大股东权利,侵占银行和中小股东利益,这些很大程度上扭曲了中小银行治理目标和委托—代理关系,加大公司治理的难度。

3.经济新常态下,中小银行公司治理挑战有增无减

近年来,我国经济已转向以中高速增长为特征的经济新常态,进入高质量

发展阶段。在此背景下,中小银行过去由数量快速扩张所掩盖的风险和结构性矛盾逐步暴露。与大银行相比,中小银行在经营理念、风险控制、内部管理、业务能力、人员素质、治理水平等方面存在明显差距,进一步积聚风险。此外,中小银行是地方融资平台的重要融资来源(贷款、非标、城投债等),地方政府债务质量对中小银行资产质量的影响较大。随着利率市场化的加快推进和互联网金融创新与脱媒迅猛发展,由于客户分散、科技力量薄弱,中小银行资金分流更加明显,公司治理面临巨大挑战。

(二) 我国中小银行公司治理的现实困境

有效的公司治理是中小银行长期稳健发展的重要基石。近年来,我国中小银行暴露出的诸多风险,溯其本源,都与公司治理的不健全或运作失效密不可分。

1. 组织结构失衡带来的治理架构"形具神无"问题

组织结构是关于银行组织层次划分、权利责任配置、内部信息传导等一系列制度安排,"形神皆备"的组织结构是公司治理得以有效运行的制度保障。从现实情况看,我国中小银行基本都建立了"三会一层"(即股东大会、董事会、监事会和高级管理层)的公司治理架构,但"形具而神不至"的问题长期没有得到有效纠偏,与"各负其责、协调运转、有效制衡"的要求还有一定的差距。部分中小银行公司治理架构形同虚设,"三会一层"监督制衡流于形式,人治色彩较浓,主要靠"一把手"权威、长官意志而非靠制度来维持,关键经营管理决策由少数人掌控,独立董事、监事会均未发挥有效监督制衡作用。有些银行还面临着来自地方政府、控股股东的干预,对董事会正常履职造成一定的困扰。内部评价机制不科学,绩效考核重业绩而轻风险。薪酬制度不合理,没有建立薪酬延期支付机制和损失问责机制。

2. 股权结构失衡带来的公司治理缺乏有效制衡问题

股权是公司治理问题产生的根源,良好的股权结构是实现有效公司治理的前提。从理论和实践来看,股权结构失衡主要有两种:一种是股权过度集中,股权制衡失效,形成大股东控制;另一种是股权过度分散,造成高管层权力缺乏监督,出现内部人控制。从我国现实看,这两种情况在部分中小银行都或多或少有所体现。一方面,大股东控制甚至肆意乱为的势头有所抬升。近年来,部分中小银行股权异动事件频发,个别股东入股动机不纯,入股后更是无视法度,要么通过违规的资本运作及股权安排等获取控制权,干预银行经营,进而滥用股东权力导致银行利益受损;要么将银行作为"提款机",通过违规开展同业投资、关联贷款、股权反复质押等套取银行资金,有些已经形成大量不良贷款,危及储户资金安全和金融体系稳定。另一方面,内部人控制问题较为突出。公司治理的首要目标是解决企业所有权和经营权分离之后产生的委托—代理关系问题。在我国,中小银行的产权制度和股权结构具有一定的特殊性。有些源于历史原因,地方财政和国有企业仍在中小银行中占绝对控股地位;有些中小银行股权高度分散,缺乏实质性的控股股东。这些都容易导致"所有者缺位",滋生内部人控制问题。

3. 信息结构失衡带来的内外部约束不足问题

《G20/OECD 公司治理原则》将"信息披露与透明度"作为六大核心原则之一,认为"公司治理框架应确保及时准确地披露公司所有重要事务。除公司财务和经营业绩外,还应披露非财务信息、关联交易等"。从国内外实践来看,保障信息披露与透明度主要依靠内部自身信息披露机制,以及监管部门的政府监管和以中介机构为主的社会监管。一方面,我国中小银行信息披露机制尚未完全建立起来。一是内容不够全面。部分中小银行为规避风险,未按照相关规定充分、有效披露涉及银行经营的重大事项,如股权信息、财务状况、薪酬、风险状况、重大事项等信息。二是披露不够及时。一些银行对重大事项披露的主动性不强,往往延期披露或者不披露。三是信息不够准确。少数银行存在隐瞒甚至篡改重大事项和关键信息的违规行为。另一方面,中小银行信息披露外部监管环境有待进一步完善。相比于国际成熟市场,我国中小银行信息披露外部监管存在监管权责规定过于简单、未明确主监管制度、上市与非上市商业银行信息披露监管宽严不一、部分非上市商业银行的信息披露监管尚未纳入监管日程、监管执法技术和手段不高、监管信息交流机制不完善、中介机构作用尚未完全发挥等不足之处,未能形成行之有效的外部约束。

4.风险结构失衡带来的存量风险和增量风险并存问题

风险管理亦是银行公司治理的重要内容。从风险结构来看,化解历史上的存量风险和防范发展中的增量风险,已成为我国中小银行公司治理的难点所在。一方面,历史包袱沉重,存量风险集中暴露。部分中小银行尤其是农村信用社风险管理起步晚,历史包袱沉重,公司治理和内控机制没有发生本质变化,抗风险能力差。部分农商行在改制过程中通过借新还旧、重组贷款、虚假转让等方式,将不良贷款转至表外,并未对存量风险进行彻底处置化解,经营状况每况愈下,部分地区反映农村信用社改制效果较差,风险"回潮"现象突出。另一方面,盲目追求规模增长,增量风险日渐凸显。一是市场定位走偏问题。部分中小银行在发展中偏离支农、支小的市场定位,"离乡进城",贷款"垒大户"、搞同业、挣快钱。一些中小银行在信贷业务上"跑马圈地",风险偏好过高,重放轻管,脱农化、大额化特征显现。二是期限错配问题。一些城市商业银行同业业务占比高,流动性高度依赖同业市场,还有些银行为了规避贷款规模、资本占用等监管要求,大量开展表外业务,积累了较大风险。

第二节　我国中小银行发展转型的中观探索

一、我国中小银行市场结构的基本特征与现实困境

(一)我国中小银行市场结构的基本特征

根据中国银监会2017年年报显示,我国银行业金融机构主要由以下类型组成(见表4-1)。

表 4-1　2017 年我国银行业金融机构主要类型情况

类型	总资产（亿元）	占比（%）	机构数量（家）	占比（%）
银行业金融机构	2520372	—	4532	—
国家开发银行和政策性银行	255306	10.13	3	0.07
大型商业银行	928145	36.83	5	0.11
股份制商业银行	449620	17.84	12	0.26
城市商业银行	317217	12.59	134	2.96
农村商业银行	237033	9.40	1262	27.85
农村合作银行	3633	0.14	33	0.73
农村信用社	73525	2.92	965	21.29
非银行金融机构	119424	4.74	454	10.02
外资银行	32438	1.28	39	0.86
新型农村金融机构和邮政储蓄银行	104031	4.13	1625	35.85

　　截至 2017 年年末,国家开发银行和政策性银行有 3 家,总资产 255306 亿元,占整个银行业金融机构的比例为 10.13%;大型商业银行有 5 家,总资产 928145 亿元,占整个银行业金融机构的比例为 36.83%;股份制商业银行有 12 家,总资产 449620 亿元,占整个银行业金融机构的比例为 17.84%;城市商业银行有 134 家,总资产 317217 亿元,占整个银行业金融机构的比例为 12.59%;农村商业银行有 1262 家,总资产 237033 亿元,占整个银行业金融机构的比例为 9.40%;农村合作银行有 33 家,总资产 3633 亿元,占整个银行业金融机构的比例为 0.14%;农村信用社有 965 家,总资产 73525 亿元,占整个银行业金融机构的比例为 2.92%;非银行金融机构有 454 家,总资产 119424 亿元,占整个银行业金融机构的比例为 4.74%;外资银行有 39 家,总资产 32438 亿元,占整个银行业金融机构的比例为 1.28%;新型农村金融机构和邮政储蓄银行有 1625 家,总资产 104031 亿元,占整个银行业金融机构的比例为 4.13%。

　　自 2019 年起,中国银保监会将中国邮政储蓄银行纳入大型商业银行管理,自此我国大型商业银行从 5 家变为 6 家。

（二）我国中小银行市场结构的现实困境

从经营状况对比上可以看出,我国中小银行主要面临着来自同业的挑战。

1. 资产负债对比

根据中国银保监会最新监管数据显示,截至 2020 年 3 月末,大型商业银行总资产 1175526 亿元,同比上升 10.4%,较年初增加 1.7 个百分点;占整个银行业金融机构的比例为 39.9%,较年初增加 0.5 个百分点。大型商业银行总负债 1076303 亿元,同比上升 10.0%,较年初增加 1.7 个百分点;占整个银行业金融机构的比例为 40.0%,较年初增加 0.6 个百分点。

股份制商业银行总资产 532994 亿元,同比上升 12.8%,较年初增加 2.1 个百分点;占整个银行业金融机构的比例为 18.1%,较年初略降 0.1 个百分点。股份制商业银行总负债 490072 亿元,同比上升 12.1%,较年初增加 2.2 个百分点;占整个银行业金融机构的比例为 18.2%,较年初略降 0.1 个百分点。

城市商业银行总资产 381393 亿元,同比上升 8.3%,较年初增加 1.6 个百分点;占整个银行业金融机构的比例为 12.9%,较年初略降 0.1 个百分点。城市商业银行总负债 352511 亿元,同比上升 8.1%,较年初增加 1.7 个百分点;占整个银行业金融机构的比例为 13.1%,与年初持平。

农村金融机构[1]总资产 390906 亿元,同比上升 8.2%,较年初增加 0.2 个百分点;占整个银行业金融机构的比例为 13.3%,较年初略降 0.1 个百分点。农村金融机构总负债 360319 亿元,同比上升 8.1%,较年初增加 0.2 个百分点;占整个银行业金融机构的比例为 13.4%,较年初略降 0.1 个百分点。

由此可见,即便在新冠肺炎疫情冲击下,大银行特别是大型商业银行不降反升,集中度进一步提升。而以城市商业银行和农村金融机构为代表的中小

---

[1] 农村金融机构包括农村商业银行、农村合作银行、农村信用社和新型农村金融机构。

银行处于守势,基本维持原状。

2.赢利能力对比

截至 2019 年年末,城市商业银行和农村商业银行资产利润率分别为 0.70%和 0.82%;大型商业银行和股份制商业银行资产利润率相对较高,分别为 0.94%和 0.86%;民营银行资产利润率最高,为 1.05%;外资银行资产利润率最低,为 0.63%。

2014—2019 年间,城市商业银行和农村商业银行资产利润率平均值分别为 0.97%和 1.15%;大型商业银行资产利润率平均值最高,为 1.19%;股份制商业银行资产利润率平均值为 1.01%;民营银行资产利润率平均值为 0.98%;外资银行资产利润率平均值最低,为 0.62%(见图 4-5)。

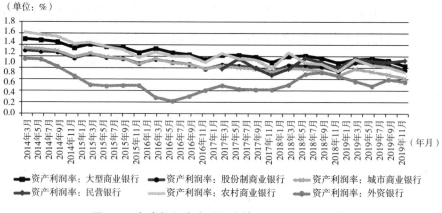

图 4-5 各类银行资产利润率情况(2014—2019 年)

截至 2019 年年末,城市商业银行和农村商业银行净息差分别为 2.09%和 2.81%;大型商业银行和股份制商业银行净息差分别为 2.12%和 2.12%;民营银行和外资银行净息差分别为 3.74%和 1.78%。

2018—2019 年,城市商业银行和农村商业银行净息差平均值分别为 2.02%和 2.84%;大型商业银行净息差平均值为 2.12%;股份制商业银行净息差平均值为 1.98%;民营银行和外资银行净息差平均值分别为 3.78%和 1.84%。

截至 2019 年年末,城市商业银行和农村商业银行净利润分别为 2509 亿元和 2287 亿元;大型商业银行和股份制商业银行净利润分别为 10606 亿元和 4233 亿元;民营银行和外资银行净利润分别为 82 亿元和 216 亿元。

2018—2019 年间,城市商业银行净利润增速为 2.0%,不仅低于农村商业银行净利润增速的 9.2% 和股份制商业银行净利润增速的 9.1%,更低于大型商业银行净利润增速的 10.8%。由于基数水平较低,民营银行和外资银行净利润增速变化幅度较大,分别为 82.2% 和 -12.9%。

3. 资产质量对比

截至 2019 年年末,城市商业银行和农村商业银行的不良贷款余额分别为 4074 亿元和 6155 亿元,不良贷款率分别为 2.32% 和 3.90%;大型商业银行和股份制商业银行不良贷款余额分别为 8959 亿元和 4805 亿元,不良贷款率分别为 1.38% 和 1.64%;民营银行和外资银行不良贷款余额分别为 48 亿元和 94 亿元,不良贷款率分别为 1.00% 和 0.67%。

2014—2019 年间,城市商业银行和农村商业银行不良贷款"双升"态势明显,不良贷款平均余额分别为 1842.63 亿元和 3152.50 亿元,不良贷款率平均值分别为 1.55% 和 2.90%;大型商业银行不良贷款"双升"势头有所缓解,不良贷款平均余额为 7023.00 亿元,不良贷款率平均值为 1.45%;股份制商业银行不良贷款亦呈"双升"态势,不良贷款平均余额为 3228.13 亿元,不良贷款率平均值为 1.53%;民营银行和外资银行资产状况较好,不良贷款平均余额分别为 19.00 亿元和 107.83 亿元,不良贷款率平均值分别为 0.67% 和 0.89%。

截至 2019 年年末,城市商业银行和农村商业银行的拨备覆盖率分别为 153.96% 和 128.16%;大型商业银行和股份制商业银行的拨备覆盖率分别为 234.33% 和 192.970%;民营银行和外资银行的拨备覆盖率分别为 391.12% 和 313.90%。

2014—2019 年间,城市商业银行和农村商业银行受不良贷款"双升"态势影响,拨备覆盖率水平逐年下降,平均值分别为 213.63% 和 180.49%;大型商业银行不良贷款"双升"势头有所缓解,拨备覆盖率水平有所提高,平均值为 205.70%;股份制商业银行不良贷款亦呈"双升"态势,拨备覆盖率水平有所下降,平均值为 193.66%;民营银行和外资银行资产状况较好,拨备覆盖率水平较高,平均值分别为 564.78% 和 250.96%。

4. 资本状况对比

截至 2019 年年末,城市商业银行和农村商业银行的资本充足率分别为 12.70% 和 13.13%,不仅低于股份制商业银行的 13.42% 和民营银行的 15.15%,更是低于大型商业银行的 16.31% 和外资银行的 18.40%。

2014—2019 年间,城市商业银行和农村商业银行资本充足率平均值分别为 12.37% 和 13.22%,高于股份制商业银行的 11.97%,但低于大型商业银行的 14.46%,远低于外资银行的 18.12% 和民营银行的 19.49%。

二、我国中小银行监管结构的基本特征与现实困境

(一) 我国中小银行监管结构的基本特征

近年来,我国金融业发展明显加快,在综合经营趋势和监管套利驱动下,银证保信突破原有的分业经营框架,向传统监管空白地域发展,对现行的分业监管体制带来重大挑战。当前,我国金融体系呈现出一些新的发展特征,诸如保险机构对冲基金化、房地产金融化、银行资产复杂化、信托机构全能化、证券机构银行化等。这些金融交叉业务模式本身蕴含大量风险,本质上都是监管套利行为,现有监管体制存在明显不足。

2008 年全球金融危机以来,我国金融监管改革主要体现在从提高监管标准和加强监管协调向触及监管体制根本的转变。在现实需要和国际趋势的推动下,我国于 2013 年建立了以"一行三会"为主体的金融监管协调部际联席会议制度(以下简称"联席会"),首次将金融监管协调推向正式化、制度化轨

道。但近年来的实践表明这一机制存在天然缺陷①,特别是 2015 年下半年以来股市震荡、互联网金融公司跑路、汇市波动、大型银行不良"双升"不减、房地产资产泡沫、保险资金非理性运用、债市震荡、资管乱象等一系列金融风险问题相继爆发说明,联席会并没有起到预期效果,无法弥补监管空白和有效抵御风险,包括协调机制在内的我国金融监管体系亟待调整。针对这一突出矛盾,党的十八届三中全会、五中全会以及"十三五"规划都有相关部署。为补齐监管短板和更高层次上推动金融监管协调,2017 年 7 月全国金融工作会议宣布,在"一行三会"之上设立国务院金融稳定发展委员会②(以下简称"金融委")。2017 年 11 月,为贯彻党的十九大精神和落实全国金融工作会议要求,金融委正式成立,作为国务院统筹协调金融稳定和改革发展重大问题的议事协调机构。与此前联席会相比,金融委的协调层次更高、职责范围更广,一定程度上标志着我国金融监管协调建设进入新阶段。2018 年 3 月,根据党的十九大关于深化机构和行政体制改革的精神,经党的十九届三中全会和第十三届全国人大一次会议审议通过,将中国银监会和中国保监会的职责进行整合,组建中国银行保险监督管理委员会(以下简称"中国银保监会"),并将中国银监会和中国保监会的原有拟订银行业、保险业重要法律法规草案和审慎监管基本制度的职责划入中国人民银行。

从发展演变来看,随着从高度集中的计划经济体制向社会主义市场经济体制的转变,我国金融监管体系也从中央集中管理逐步演变为以中央集中为主、地方参与为辅的双层管理格局(见表 4-2);从临时性分散式协调机制向

---

① 金融监管协调部际联席会议的局限性较大,不改变现行金融监管体制,不替代、不削弱有关部门现行职责分工,不替代国务院决策,重大事项按程序报国务院。

② 国务院金融稳定发展委员会主要职责是:落实党中央、国务院关于金融工作的决策部署;审议金融业改革发展重大规划;统筹金融改革发展与监管,协调货币政策与金融监管相关事项,统筹协调金融监管重大事项,协调金融政策与相关财政政策、产业政策等;分析研判国际国内金融形势,做好国际金融风险应对,研究系统性金融风险防范处置和维护金融稳定重大政策;指导地方金融改革发展与监管,对金融管理部门和地方政府进行业务监督和履职问责等。

正式制度过渡;在国务院的领导下,各部门之间建立了会签制度和磋商机制,金融委明确对金融政策与相关财政政策、产业政策等协调职责;我国在巴塞尔委员会等国际组织中的影响力不断提升,相关监管部门与主要国家陆续签署了金融监管领域的双边合作备忘录。

表4-2　我国金融监管结构变化历程

阶段	时间	特征	体制框架
新中国成立初期	1949—1957年	支持经济恢复和国家重建	中国人民银行:发行银行+商业银行+最原始监管者
计划经济时期	1958—1977年	财政金融不分,金融大一统,对银行的作用认识不够清晰	中国人民银行:副部级直属局 → 正部级机构(1962) → 与财政部合署办公(1969)
改革开放初期	1978—1991年	财政金融初步分开,商业银行和中央银行职能分开	中国人民银行:从财政部独立出来(1979) → 专门行使央行职能(1984)+混业监管者
改革开放提速期	1992—2007年	政策性金融与商业性金融分离,分业监管框架形成	中国人民银行→"一行三会"
应对外部冲击期	2008—2012年党的十八大前	应对国际金融危机的冲击	"一行三会"→"一行三会"+应对小组(2008)
风险攻坚战时期	2012年党的十八大至今	防范化解金融风险形势愈发严峻,进入攻坚战	应对小组+联席会(2013)+"一行三会"→一委(2017)+"一行两会"(2018)

无论是联席会,还是层级更高的金融委以及中国银监会和中国保监会的合并,都显示出近年来我国在完善金融监管权配置体系作出的努力,即不断推动从信息共享向制度建设渐进式转变。近年来,我国金融业发展明显加快,特别是在综合经营趋势和监管套利驱动下,银证保信突破原有的分业经营框架,向传统监管空白地域发展,对现行的分业监管体制带来重大挑战。当前,我国金融体系呈现出一些新的发展特征,诸如保险机构对冲基金化、房地产金融化、银行资产复杂化、信托机构全能化、证券机构银行化等。这些金融交叉业

务模式本身蕴含大量风险,本质上都源自监管套利行为,原有“一行三会”监管体制存在明显不足,监管主体责任难以明确乃至互相推诿,联席会作用有限。从“矩阵”评价体系来看,与国际社会相比,这一时期我国金融监管结构尚不足以有效引导各金融机构、金融产品甚至一些新型金融业态有序发展和稳健运行,不完全适应防范我国系统性风险的迫切需求,还达不到党的十八届三中全会提出的“完善金融市场体系,完善监管协调机制”和“加强统筹协调,改革和完善适应现代金融市场发展的监管框架”的要求,更不能满足党的十九大进一步强调“健全金融监管体系,守住不发生系统性金融风险的底线”的基础。在此背景下,金融委以及中国银保监会的成立是恰逢其时,有助于提高我国金融监管结构的适配性和统筹协调性。

(二) 我国中小银行监管结构的现实困境

相比于大银行,中小银行不仅受制于自身经营模式和公司治理的缺陷,更是在短期内无法摆脱市场结构、区域环境以及宏观环境上的限制,业务发展上严重依赖以同业业务为代表的变相揽储业务。回顾我国中小银行监管结构发展历程,不难发现各种旨在规避监管的“创新”业务层出不穷,监管博弈始终在路上。

1. 2008—2013 年,为传统同业业务扩张时期

2008 年全球金融危机后,为配合国内经济刺激计划,同业业务进入全面加速时期,风险也随之产生。尤其是 2010 年以来,各种平台公司、房地产企业、“两高一剩”行业对资金具有巨大需求,但是银行信贷供给受到了监管指标和信贷政策等多方面约束,资金供需之间的矛盾日益突出。在这种情况下,“类信贷”同业业务由此产生,其本质上是将本该记为贷款的资产转移到同业科目,从而达到规避信贷政策、节约监管指标、提高利润水平的目的。具体操作上,银行通过资产负债表科目间的腾挪,可以向受到政策限制的房地产企业、平台公司、“两高一剩”行业提供资金,规避了信贷政策;同业资产不纳入

存贷比的分子且资本占用明显少于贷款,节约了存贷比和资本充足率指标;多数同业负债不缴纳存款准备金,相当于降低了资金成本,且同业资产需计提的拨备较少,亦增加了利润水平。

这一时期,这种"类信贷"同业业务基本沿着"'双买断'—同业代付—银信合作/银证合作"的路径演绎。中小银行因自身约束诉求,逐渐在其中发挥重要作用。在一轮轮监管博弈之中,我国监管应对也随之改变。

(1)"双买断"业务

即信贷资产转让业务中,交易双方同时签订当期买断合同(买方买断)和远期回购合同(卖方回购),属于银银合作范畴。这种做法的特点为:通过假的买断性转让掩盖真的非实质性转让,信贷资产虚假出表,在未来需要时还可以通过相关操作,将这部分信贷资产回表。其风险在于,银行不但能够借此规避资本和拨备等监管要求,还可根据自身业务需要和宏观调控要求"自我调整"贷款增量,再加上对带有远期回购条款的资产转让的相关会计处理并不清晰等。这些都导致流动性风险等监管指标与实际风险状况存在较大偏差,影响了监管的有效性。同时,由于信息不充分,一时间这种"双买断"转让贷款的规模快速增长,但占整个银行业贷款规模的比例却难以准确估算,致使信贷数据无法准确反映银行资金的流量与流向,严重干扰了货币政策调控。

2009年12月23日,中国银监会发布了《中国银监会关于规范信贷资产转让及信贷资产类理财业务有关事项的通知》(银监发〔2009〕113号),明确要求"禁止资产的非真实转移,在进行信贷资产转让时,转出方自身不得安排任何显性或隐性的回购条件;禁止资产转让双方采取签订回购协议、即期买断加远期回购协议等方式规避监管"。自此,"双买断"业务基本被叫停。

(2)同业代付

即银行根据客户申请,委托同业机构为该客户的贸易结算提供的短期融资便利和支付服务。其中,接受客户申请,委托同业机构将款项支付给该客户交易对手的银行为"委托行",为委托行提供资金来源和代付服务的同业机构为"代付行"。委托行与客户是融资关系,即委托行向客户提供短期融资;代付行与委托行是同业拆借关系,即前者向后者拆借资金。这种做法的特点为:对于委托行来说是表外业务,不在信贷科目里,类似于承诺,而对于代付行来说有委托行的担保,一般不列入贷款会计科目核算,而是归口在同业拆放科目。其风险在于,同业代付被视为表外业务,不受表内控制,不受贷款规模和存贷比限制,不容易受到监管,融资很可能流向一些房地产等受调控行业,加剧了这种业务的政策风险。因此,继"双买断"之后,通过同业代付获取放贷资金的做法,成为一种新的"类信贷"同业业务。2010—2011年间,同业代付快速扩张,被商业银行尤其是中小银行广泛使用。

2012年8月20日,《中国银监会办公厅关于规范同业代付业务管理的通知》中,要求"当代付行为境内外银行同业机构时,委托行应当将委托同业代付的款项直接确认为向客户提供的贸易融资,并在表内进行相关会计处理与核算;代付行应当将代付款项直接确认为对委托行的拆出资金,并在表内进行相关会计处理与核算"。此后,同业代付的监管套利空间被大大压缩,其规模快速萎缩。

(3)银信合作(信托计划/信托受益权)

即银行与信托合作,通过信托公司来发放贷款。这种做法的特点为:银行借助信托机构设立信托计划(或信托受益权),把本来应计入表内的资产,如信贷资产、票据等,转到表外。其风险在于,与"双买断"、同业代付相类似,同样可以规避监管,变相扩大信贷规模。按照银信合作协议的一般规则,这些资产仍然由银行负责管理,包括贷款的回收。如果贷款到期不能按期收回本息,损失仍由银行承担。故银行虽然转移了资产,却不能转移相应的风险。在相对宽松的环境下,银信合作为银行扩张信贷规模提供了途径。2010年前,信贷类银信合作产品占到整体银信合作产品发行数量的70%—80%。截至2010年6月底,银信合作理财产品规模已突破2万亿元,多以信托贷款和信贷资产投资类业务为主。

2010 年 8 月 5 日,《中国银监会关于规范银信理财合作业务有关事项的通知》(银监发〔2010〕72 号,以下简称"72 号文")发布,要求"对信托公司融资类银信理财合作业务实行余额比例管理,即融资类业务余额占银信理财合作业务余额的比例不得高于 30%"以及"信托公司信托产品均不得设计为开放式"。72 号文的出台,短期内限制住了信托计划的发展。然而,银信合作又很快创新出信托受益权,以替代信托计划,继而成为这一时期同业业务的主流模式。这主要源于 72 号文存在一些政策漏洞,如对银行"转表"要求和对信托公司惩罚性监管措施,主要针对银信合作发放信托贷款、受让信贷资产和票据资产三类情形,但对银信合作投向债券等其他资产,未作明确规定。与 72 号文出台时预期不同的是,截至 2011 年年末,银信合作非但没有终结,信托业管理的资产规模反而飙升到 4.8 万亿元,一年内增加 1.8 万亿元;银信合作余额 1.67 万亿元,仅比最高峰时的 2 万亿元减少约 4000 亿元,但考虑到银监会信息统计不全面等原因,银信合作实际规模远超过 1.67 万亿元。

2014 年 4 月 24 日,中国人民银行、银监会、证监会、保监会、外汇局联合发布了《关于规范金融机构同业业务的通知》(银发〔2014〕127 号,以下简称"127 号文"),要求"买入返售(卖出回购)业务项下的金融资产应当为银行承兑汇票,债券、央票等在银行间市场、证券交易所市场交易的具有合理公允价值和较高流动性的金融资产"。信托受益权不再可能作为买入返售业务的标的,买入返售科目在资产总额中的占比快速回落。

(4)银证合作(定向资产管理业务)

即银行与证券公司合作,通过证券公司来发放贷款。这种做法的特点为:银行委托证券公司进行定向资产管理,将受托资产投资于银行指定标的资产的业务,如超短债、票据、银行信贷、信托权益等。其风险在于,与银信合作(信托计划/信托受益权)的风险基本一致,且参与主体更多,可将保险公司、信托公司、基金公司等纳入进来。事实上,银信合作受限后,这种银证合作模式已成为另一条银行表内资产移出表外的途径。2011—2013 年,证券公司的定向资产管理业务出现爆发式增长,从 1000 多亿元的规模激增至近 5 万亿元。

2013 年 3 月,银监会发布了《中国银监会关于规范商业银行理财业务投资运作有关问题的通知》(银监发〔2013〕8 号);2013 年 7 月,中国证券业协会发布了《关于规范证券公司与银行合作开展定向资产管理业务有关事项的通知》(中证协发〔2013〕124 号);2013 年 12 月,国务院办公厅发布了《关于加强影子银行监管有关问题的通知》(国办发〔2013〕107 号);2014 年 4 月,127 号文发布。这些政策的出台,进一步加强了对商业银行同业业务的规范与监管,银证合作的无约束发展态势逐渐被遏制,业务规模有所回落。

2. 2014 年至今,为新型同业业务扩张时期

2014 年以来,自 127 号文发布后,我国不断加强同业业务监管力度,一系列法规相继出台。2014 年 5 月,中国银监会办公厅发布的《中国银监会办公厅关于规范商业银行同业业务治理的通知》(银监办发〔2014〕140 号);2014 年 6 月,中国人民银行发布的《中国人民银行关于加强银行业金融机构人民币同业银行结算账户管理的通知》(银发〔2014〕178 号);2014 年 12 月,中国人民银行发布的《中国人民银行关于存款口径调整后存款准备金政策和利率管理政策有关事项的通知》(银发〔2014〕387 号);2016 年 4 月,中国银监会办公厅发布的《中国银监会办公厅关于规范银行业金融机构信贷资产收益权转让业务的通知》(银监办发〔2016〕82 号);2017 年 3 月至 4 月,中国银监会办公厅发布的《中国银监会办公厅关于开展银行业"违法、违规、违章"行为专项治理工作的通知》(银监办发〔2017〕45 号)、《中国银监会办公厅关于开展银行业"监管套利、空转套利、关联套利"专项治理工作的通知》(银监办发〔2017〕46 号)和《中国银监会办公厅关于开展银行业"不当创新、不当交易、不当激励、不当收费"专项治理工作的通知》(银监办发〔2017〕53 号);2017 年 4 月,中国银监会发布的《中国银监会关于提升银行业服务实体经济质效的指导意见》(银监发〔2017〕4 号)、《中国银监会关于集中开展银行业市场乱象整治工作的通知》(银监发〔2017〕5号)、《中国银监会关于银行业风险防控工作的指导意见》(银监〔2017〕6号)以及《中国银监会关于切实弥补监管短板提升监管效能的通知》(银监发〔2017〕7号);2018年4月,"一行两会一局"发布的《关于规范金融机构资产管理业务的指导意见》(银发〔2018〕106号);2018年9月,中国银保监会发布的《商业银行理财业务监督管理办法》(2018年第6号令)。

然而,同业业务的"创新"步伐并没有停滞,反而由传统模式进入新型模式。传统的同业业务通常会影响存放同业、拆出资金、买入返售这三个资产科目以及相对应的同业负债科目。新型的同业资产集中体现在同业投资科目中,而同业负债的来源主要是同业存单,体现在应付债券科目。表面上,这一时期传统同业资产/负债呈下降态势,实则整体上同业业务规模不断上升。与以往不同的是,这一波同业业务的"创新"以中小银行发行同业存单、大银行持有为主要特征。

为进一步推进利率市场化以及深化金融市场创新,中国人民银行于2013年12月9日实施《同业存单管理暂行办法》(以下简称《办法》),重启同业存单业务。根据《办法》的定义,同业存单是指由银行业存款类金融机构法人在全国银行间市场上发行的记账式定期存款凭证,是一种货币市场工具。从政策设定的初衷看,同业存单作为流动性搬运工具,不仅可满足银行资金周转的需求,还可作为不同市场间流动性的润滑剂,缓解利率分层现象,即缓解大银行、中小银行以及非银机构之间的流动性差异。

在诸多因素的共同作用下,同业存单快速扩张。我国同业存单的发行规模已从2013年年末的340亿元,激增至2019年年末的10.7万亿元左右(见图4-6)。从2015年下半年开始,同业存单当月发行规模呈持续上升态势,2015年7月至2019年12月,当月发行同业存单平均额为1.4万亿元。其中,有44个月份的发行额低于万亿元规模,占比高达81%。按年当月发行同业存单平均额计算,从2016年的10850.9万亿元上升到2017年的16806.3万亿元,再到 2018 年的峰值 17582.1 万亿元,2019 年有所回落,达到 14959.5 万亿元(见图 4-7)。

(单位:万元)

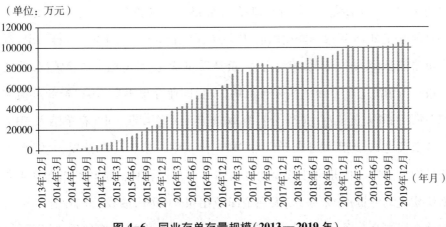

图 4-6 同业存单存量规模(2013—2019 年)

(单位:亿元)   (单位:%)

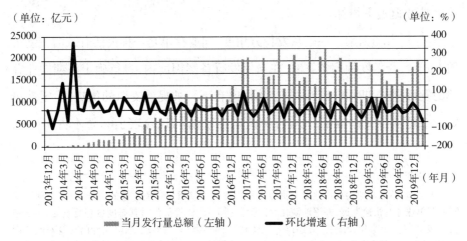

图 4-7 同业存单当月发行量总额及环比增速(2013—2019 年)

主要因素有以下三个:

第一,政策因素。同业存单利率由市场定价,有利于推动利率市场化进程。正是出于鼓励发展的考虑,随后发布的 127 号文并没有将同业存单纳入同业负债的考核范围,反而要求金融机构"积极参与银行间市场的同业存单业务试点,提高资产负债管理的主动性、标准化和透明度"。

第二,监管因素。一是因 127 号文规定,发行同业存单在会计上单独设立科目进行管理核算,记入"应付债券"科目,故不受同业负债不超过总负债 1/3 的约束。① 二是未纳入存款统计口径,不缴纳存款准备金。三是 MPA 考核影响有限。在 2018 年第一季度以前,中国人民银行 MPA 从资本和杠杆情况、资产负债情况、流动性情况、定价行为、资产质量情况、跨境融资风险情况、信贷政策执行情况七个方面评估银行机构,发行同业存单不会影响"资产负债情况"项下的同业负债占比(25 分),自 2018 年第一季度起,同业存单纳入 MPA 同业负债考核,但因同业负债并非 MPA 体系中一票否决考核项,对银行实质性影响有限。四是可改善流动性覆盖率(LCR)指标。流动性覆盖率=合格优质流动性资产/未来 30 天现金净流出量×100%,故发行同业存单可增加现金以提高分子项,而发行期限超过 30 天以上则不影响分母,进而可提高流动性覆盖率指标。

第三,市场因素。一是从发行方角度,同业存单是一种灵活有效的主动负债方式,实行年度额度备案制,在当年发行备案额度内,自行确定每期同业存单的发行金额、期限,且与同业存款相比有不会被提前支取的优势,稳定性更好。二是从投资方角度,同业存单流动性较强②,风险较小③,资本占用少④,

---

① 即"单家商业银行同业融入资金余额不得超过该银行负债总额的三分之一"。伴随着同业存单业务的快速发展,并逐渐演化为监管套利工具,监管部门对其态度也有所改变,中国银监会在 2017 年上半年开展的"三违返""三套利""四不当"专项治理工作中,专门提及对同业存单套利的监管,并在《中国银监会办公厅关于开展银行业"不当创新、不当交易、不当激励、不当收费"专项治理工作的通知》(银监办发〔2017〕53 号)中要求机构自查和监管检查要注意"若将商业银行发行的同业存单计入同业融入资金余额,是否超过银行负债总额的三分之一",这说明未来同业存单将会有进一步的监管措施,有被纳入同业负债并受 127 号文对同业负债占比约束的可能。

② 相比于同业存款、同业拆放等,同业存单具有标准化、电子化、可交易、可质押的优势,流动性好,定价透明,适合作为流动性管理工具。

③ 同业存单由于是银行信用,相比于短期融资券等企业发行的债券,违约风险更低,风险更小。

④ 与信贷资产和信用债券 100% 的风险权重相比,银行投资同业存单只计提 20%(3 个月以内)或 25%(3 个月以上)的风险权重,节约资本占用。

不影响 MPA 考核①。三是市场环境。2014 年至 2016 年 10 月,我国债券市场经历了一轮持续时间较长的牛市,不同期限和等级的债券收益率均出现持续大幅回落,为同业存单发展提供了有利的市场条件。

事与愿违的是,同业存单开始脱离流动性管理工具的本源,逐步异化成"同业存单—同业理财—自营投资/委外投资"同业套利链条上的重要环节。一种新型的同业业务模式由此产生,即银行(特别是中小银行)发行同业存单并利用募集到的资金购买同业理财,最终银行通过直接投资或是委外投资的方式将资金投向债券市场。自此,同业业务不再依赖非标债权作为载体,其转而依托于标准化债券并开始了新一轮的扩张。

具体来看,主要分为以下两大部分:

从需求端来看,中小银行同业存单到期收益率一般要远高于大银行的存款利率和逆回购等融资利率,因而大银行也愿意配置同业存单作为它们的资产。大银行通过中国人民银行的公开市场操作(逆回购、MLF 等)获得廉价资金用于购买中小银行的同业存单,从而实现套利。

从供给端来看,因存款有限而需要扩大规模的银行(多为中小银行)通过发行同业存单获取资金,即在银行的负债端形成同业存单负债,对应在资产端形成同业资产,投向同业理财。因为中小银行信贷需求有限,且不愿直接介入投资领域(在投资业务方面不具备比较优势),相比之下购买同业理财更加简单可行。

这里面存在几层套利的现象,第一层是同存利率和同业理财收益率之间的套利,同存发行方主要赚取流动性利差,同存的流动性远远好于同业理财的

---

① 在 MPA 考核体系中,"资本和杠杆情况"和"资产负债情况"两大重要考核项都主要取决于广义信贷增速,可以说广义信贷增速是 MPA 考核的核心,广义信贷=各项贷款+债券投资+股权和其他投资+买入返售资产+存放非存款类金融机构款项的余额+应收及预付款+(表外理财余额-现金和存款),持有同业存单未纳入广义信贷,不影响投资方 MPA 考核。当下 MPA 考核奖惩力度加大,落入 C 档惩罚会导致业务开展受限,这导致银行更有动力压缩其他资产而增加同业存单的投资。

流动性,一般来说两者之间存在流动性溢价,同存发行方承担流动性风险来赚取这个流动性利差。第二层是同业理财收益率和委外收益率之间的套利。一般的利率债和信用债收益率较低,无法满足同业理财高收益回报的需求,因而同业理财产品自身也会通过加杠杆、期限错配、下沉信用等方式来博取收益,甚至通过委外产品再嵌套一层杠杆和错配。层层套利下,导致银行的负债端成本越滚越大,最后委外机构为了赢利必须寻求比之前收益率更高的产品进行投资。

此外,货币基金成为配置同存的新增力量,逐渐进入套利链条。现实中,除了扩表需求外,银行配置货币基金也是出于避税和赢利的原因。银行倘若直接配置同业存单,其利息收入需要缴纳税收;但如果通过定制化的货币基金购买同存,则可实现税收减免。从货币基金资产构成看,同业存单为资产配置的重要去处,货币基金和同业的联动性增加;该链条背后也隐藏了较大的流动性风险,一旦市场上有信用事件爆发或流动性出现恶化,银行等机构很有可能对货币基金进行进一步挤兑。

从监管应对来看,2018 年 5 月,中国银保监会修订《商业银行流动性风险管理办法》,自 2018 年 7 月 1 日起施行。该办法新引入三个量化指标。净稳定资金比例衡量银行长期稳定资金支持业务发展的程度,适用于资产规模在 2000 亿元(含)以上的商业银行;优质流动性资产充足率是对流动性覆盖率的简化,衡量银行持有的优质流动性资产能否覆盖压力情况下的短期流动性缺口,适用于资产规模小于 2000 亿元的商业银行;流动性匹配率衡量银行主要资产与负债的期限配置结构,适用于全部商业银行。对中小银行而言,影响最大的是优质流动性资产充足率和流动性匹配率。

优质流动性资产充足率可视为简化版流动性覆盖率,旨在弥补中小银行流动性监管空白。与流动性覆盖率相比,该指标更加简单、清晰,便于计算,适合中小银行的业务特征和监管需求。相比优质流动性资产充足率,流动性匹配率影响要更大一些。其目的是降低银行的负债与资产的期限错配程度,对同业和委外业务有抑制作用。

要求商业银行在 2018 年年底前达到 90%，在 2019 年年底前达到 100%。流动性匹配率＝加权资金来源/加权资金运用×100%，其中加权资金来源和加权资金运用的统计方法如表 4-3 所示。该指标值越低，说明银行以短期资金支持长期资产的问题越大，期限匹配程度越差。分子端，来自中国人民银行资金和存款各期限折算率显著高于其他负债，且剩余期限小于 3 个月的仅存款有 70% 的折算率，其余均为零，这意味着同业负债依赖度较高且期限集中在 3 个月以内的银行折算后分子将非常低。分母端，贷款各期限折算率显著低于其他资产，而其他投资无论期限如何，折算率恒定为 100%。这里的其他投资是指债券投资、股票投资外的表内投资，包括但不限于特定目的载体投资。同期限的同业资产在计算流动性匹配率时，权重高于相同期限的贷款，不利于指标达标。相对于其他指标，流动性匹配率对于部分同业负债依赖度高、业务较为激进的中小银行而言达标是非常困难的，短时间内强行达标的风险较大，监管层也给予了更多消化和缓释风险的时间。

表 4-3 流动性匹配率项目表 （单位:%）

项目	折算率（按剩余期限）		
	≤3 个月	3—12 个月	>1 年
加权资金来源			
1. 来自中央银行的资金	70	80	100
2. 各项存款	50	70	100
3. 同业存款	0	30	100
4. 同业拆入及卖出回购①	0	40	100
5. 发行债券及发行同业存单	0	50	100
加权资金运用			
1. 各项贷款	30	50	80

---

① 卖出回购、买入返售均不含与中央银行的交易。

项目	折算率（按剩余期限）		
	≤3 个月	3—12 个月	>1 年
加权资金运用			
2.存放同业①及投资同业存单	40	60	100
3.拆放同业及买入返售	50	70	100
4.其他投资	100	—	—
5.由银行业监督管理机构视情形确定的项目	由银行业监督管理机构视情形确定		

第三节　我国中小银行发展转型的宏观探索

一、我国中小银行区域环境的基本特征与现实困境

（一）我国中小银行区域环境的基本特征

从区域分布来看，截至 2019 年年末（下同），中小银行②分布在全国 31 个省（自治区、直辖市）。据目前有相关信息披露的银行来看，大型商业银行 6 家，股份制银行 12 家，中小银行 3246 家，其中城商行 134 家、农商行 1464 家、农合行 29 家、村镇银行 1619 家（见表 4-4）。

表4-4　各省（自治区、直辖市）各类银行数量分布情况　　（单位：家）

序号	省（自治区、直辖市）	城商行	农商行	农合行	村镇银行	中小银行	股份制银行	大型商业银行	大银行	总计（中小银行＋大银行）
1	安徽省	1	83	—	67	151			0	151
2	北京市	1	1	—	11	13	4	5	9	22

---

① 7 天以内的存放同业、拆放同业及买入返售的折算率为 0。

② 以 2019 年年末 Wind 提供相关数据的中小银行。

序号	省（自治区、直辖市）	城商行	农商行	农合行	村镇银行	中小银行	股份制银行	大型商业银行	大银行	总计（中小银行+大银行）
3	福建省	4	21	—	55	80	1	—	1	81
4	甘肃省	2	37	5	24	68	—	—	0	68
5	广东省	5	79	—	61	145	3	—	3	148
6	广西壮族自治区	3	36	15	42	96	—	—	0	96
7	贵州省	2	56	—	84	142	—	—	0	142
8	海南省	1	8	—	19	28	—	—	0	28
9	河北省	11	68	1	103	183	—	—	0	183
10	河南省	5	99	—	81	185	—	—	0	185
11	黑龙江省	2	48	—	32	82	—	—	0	82
12	湖北省	2	77	—	64	143	—	—	0	143
13	湖南省	2	102	—	60	164	—	—	0	164
14	吉林省	1	38	—	67	106	—	—	0	106
15	江苏省	4	62	—	74	140	—	—	0	140
16	江西省	4	87	—	75	166	—	—	0	166
17	辽宁省	15	29	—	66	110	—	—	0	110
18	内蒙古自治区	4	27	3	73	107	—	—	0	107
19	宁夏回族自治区	2	13	—	19	34	—	—	0	34
20	青海省	1	27	—	5	33	—	—	0	33
21	山东省	14	110	1	125	250	1	—	1	251
22	山西省	6	74	—	77	157	—	—	0	157
23	陕西省	2	52	2	41	97	—	—	0	97
24	上海市	1	1	—	14	16	1	1	2	18
25	四川省	13	69	—	53	135	—	—	0	135
26	天津市	1	2	—	13	16	1	—	1	17
27	西藏自治区	1	—	—	2	3	—	—	0	3

续表

序号	省(自治区、直辖市)	城商行	农商行	农合行	村镇银行	中小银行	股份制银行	大型商业银行	大银行	总计(中小银行+大银行)
28	新疆维吾尔自治区	6	24	1	28	59	—	—	0	59
29	云南省	3	54	1	73	131	—	—	0	131
30	浙江省	13	79	—	73	165	1	—	1	166
31	重庆市	2	1	—	38	41	—	—	0	41
	总计	134	1464	29	1619	3246	12	6	18	3264

从大银行和中小银行数量占比看,大银行分布较为集中,中小银行占当地数量比例①在 25 个省(自治区、直辖市)占比达 100%,福建省 99%、浙江省 99%、广东省 98%、天津市 94%、上海市 89%、北京市 59%。从整体数量占比来看,中小银行占比最高的 15 个省(自治区、直辖市)依次为山东省 7.7%、河南省 5.7%、河北省 5.6%、江西省 5.1%、浙江省 5.1%、湖南省 5.1%、山西省 4.8%、安徽省 4.7%、广东省 4.5%、湖北省 4.4%、贵州省 4.4%、江苏省 4.3%、四川省 4.2%、云南省 4.0%、辽宁省 3.4%(见表 4-5)。

表 4-5　中小银行数量占比情况　　　　　　　　　　(单位:%)

省(自治区、直辖市)	中小银行占当地比例	中小银行占总数比例
安徽省	100	4.7
北京市	59	0.4
福建省	99	2.5
甘肃省	100	2.1
广东省	98	4.5
广西壮族自治区	100	3.0
贵州省	100	4.4

① 此处只统计大银行和中小银行,其他银行类机构除外。

省(自治区、直辖市)	中小银行占当地比例	中小银行占总数比例
海南省	100	0.9
河北省	100	5.6
河南省	100	5.7
黑龙江省	100	2.5
湖北省	100	4.4
湖南省	100	5.1
吉林省	100	3.3
江苏省	100	4.3
江西省	100	5.1
辽宁省	100	3.4
内蒙古自治区	100	3.3
宁夏回族自治区	100	1.0
青海省	100	1.0
山东省	100	7.7
山西省	100	4.8
陕西省	100	3.0
上海市	89	0.5
四川省	100	4.2
天津市	94	0.5
西藏自治区	100	0.1
新疆维吾尔自治区	100	1.8
云南省	100	4.0
浙江省	99	5.1
重庆市	100	1.3

134 家城商行除了安徽省、北京市、海南省、吉林省、青海省、上海市、天津市、西藏自治区只有 1 家以外,其他省(自治区、直辖市)数量更多,一些区域甚至达到 10 家以上,如辽宁省 15 家、山东省 14 家、四川省 13 家、浙江省 13 家、河北省 11 家(见图 4-8)。

3112 家农村金融机构(含农商行、农合行、村镇银行)除了西藏自治区 2

（单位：家）

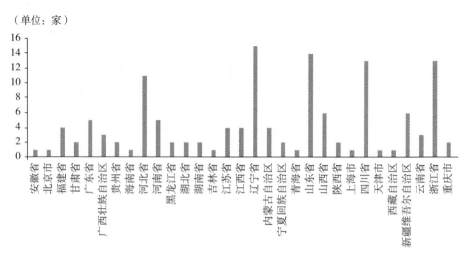

图 4-8　城商行区域分布情况

家、北京市 12 家、天津市 15 家、上海市 15 家以外,其他省(自治区、直辖市)数
量较多,一些区域达 150 家以上,如山东省 236 家、河南省 180 家、河北省 172
家、湖南省 162 家、江西省 162 家、浙江省 152 家、山西省 151 家、安徽省 150
家(见图 4-9)。

（单位：家）

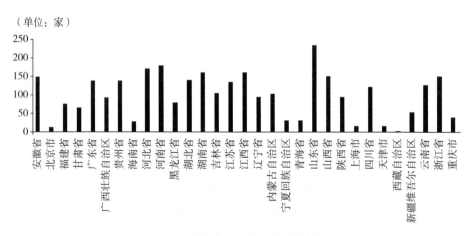

图 4-9　农村金融机构区域分布情况

从上市银行①来看,51 家上市银行共分布在 21 个省(自治区、直辖市)(见表4-6)。北京市上市银行最多,有 10 家上市银行,主要是大银行,其中大型商业银行 5 家、股份制银行 4 家。江苏省上市银行有 9 家,全部是中小银行,城商行 3 家、农商行 6 家。其中,青岛银行、郑州银行、渝农商行(重庆农村商业银行)为 A 股和 H 股同时上市。

所有上市中小银行 36 家,城商行 26 家,农商行 10 家。江苏省最多,为 9 家。山东省、贵州省、河南省、江西省、辽宁省、四川省、浙江省、重庆市次之,均为 2 家。其余省(自治区、直辖市)只有 1 家。

表 4-6　各省(自治区、直辖市)上市银行数量分布情况　　(单位:家)

序号	省(自治区、直辖市)	中小银行		中小银行	大银行		大银行	总计
		城商行	农商行		大型商业银行	股份制银行		
1	安徽省	1	—	1	—	—	0	1
2	北京市	1	—	1	5	4	9	10
3	福建省	—	—	0	—	1	1	1
4	甘肃省	1	—	1	—	—	0	1
5	广东省	—	1	1	—	2	2	3
6	贵州省	2	—	2	—	—	0	2
7	河南省	2	—	2	—	—	0	2
8	黑龙江省	1	—	1	—	—	0	1
9	湖南省	1	—	1	—	—	0	1
10	吉林省	—	1	1	—	—	0	1
11	江苏省	3	6	9	—	—	0	9
12	江西省	2	—	2	—	—	0	2
13	辽宁省	2	—	2	—	—	0	2
14	山东省	1	1	2	—	—	0	2
15	山西省	1	—	1	—	—	0	1
16	陕西省	1	—	1	—	—	0	1
17	上海市	1	—	1	1	1	2	3

---

① 包括 A 股上市和 H 股上市。

续表

序号	省（自治区、直辖市）	中小银行		中小银行	大银行		大银行	总计
		城商行	农商行		大型商业银行	股份制银行		
18	四川省	2	—	2	—	—	0	2
19	天津市	1	—	1	—	—	0	1
20	浙江省	2	—	2	—	1	1	3
21	重庆市	1	1	2	—	—	0	3
	总计	26	10	36	6	9	15	51

（二）我国中小银行区域环境的现实困境

在实践中，我国中小银行受所在区域的现实约束，除了区域经济、社会、文化环境影响外，还受到来自微观和中观方面的影响。

1."宏观—微观"约束：股权关系制约

这一区域环境约束主要影响微观层面，即通过股权关系影响中小银行的经营模式和公司治理。

从 36 家上市中小银行前十大股东占比情况（见表 4-7）来看，最高的一组为青岛银行 77.87%、重庆银行 76.36%、西安银行 74.38%、泸州银行73.09%。最低的一组为中原银行 29.95%、紫金银行 29.70%、广州农商银行29.48%、锦州银行 29.32%、常熟银行 25.12%。

表 4-7　36 家上市中小银行前十大股东情况　　　　（单位：%）

类型	上市	银行	前十大持股比例	实际持股比例				
				地方	国家	外资	民营	其他
城商行	A 股	北京银行	50.14	17.22	5.13	15.52	6.06	6.21
城商行	A 股	南京银行	50.29	26.04	5.36	18.89	—	—
城商行	A 股	宁波银行	67.12	—	1.24	22.68	41.82	1.38
城商行	A 股	上海银行	54.18	24.19	8.92	9.44	5.14	6.49

续表

类型	上市	银行	前十大持股比例	实际持股比例				
				地方	国家	外资	民营	其他
城商行	A 股	贵阳银行	43.66	31.56	3.00	3.81	5.29	—
城商行	A 股	杭州银行	65.71	24.70	10.13	23.14	7.74	—
城商行	A 股	江苏银行	42.65	28.38	2.56	3.77	5.54	2.40
城商行	A 股	成都银行	65.83	30.69	11.07	20.75	3.32	—
城商行	A+H 股	郑州银行	61.05	15.97	1.94	25.63	17.51	
城商行	A 股	长沙银行	68.98	32.55	7.71	—	28.72	
城商行	A+H 股	青岛银行	77.87	2.11	—	39.08	36.68	
城商行	A 股	西安银行	74.38	24.39	2.19	17.99	29.81	
城商行	A 股	苏州银行	37.55	20.04	—	—	17.51	
城商行	H 股	江西银行	43.73	27.11	—	9.63	6.99	
城商行	H 股	泸州银行	73.09	35.55	—	4.91	32.63	
城商行	H 股	晋商银行	62.03	38.26	12.03	—	11.74	
城商行	H 股	甘肃银行	53.08	28.66	3.58	5.45	7.00	8.39
城商行	H 股	九江银行	68.68	15.20	15.20	10.41	11.29	16.58
城商行	H 股	天津银行	58.96	36.35	—	18.70	3.91	
城商行	H 股	哈尔滨银行	69.84	48.18	—	15.11	6.55	
城商行	H 股	重庆银行	76.36	23.72	—	32.43	17.19	3.02
城商行	H 股	中原银行	29.95	13.01	—	16.94	—	
城商行	H 股	徽商银行	49.96	24.88	—	25.08	—	
城商行	H 股	贵州银行	43.80	37.51	—	6.29	—	
城商行	H 股	锦州银行	29.32	—	—	8.33	20.99	
城商行	H 股	盛京银行	69.29	5.45	—	13.80	46.63	3.41
农商行	A 股	无锡银行	32.66	10.43	—	—	20.31	1.92
农商行	A 股	常熟银行	25.12	5.88	4.35	1.38	4.50	9.01
农商行	A 股	江阴银行	34.95	—	—	—	34.95	
农商行	A 股	苏农银行	31.51	—	—	—	31.51	
农商行	A 股	张家港行	39.94	22.48	1.00	—	16.46	
农商行	A 股	紫金银行	29.70	23.78	—	—	5.92	
农商行	A 股	青农商行	46.39	25.20	—	21.19	—	
农商行	A+H 股	渝农商行	59.00	22.23	—	22.13	14.64	

续表

类型	上市	银行	前十大持股比例	实际持股比例				
				地方	国家	外资	民营	其他
农商行	H 股	广州农商银行	29.48	13.61	—	13.32	2.55	—
农商行	H 股	九台农商银行	42.92	9.61	—	6.05	27.26	—

按照地方政府(含地方国企)持股占比高低顺序,可以大致分为以下几组。

第一组,地方政府(含地方国企)持股占比高于25%。共有13家,城商行12家,农商行1家。最高为哈尔滨银行48.18%,余下依次为晋商银行38.26%、贵州银行37.51%、天津银行36.35%、泸州银行35.55%、长沙银行32.55%、贵阳银行31.56%、成都银行30.69%、甘肃银行28.66%、江苏银行28.38%、江西银行27.11%、南京银行26.04%、青农商行25.20%。

第二组,地方政府(含地方国企)持股占比为10%—25%。共有15家,城商行10家,农商行5家。分别为徽商银行24.88%、杭州银行24.70%、西安银行24.39%、上海银行24.19%、紫金银行23.78%、重庆银行23.72%、张家港行22.48%、渝农商行22.23%、苏州银行20.04%、北京银行17.22%、郑州银行15.97%、九江银行15.20%、广州农商银行13.61%、中原银行13.01%、无锡银行10.43%。

第三组,地方政府(含地方国企)持股占比为0—10%。共有8家,城商行4家,农商行4家。共同特点是民营资本占比较高。分别为九台农商银行9.61%(民营资本27.26%、外资6.05%)、常熟银行5.88%(民营资本4.50%、国家资本4.35%、外资1.38%)、盛京银行5.45%(民营资本46.63%、外资13.80%)、青岛银行2.11%(民营资本36.68%、外资39.08%)。此外,还有4家银行完全没有地方政府持股,即宁波银行(民营资本41.82%、外资22.68%、国家资本1.24%)、锦州银行(民营资本20.99%、外资8.33%)、江阴银行(全部为民营资本,占 34.95%)、苏农银行(全部为民营资本,占 31.51%)。

从第一大股东属性来看,城商行以地方政府特别是地方国企居多,农商行则是民营企业特别是当地民企居多。这跟中小银行发展历程有着密不可分的关系。城商行经历过城市信用社、城市合作银行和城市商业银行三个阶段的演变,在成立之初,地方财政是主要的入股初始资金,后来加大战略投资者引入之后,一些城商行地方财政持股比例有所下降,但仍有很多城商行第一大股东为地方财政局或者地方国企。农商行组建时,历史包袱较重且地域属性较强,难以吸引域外资本,故第一大股东多为当地民企。

2."宏观—中观"约束:经营地域限制

这一区域环境约束主要影响中观层面,即因地域限制政策变化,与市场结构和监管结构产生共振效应,进而影响中小银行发展转型的微观层面经营模式和公司治理。

通过前文分析可知,我国中小银行长期以来面临大银行的挑战,再加上微观层面对传统存贷业务的优势减弱,对金融市场业务获取低成本资金的需求旺盛。一旦监管结构有所松动,中小银行就会寻求政策红利甚至是政策套利以突破地域限制约束。

第一阶段,异地设立分支机构。先后经历了 2006 年的放开、2009—2010 年的大规模扩张、2011 年的叫停以及 2013 年的部分放开等政策变动。2005 年 4 月,上海银行设立宁波分行开始,城商行异地扩张之路就此打开。2006 年 2 月,中国银监会发布《城市商业银行异地分支机构管理办法》,只对省内设立异地分行进行约束,但没有明确跨省设立分行。2009 年 4 月,中国银监会出台《关于中小商业银行分支机构市场准入政策的调整意见(试行)》,放宽要求,当时甚至只要评级达到要求,便可以申请异地分行。各城商行开始大肆扩张,据统计,2010 年,62 家城商行便设立了 103 家异地分支行。不过,2011 年,时任国务院总理王岐山点名批评北京银行总想跨区域扩张,认为有"不平衡、不持久、不匹配"的倾向,异地设立开始被叫停。

第二阶段,异地设立非持牌机构。鉴于监管上"向银行总部属地的监管报备,但是异地经营监管没有报备"是否违规尚不明确这一擦边球,很多中小银行在北京、上海等金融市场活跃的地方,一度采用异地设立非持牌机构①,即不通过监管审批,不受到异地建立分支机构的限制,却能开展各项业务。对此,当地监管机构也无法进行监管。

第三阶段,异地设立资金专营机构。2018年1月,中国银监会下发《关于进一步深化整治银行业市场乱象的通知》(银监发〔2018〕4号,以下简称"4号文")。此后,中小银行异地设立非持牌机构基本叫停。2018年12月,中国银保监会发布《关于规范银行业金融机构异地非持牌机构的指导意见》,要求对异地非持牌机构的规范不搞"一刀切",给予充分的过渡期。此后,一些资金专营机构陆续获批,为异地经营开了一个小口子。2018年,顺德农商银行、九江银行、赣州银行、上饶银行、江苏银行先后获批设立资金营运中心,划分设立在广东佛山、江西南昌、上海。自2019年以来,宁波银行、杭州银行获批设立资金营运中心,机构所在地均在上海。

但与此同时,新的问题就此产生。由于资金运营中心往往不是设立在总行所在地,"属地治理"问题如何归属目前尚无定论。

二、我国中小银行宏观环境的基本特征与现实困境

(一)我国中小银行宏观环境的基本特征

1. 经济周期

近年来,我国经济从高速增长阶段转向高质量发展阶段,经济下行压力日益加大。然而,突如其来的新冠肺炎疫情更是进一步加剧经济下行压力。我

---

① 包括未经批准设立分支机构、网点,包括异地事业部、业务部、管理部、代表处、办事处、业务中心、客户中心、经营团队等,并从事业务活动;村镇银行跨经营区域发放贷款,办理票据承兑与贴现(不含转贴现)业务;分支机构或专营机构超法定范围开展业务;超范围授权分支机构开展同业、票据业务;等等。

国经济不仅要承受国内新冠肺炎疫情暴发带来的负面影响,还要面临未来持续一段时间内全球供应链、产业链、资金链中断甚至重塑所带来的负面冲击。考虑到新冠肺炎疫情给世界各国经济造成的破坏仍在持续之中,主要国家民粹主义和反全球化势力抬头,出于选举、推责等原因,借助疫情围剿中国,以转移自身政治矛盾和经济压力,我国经济将面临较为严峻的国内外挑战。

2020年第一季度,我国 GDP 同比下降 6.8%(见图 4-10),尤其 1—2 月份主要经济指标下滑严重。在疫情冲击下,我国生产经营和消费活动受到抑制,后期海外疫情二次冲击下,国内进出口及相关产业链受到的影响仍在发酵之中,这些对实体经济产生严重影响。

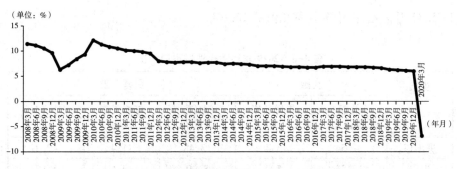

图 4-10 我国 GDP 增速(2008—2020 年)

2. 经济结构

从国际经验来看,中小企业在经济结构中的地位,对中小银行而言意义重大。

中小企业在我国经济体系中具有至关重要的作用,具有"五六七八九"特征[①],即贡献了 50% 以上的税收,60% 以上的 GDP,70% 以上的技术创新,80%以上的城镇劳动就业,90% 以上的企业数量。此外,中小企业在我国的外贸进出口中具有举足轻重的地位。尤其是 2019 年,进出口、出口、进口规模均创历

---

① 2018 年 8 月 21 日,刘鹤副总理主持召开国务院促进中小企业发展工作领导小组第一次会议研究部署推动中小企业高质量发展,用"五六七八九"概括了当前中小企业在中国经济中发挥的作用。

史新高。截至 2019 年年末,全年进出口总额 31.54 万亿元,增长 3.4%。其中,出口 17.23 万亿元,增长 5.0%;进口 14.31 万亿元,增长 1.6%。其中,民营企业贡献最大,拉动外贸增长 4.5 个百分点;有进出口实绩的民营企业达到 40.6 万家,比 2018 年增加了 8.7%。民营企业首次超过外商投资企业,成为中国第一大外贸主体。而在这些民营企业中,绝大多数都是中小企业。截至 2019 年年末,民营企业进出口 13.48 万亿元,增长 11.4%,占中国外贸总值的 42.7%,比 2018 年提升 3.1 个百分点。其中,出口 8.9 万亿元,增长 13.0%,占比为 51.7%;进口 4.58 万亿元,增长 8.4%,占比为 32.0%(见表 4-8)。外商投资企业进出口 12.57 万亿元,占中国外贸总值的 39.9%。国有企业进出口 5.32 万亿元,占中国外贸总值的 16.9%。

表 4-8　2019 年民营企业进出口情况

类别	全国		民营企业		
	总额 (万亿元)	年增长率 (%)	总额 (万亿元)	年增长率 (%)	占比(%)
进出口	31.54	3.4	13.48	11.4	42.7
出口	17.23	5.0	8.90	13.0	51.7
进口	14.31	1.6	4.58	8.4	32.0

资料来源:海关总署。

国际经验表明,与大型企业相比,中小企业的优势在于决策机动灵活、市场适应性较强、市场进退成本低、更贴近客户、更快响应市场需求等;但劣势也非常明显,其规模较小、资源有限、实力较弱、资本不足等,致使风险抵御能力较低。特别是对非企业自身因素造成的风险,中小企业几乎没有任何防范承受能力,如自然灾害风险、公共卫生风险、政治风险、战争风险、国有化风险、社会治安风险等。可见,新冠肺炎疫情突然暴发,对任何国家的中小企业而言,都是灾难性打击。

对于我国中小企业,此次疫情暴发还有些特殊之处,进一步扩大风险,其至部分中小企业可能会面临"生死局"。

第一,春节因素,加剧中小企业存货滞留和现金流不足的风险。一是线下服务业。据恒大研究院公布的数据显示,除夕至正月初六短短将近一周时间,仅餐饮零售、旅游和电影 3 个行业,造成的直接经济损失就超过 1 万亿元。二是因消费需求减少,部分中小企业订单锐减,春节期间储备的存货大量滞留。三是因人员流动受限,部分中小企业复工无望,短期内全国物流成本和短期物价的上升,影响企业节后的经营生产,增加了企业的生产成本。四是因过年前,很多中小企业会将供应商货款、员工工资、奖金等全部结清,账上所剩可支配资金不多,有的连年后首月的各项开支也无法支付,甚至可能没有"隔夜粮"。

第二,前期政策因素,与此次疫情冲击叠加共振,加大中小企业经营困难。前期一些宏观政策的出台,初衷本意是正确的,但或因执行偏差,或因考虑不周,部分政策效果出现偏离,可能与此次疫情形成夹逼之势,推升中小企业经营风险。一是去产能政策。其本意是加速过剩产能出清,但在执行过程中,由于中小企业普遍产能相对落后,再加上部分地方政府的行政化"一刀切"甚至选择性执法,大量中小企业被关停并转,或主动被国企并购。二是环保限产政策。在打好污染防治攻坚战要求下,部分中小企业环保成本和资源品价格上升,进而推升经营成本。三是金融去杠杆政策。其初衷是防范化解重大风险,引导资金"脱虚向实",规范整顿"影子银行"。由于"影子银行"快速收缩,表外融资收紧,而表内融资却未能适当扩张,导致依赖表外和"影子银行"融资的中小企业融资难度增大,同时,金融去杠杆推升市场利率,进一步增加中小企业利息负担。四是税收政策。"营改增"的初衷是减轻企业负担,但是由于改革之后所有交易环节都需要提供发票信息,倒逼上下游企业形成自动监督链条,相当于强化了税收征管,实际上反而增大了中小企业的税收负担。此外,社保征收机构改革本是为了提高社保缴费的公平性和可持续性;但由于之前大量中小企业缴费基数不实,税务机关统一征收社保后,征管力度加强,企业实际负担增大。

第三,防控因素。随着疫情的扩散,各省(自治区、直辖市)相继启动重大突发公共卫生事件一级响应。截至 2020 年 1 月 29 日,中国内地 31 个省(自治区、直辖市)均已启动突发公共卫生事件一级响应。作为疫情中心区,湖北省采取了"封城"举措。1 月 23 日,面对疫情防控压力,武汉正式宣布"封城",紧接着湖北其他各市(州)也相继采取了"封城"举措。截至 1 月 24 日晚,除湖北襄阳外,湖北其他各市(州),均停掉了长途客运和市区公共交通。直到 1 月 27 日,襄阳市才规定高铁和普通铁路车站进站通道暂时关闭。从 1 月 28 日起,襄阳市正式暂停运营市内所有的渡口渡船、旅游客船,正式"封城"。即便不是疫情重灾区,不少城市虽未采取"封城"举措,但接连升级了"全民不出门"的管控措施,推动实施"最严出行举措"的纷纷落地。这些都对中小企业造成不可估量的影响。

截至 2020 年第一季度,银行业资产质量承压,贷款逾期和违约情况增多,银行业不良率较年初上升 0.06%。其中,办理续贷 5768 亿元,占贷款总额的 0.36%。延期还本付息中小企业贷款 8800 多亿元,占贷款总额的 0.55%。

3. 制度环境

在诸多现行制度中,对中小银行影响最大的是利率市场化改革。从国际实践来看,利率市场化背景下,不仅使得整个银行业息差进一步压缩,还有可能会伴随着银行业特别是中小银行的快速转型甚至是破产倒闭。

一是经营风险增加。中小银行获客能力不足,定价能力较弱,利率市场化改革不仅使其资产端定价空间缩小,而且负债成本相对较高,所受影响要大于大银行。随着依靠存贷利息差的固有模式被打破,中小银行经营分化加剧。一些中小银行为了缓冲存款成本上升的影响,要么会牺牲风险容忍度来提高贷款收益率,要么冒险涉足高风险领域的贷款,甚至有可能会陷入彼此间的恶性竞争,这些都会增加中小银行经营风险。

二是风险管理难度加大。利率市场化下,利率波动的频率和幅度将加大,期限结构也将更复杂,中小银行利率风险管理能力受到考验。由于与大银行在风险管控、信息化建设、管理决策上存在差距,中小银行在信用风险、市场风险、流动性风险和经营管理决策风险等识别和控制上处于弱势。

三是人才和技术储备不足。与大银行相比,中小银行在人才和技术上的短板效应可能会在利率市场化背景下被进一步放大。如何培养和保留住高水平人才队伍,如何引入和更新高质量技术支持,这些都是中小银行必须跨越的难关。

四是银行体系竞争格局可能会改变。从国际实践看,利率市场化后,中小银行普遍面临生存危机,银行体系竞争格局将重新洗牌。如若转型不成功,部分经营不善的中小银行可能会面临兼并和重组的选择。

4.其他因素

近年来,随着大数据、云计算、区块链、数字货币、人工智能等技术的快速发展,金融科技已经基本应用于支付清算、融资模式、基础设施和投资管理等多个领域,对传统银行体系形成强大冲击。从应对来看,大银行已走在前列,利用先发优势,对自身发展战略、产品结构、业务系统、技术支持、人才队伍等进行了变革。然而,大多数中小银行金融科技创新能力薄弱,数据基础和研发能力较为欠缺,获客和营销手段相对传统,既缺乏针对精准营销的系统支持,又缺少有效数据定位客户需求。部分中小银行甚至将金融科技等同于 IT 技术,并定位于后台支持部门,更遑论自主创新能力建设。据《中小银行金融科技发展研究报告(2019)》①调研显示,45%的中小银行初步搭建公司级数据基础规范,仅 14%的银行在行内实现较高的数据协同。

(二)我国中小银行宏观环境的现实困境

自 2019 年 5 月包商银行接管事件爆发以来,我国中小银行经营困境日益凸显,部分地域中小银行甚至被市场自动锁定,相继爆发流动性风险乃至挤兑风波。究其原因,这些中小银行正在承受着来自"微观—中观—宏观"的"五大圈"冲击。

---

① 由金融壹账通、中小银行互联网金融(深圳)联盟、埃森哲共同发布。

1. 股权关系圈

微观层面上,控(参)股或被控(参)股的相关机构可能会受到波及,进而带来中观和宏观层面上的风险传导。

一是控(参)股机构。以包商银行为例,其作为发起行设立了30家左右村镇银行,彼此间存在大量业务往来。虽然这些村镇银行规模小,但与当地居民企业联系密切,容易产生集中取款事件。

二是被同一股东控(参)股的相关机构。包商银行接管事件后,"明天系"控股或参股的中小银行首当其冲。在银行领域,"明天系"多通过旗下 ST 明科、西水股份、华资实业等上市公司及非上市公司投资银行,控股的银行为包商银行、潍坊银行、哈尔滨银行,曲线参股的银行则包括天津银行、厦门银行、泰安商业银行、包头大众城市信用社、温州市商业银行、宝鸡商业银行、内蒙古银行、大连银行、锦州银行等城市商业银行。从后续发展来看,锦州银行、哈尔滨银行等不同程度出现风险。

三是控(参)股股东经营问题。受包商银行、锦州银行等事件影响,各界对于中小银行控(参)股股东经营状况格外关注。至此,"微观—中观—宏观"风险传导链条形成。2019 年 11 月 6 日,网上谣传营口沿海银行第二大股东华君控股集团经营不善,继而该行被传言深陷财务危机,大批储户前往集中取款。事实上,该行第一大股东海航集团风险爆发时,该行并没有像此次事件遭受储户集中取款。主要原因是海航事件爆发时间要早,而此次事件爆发恰逢市场对中小银行特别是某些区域中小银行信心不足之时,才会出现如此波动。相类似的情况也出现在河南伊川农商行,因其董事长和大股东康凤利违纪被带走,传言该行要倒闭,这个伊川营业网点最多和存款规模最大的银行一时间被大批储户集中取款。

2. 信息披露圈

信息披露要求既是微观层面(公司治理)的约束,也是中观层面(监管结构)的约束。

鉴于包商银行连续两年没有披露年报,"延期披露年报"一度成为各方揣测中小银行风险触发点。与股权关系圈相类似,一旦市场形成"延期披露年报等同于风险"共同预期,就可能会引发不必要的恐慌。包商银行事件后,共有 18 家银行发布了 2018 年年报延期披露公告,既有股份制银行(锦州银行),也有城市商业银行和农商行(农商行数量最多,共 11 家)。

3. 资本补充圈

与信息披露相似,资本补充同样既是微观层面(经营模式)的约束,也是中观层面(监管结构)的约束。

作为一级资本补充渠道,港股上市曾一度是部分中小银行寻求 A 股上市受挫后的重要渠道。包商银行、锦州银行等事件爆发后,港股上市也成为风险传导的"关键词"之一。此后,盛京银行、哈尔滨银行以及甘肃银行相继出现风险,都与此有一定关联。

作为二级资本补充渠道,二级资本债相比其他资本补充工具,发行门槛低、审批周期短、普适性较好,成为目前中小银行进行资本补充的主要渠道。2015 年 12 月 25 日,包商银行在全国银行间债券市场成功发行 65 亿元二级资本债,直到 2019 年 5 月被接管时也未到期。包商银行事件后,其所发行二级资本债是否会被监管机构减记[①],也一度被各方关注。因为如果被减记,现有二级资本债发行定价可能会有所影响,进而影响到整个商业银行特别是中小银行的资本补充成本以及安排。从后续发展来看,中小银行资本补充已形成了共识,多次被金融委提及。

4. 交易对手圈

交易对手涉及中观层面(市场结构)概念,同时也与微观层面(经营模式)

---

① 根据《关于商业银行资本工具创新的指导意见》(银监发〔2012〕56 号)要求,"二级资本工具触发事件"是指以下两种情形中的较早发生者,一是中国银监会认定若不进行减记或转股,该商业银行将无法生存;二是相关部门认定若不进行公共部门注资或提供同等效力的支持,该商业银行将无法生存。

有所关联。

作为中型城市商业银行,包商银行客户群体分布广泛,市场交易对手多元,其接管事件会对金融市场带来一定影响。由于我国的银行间市场流动性基本遵循"央行—大银行—中小银行—非银金融机构"的路径不断传递,中小银行是同业往来资金的主要拆入方,也就是说,中小银行负债端更需要同业存单,城、农商行很大程度上的信用创造都要依赖于此,而非银机构又需要通过中小银行获得资金。包商银行事件后,同业市场刚性兑付被打破,银行间市场流动性分层加剧,中小银行和非银流动性受到约束。不同等级同业存单利差扩大,低等级同业存单发行成功率下降。

5. 地域歧视圈

地域歧视涉及宏观层面(区域环境)概念,同时也与微观层面(经营模式和公司治理)和中观层面(市场结构和监管结构)有所关联。

近年来,东北地区经济持续低迷,信用环境也有恶化。2014—2017年,辽宁省有22起债券违约事件,数量居于全国首位。2016年,东北特钢债券违约更是开创地方国企公募债违约的先河,涉及违约金额本金约71亿元,牵连包括货币基金、券商、银行理财等上百家机构投资者。宏观层面(区域环境)不仅会直接影响到中小银行的微观层面,如存贷款质量和结构(经营模式)、增资扩股对象选择、公司治理文化(公司治理)等,而且会影响到中观层面,如大银行分支机构的撤出(市场结构)、监管指标达标(监管结构)等。

第五章 "微观—中观—宏观"视角下中小银行发展转型的外部冲击挑战与应对

新冠肺炎疫情的全球暴发给全球经济带来了巨大的下行压力。自2020年2月下旬以来,国内外金融市场和金融中介活动发生了重大变化。为应对冲击,各国政府和中央银行密切配合,采取一系列措施,维护金融市场的运行。在监管和监督方面,采取了灵活的行动,例如推迟一年全面执行最后确定的《巴塞尔协议Ⅲ》标准,鼓励银行使用其资本和流动性缓冲。由于这些行动,迄今为止全球金融体系避免了大规模的信贷紧缩,但有关新冠肺炎疫情全球蔓延的未来发展以及由此对实体经济造成的下行压力的大小和持续时间仍存在重大不确定性。

目前观察到的金融体系压力源于疾病暴发对人们身体活动的广泛制约进而对实体经济造成的冲击。由此可见,当前压力的根源及其传导机制与以往由泡沫破裂引发并导致金融失衡调整的压力有着明显的不同。不可否认的是,在新冠肺炎疫情暴发之前,全球已经处于长期的低利率环境,各国金融体系因寻求收益而积累了各种脆弱性。如果实体经济的实质性恶化持续下去,通过这种脆弱性进行的全面金融调整可能会在实体经济和金融部门之间形成一个负反馈循环。

第一节　美国中小银行应对外部冲击：
以新冠肺炎疫情为例

一、新冠肺炎疫情对美国中小银行的影响

根据美国州银行监管者联席会（Conference of the Bank Supervisors，简称 CSBC）发布的社区银行情绪指数①（The Community Bank Sentiment Index）显示，该指数从 2019 年第四季度的 123 降至 2020 年第一季度的 91，低于 100，为消极情绪，跌幅令人担忧。具体来看，构成该指数的 7 个组成部分中有 6 个下跌，其中 5 个组成部分的跌幅均超过 35。指数最低的 3 个组成部分包括：商业状况从 97 下降到 60，跌幅为 37；赢利能力从 109 下降到 66，跌幅为 43；货币政策从 108 下降到 69，跌幅为 39。即使有这些重大的影响，这次调查也有一些好消息。社区银行家们保持着积极的情绪，尽管不像上次调查那样，他们希望扩大业务，增加资本支出，提高特许经营价值。

CSBC 调查中专门包括一个特殊的问题，要求社区银行家们提供 10 个经济部门的前景，从 1（负面）到 5（正面）不等。从调查结果来看，社区银行家最关心的行业是能源和旅游、餐饮和零售等"高接触"服务业未来的经济活动。根据 2020 年 3 月公布的月度工资就业报告和首次申请失业救济人数，这些行业的前景确实黯淡。

由于关于 10 个经济部门的前景预测可以跟踪到每周的情况，2020 年 3 月中旬是一个明显的转折点，即 3 月 11 日世界卫生组织宣布 COVID-19 为全球流行病，许多美国企业开始推迟和取消预订的活动。从这一时刻开始，社区

---

①　社区银行情绪指数是根据全国社区银行家的季度调查得出的指数。当社区银行家回答有关其经济前景的问题时，他们的回答将被分析并汇总为一个数字。指数读数为 100 的表示中性情绪，高于 100 的表示积极情绪，低于 100 的表示消极情绪。

银行家们重新评估负面影响,这导致关于经济前景转为悲观,一瞬间几乎所有经济部门都急转直下,最显著的是消费者(下降1.65)、餐馆(下降1.58)和旅游业(下降1.45)。这也充分反映出美国经济很大程度上依赖于消费者的信心。在美国,70%的GDP来自消费。CSBC认为,如果没有一个强大、自信、活跃的消费者,美国经济将继续挣扎。消费者依靠大大小小的企业为其提供最需要的商品和服务,但是新冠肺炎疫情的突发,使大多数企业被迫关闭或大幅缩减运营规模,收入停滞,现金流问题加剧,最终影响到了消费者信心。

二、"微观—中观—宏观"视角下美国的应对之策

对于任何一家银行而言,杠杆率可谓是足以影响到"微观—中观—宏观"的核心指标。在新冠肺炎疫情突袭下,美国监管机构针对社区银行杠杆率进行了临时性监管安排,以缓解疫情的负面冲击。

2020年4月6日,联邦银行监管机构——美联储、美国联邦存款保险公司(FDIC)、美国货币监理署(OCC)联合发布两项暂行最终规定,为社区银行组织提供临时救济。

根据《冠状病毒援助、救济和经济安全法》(*Coronavirus Aid, Relief, and Economic Security Act*,以下简称《CARES法》)第4012条的要求,暂时将社区银行的杠杆率降低到8%。

这两条规定将修改社区银行杠杆率框架,以便:

从2020年第二季度开始至年底,杠杆率为8%或以上且符合某些其他标准的银行机构可选择使用社区银行杠杆率框架;以及社区银行组织将有到2022年1月1日,重新恢复9%以上的杠杆率要求。

根据暂行最终规定,社区银行杠杆率从2020年第二季度开始至2020年年末为8%,2021年为8.5%,此后为9%。暂行最终规定还对杠杆率低于适用的社区银行杠杆率不超过1%的合格社区银行机构维持两个季度的宽限期。

这些机构正在为社区银行组织提供一个明确而逐步的过渡,使其回到之

前由这些机构制定的9%杠杆率要求。鉴于新冠肺炎疫情对美国经济造成的压力,这一转变将使社区银行组织能够集中精力支持对有信誉的家庭和企业的贷款。

(一) 临时修改社区银行杠杆率框架

1. 社区银行杠杆率框架的背景

社区银行杠杆率框架为满足某些资格标准的社区银行组织提供了一个简单的资本充足率度量。社区银行杠杆率框架执行《经济增长、监管救济和消费者保护法》(*Economic Growth, Regulatory Relief, and Consumer Protection Act*,以下简称《EGRRCP法》)。第201条要求联邦监管机构,即联邦存款保险公司、货币监理署、美联储为符合条件的社区银行组织设立不低于8%且不超过10%的社区银行杠杆率。

根据《EGRRCP法》第201条(c)款,一个合格的社区银行组织①,如果超过了由联邦监管机构设立的社区银行杠杆率,则应被视为满足了资本规则(一般适用规则)中一般适用的基于风险和杠杆的资本要求,任何其他适用的资本或杠杆要求,以及《联邦存款保险法》第38条中"资本充足"的资本比率要求(如适用)。《EGRRCP法》第201条(b)款还要求各联邦监管机构制定程序,对杠杆率低于各联邦监管机构规定的社区银行杠杆率要求的合格社区银行机构进行处理。

2019年,联邦监管机构发布了建立社区银行杠杆率框架的最终规则,该框架于2020年1月1日生效(2019年最终规则)。根据2019年最终规则,联邦监管机构使用资本规则的现有杠杆率建立了9%的社区银行杠杆率。保持

---

① 授权法规使用"合格的社区银行"一词,而实施法规使用"合格的社区银行组织"一词。这些术语通常具有相同的含义。《EGRRCP法》第201条(a)(3)款规定,符合条件的社区银行机构是一个存款机构或存款机构控股公司,其合并资产总额低于100亿美元,且根据银行机构的风险状况,满足这些机构确定的适当其他因素。该决定应基于表外风险敞口、交易资产和负债、名义衍生产品总风险敞口以及机构确定的其他适当因素的考虑。

杠杆率大于9%并选择使用社区银行杠杆率框架的合格社区银行机构将被视为满足一般适用规则和任何其他适用的资本或杠杆要求,并且,如果适用,将被视为资本充足①。

根据2019年最终规则,合格的社区银行机构是指合并资产总额低于100亿美元的任何存款机构或存款机构控股公司,占合并资产总额25%或以下的表外风险敞口(不包括已出售信用衍生品和无条件可撤销承诺以外的衍生品),占合并资产总额5%或以下的交易资产和负债。

此外,2019年最终条例规定了两个季度的宽限期,在此期间,合格的社区银行机构暂时不符合任何合格标准,包括高于9%的杠杆率要求,一般来说,只要银行机构的杠杆率保持在8%以上,资本仍然被认为是充足的。如果银行机构未能在宽限期内满足所有合格标准,或未能保持高于8%的杠杆率,则必须遵守普遍适用的规则,并提交适当的监管报告。

2.《CARES法》第4012条

2020年3月27日,《CARES法》签署。《CARES法》指示各联邦监管机构对社区银行杠杆率框架进行临时修改。具体而言,《CARES法》第4012条指示各联邦监管机构发布一项临时最终规则,其中规定,就《EGRRCP法》第201条而言,社区银行杠杆率应为8%,且杠杆率低于《CARES法》规定的社区银行杠杆率要求的合格社区银行机构应具有满足该要求的合理宽限期。适用宽限期的合格社区银行组织可继续被视为合格社区银行组织,并应被推定满足《EGRRCP法》第201条(c)款所述的资本和杠杆要求。

3.对社区银行杠杆率框架的临时修改

根据《CARES法》第4012条,法定临时最终规则对社区银行杠杆率框架

---

① 根据适用于被保险存款机构的现行及时纠正措施(Prompt Corrective Action,简称PCA)要求,要被视为"资本充足",银行机构必须证明其不受任何书面协议、命令、资本指令或(如适用)即时纠正措施指令的约束,以满足并保持任何资本的特定资本水平测量。参见《美国联邦法规》第12卷第6.4(b)(1)(iv)节(货币监理署);第12卷第208.43(b)(1)(v)节(委员会);第12卷第324.403(b)(1)(v)节(联邦存款保险公司)。同样的法律要求在社区银行杠杆率框架下继续适用。

作了某些临时性修改。自公布之日起生效,社区银行杠杆率将为8%,直至法定临时最终规则的终止日期。杠杆率为8%或以上(且符合其他合格标准)的银行机构可在临时最终规则生效期间选择使用社区银行杠杆率框架。

此外,根据法定的临时最终规则,如果社区银行机构暂时不符合任何合格标准,包括8%的社区银行杠杆率要求,只要该银行机构保持7%的杠杆率,一般视为资本充足。如果银行机构在宽限期结束后未能达到合格标准,或报告的杠杆率低于7%,则必须遵守一般适用的规则,并提交适当的监管报告①。法定的临时最终规则不会对合格的社区银行杠杆率框架中的其他标准进行更改。

各联邦监管机构在2019年的最终条例中,两个季度的宽限期,基于这些要求适当缓解了资本的潜在波动性,以及基于季度间银行机构风险状况临时变化的相关监管报告要求,并且密切跟踪长期风险状况的变化。这些联邦监管机构认为这种方法是适当的,并为杠杆率低于8%的社区银行杠杆率要求的合格社区银行组织提供了合理的时间来满足这一要求,符合《CARES法》第4012条的规定。

(1)法定临时最终规则的生效日期

法定临时最终规则自公布之日起生效。银行机构可利用法定临时最终规则的要求,在2020年第二季度(即2020年6月30日)提交其催缴报告或FR Y-9C表格(如适用)。

(2)过渡期临时最终规则

各联邦监管机构同时发布了一项临时最终规则,规定从《CARES法》第4012条规定的临时8%社区银行杠杆率要求过渡到9%社区银行杠杆率要求,由各联邦监管机构在2019年最终条例(过渡期临时最终规则)中确定。当过渡期临时最终规则中的要求适用时,社区银行杠杆率将在2020年第二季度至第四季度为8%,2021年为8.5%,此后为9%。《EGRRCP法》第201条要求

---

① 此外,根据2019年最终规则,因企业合并而不再符合合格标准的银行机构也将不会获得宽限期,并将被要求遵守普遍适用的规则。

合格的社区银行机构超过各联邦监管机构设立的社区银行杠杆率,以被视为满足一般适用规则、任何其他适用的资本或杠杆要求,以及(如适用)"资本充足"的资本比率要求,而《CARES 法》第 4012 条规定,合格的社区银行机构必须达到或超过 8% 的社区银行杠杆率才能被视为相同。这些联邦监管机构正在发布过渡期临时最终规则,为社区银行机构提供充足的时间准备,以满足社区银行杠杆率框架下的要求。

4. 行政法律事务

(1)《行政程序法》

联邦监管机构在没有事先通知的情况下发布了法定的临时最终规则,并没有公开评论的机会,也没有《行政程序法》(APA)通常规定的 30 天延迟生效的日期。根据《行政程序法》第 553 条(b)款,对于当"正当理由联邦监管机构发现(并在发布的规则中纳入调查结果和简要说明原因)有关通知和公开程序不可行、不必要或违背公共利益时,制定规则"。

联邦监管机构认为,在《联邦公报》上公布后,立即执行法定的临时最终规则最有利于公众利益。如上所述,《CARES 法》第 4012 条指示各联邦监管机构发布一项临时最终规则,其中规定,就《EGRRCP 法》第 201 条而言,社区银行杠杆率应为 8%,且杠杆率低于《CARES 法》规定要求的,也应具有合理的宽限期。适用宽限期的合格社区银行组织可继续被视为合格社区银行组织,并应被推定满足《EGRRCP 法》第 201 条(c)款所述的资本和杠杆要求。

(2)《国会审查法》

就《国会审查法》而言,管理和预算办公室(OMB)决定最终规则是否构成"主要"规则。如果管理和预算办公室认为某项规则是"主要"规则①,《国会

① 《国会审查法》将"主要规则"定义为管理和预算办公室认为已经或可能导致(A)每年对经济产生 1 亿美元或以上的影响;(B)消费者、个别行业、联邦政府的成本或价格大幅上涨的任何规则,州或地方政府机构或地理区域;(C)对竞争、就业、投资、生产力、创新或美国企业在国内和出口市场上与外国企业竞争的能力产生重大不利影响。

审查法》规定该规则至少在公布后 60 天方可生效。

因根据《CARES 法》第 4012 条,各联邦监管机构认为推迟法定临时最终规则的生效日期将违背公共利益。所以,并没有依据《国会审查法》延迟生效日期。

但根据《国会审查法》的要求,各联邦监管机构将向国会和政府问责办公室(GAO)提交法定临时最终规则和其他适当报告,以供审查。

(3)《文书削减法》

法定临时最终规则影响各联邦监管机构目前收集的监管报告(OCC OMB 控制编号 1557-0081、Board OMB 控制编号 7100-0036 和 FDIC OMB 控制编号 3064-0052)①。美联储已根据监察委员会授予的权力,审查了法定临时最终规则。

虽然法定临时最终规则不包含信息收集要求,但各联邦监管机构已确定,由于该规则的制定,应对调用报告进行更改。尽管社区银行杠杆率框架的变化可能会导致监管报告的实质性变化,但这种变化应该是最小的,并导致各联邦监管机构信息收集下每小时负担的净变化为零。不过,各联邦监管机构将向管理和预算办公室提交意见。监管报告及其相关指示的变更将在单独的《联邦公报》通知中说明。

此外,董事会还应对控股公司的财务报表进行修改,以准确反映法定临时最终规则的变化。董事会将在过渡期临时最终规则中分别处理对 FR Y-9 报告及其指示的这些变更。

(4)《监管灵活性法》

《监管灵活性法》(RFA)要求联邦监管机构考虑对大量小型实体②的影

---

① 1995 年《文书削减法》(44 U.S.C.3501-3521)规定,任何联邦监管机构不得进行或赞助信息收集,也不得要求被申请人对信息收集作出回应,除非其显示了当前有效的 OMB 控制编号。

② 根据小企业管理局的规定,小型实体包括总资产不超过 6 亿美元的存款机构、银行控股公司或储蓄贷款控股公司以及总资产不超过 4150 万美元的信托公司。

响。《监管灵活性法》仅适用于机构根据《美国法典》第5卷第553(b)节发布拟议规则制定一般通知的规则。如前所述,各联邦监管机构有正当理由认定,一般性通知和征求公众意见是行不通的,有违公众利益。因此,各联邦监管机构不发布拟议规则制定,但仍然希望收到各方反馈意见,以便考量该规则对小型实体负担的潜在影响。

(5)1994年《里格尔社区发展和监管改善法》

根据《里格尔社区发展和监管改善法》(《RCDRI法》)第302条(a)款,在确定新法规的生效日期和行政合规要求时,对受保存款机构(IDI)施加额外的报告、披露或其他要求,各联邦银行机构必须根据安全、稳健和公共利益的原则,考虑此类法规对存款机构(包括小型存款机构)和存款机构客户造成的任何行政负担,以及此类法规的好处。此外,《RCDRI法》第302条(b)款要求对受保存款机构施加额外要求时,一般在法规以最终形式发布之日或之后第一天生效,某些例外情况除外。

出于上述原因,各联邦监管机构根据《RCDRI法》第302条的规定,有充分理由发布具有即时生效日期的法定临时最终规则。

(6)使用通俗易懂的语言

《格拉姆—里奇—布莱利法案》第722条要求联邦银行监管机构在2000年1月1日以后公布的所有拟议和最终规则中使用"通俗易懂的语言"。根据这一要求,各联邦监管机构力求以简单和直接的方式提出法定临时最终规则。联邦监管机构邀请各方就是否可以采取其他措施使这一规则更易于理解发表评论。例如:

• 材料以满足您的需求? 如果没有,如何更好地组织这些材料?

• 法规中的规定是否明确? 如果没有,如何才能更清楚地说明这一规定?

• 条例是否包含不清楚的语言或行话? 如果是,哪种语言需要澄清?

• 不同的格式(章节的分组和顺序、标题的使用、段落)是否会使法规更容易理解? 如果是这样的话,对格式的哪些修改会使法规更容易理解?

• 还能做些什么,使监管更容易理解?

(7)《无基金授权法》

一般而言,1995 年《无基金授权法》(《UMR 法》)、《美国法典》第 2 卷第 1531 节及以下,要求在颁布包括联邦授权在内的规则之前,编制一份预算影响报表,该规则可能导致州、地方和族群政府在任何一年内的总开支或私营部门的总开支超过 1 亿美元。但是,《UMR 法》不适用于未发布拟议规则制定一般通知的最终规则。见《美国法典》第 2 卷第 1532(a)节。因此,由于货币监理署已找到充分的理由免除本法定临时最终规则的通知和意见,认为《UMR 法》的要求不适用于本法定临时最终规则。

（二） 对社区银行杠杆率框架的过渡期安排

截至 2019 年 12 月 31 日,合并资产总额低于 100 亿美元的银行机构有 5258 家。这些机构估计,在 8% 的校准和其他合格标准(见表 5-1)下,大约 95% 的此类银行机构有资格使用社区银行杠杆率框架。在 8.5% 的校准和其他合格标准下,大约 91% 的此类银行机构有资格使用社区银行杠杆率框架。

表 5-1　社区银行杠杆率要求一览表　　　　（单位:%）

年份	社区银行杠杆率	适用宽限期内的杠杆率
2020	8	7
2021	8.5	7.5
2022	9	8

各联邦监管机构维持 2019 年最终规则的要求,即宽限期将从选举银行机构不再满足任何合格标准的日历季度末开始,并在连续两个季度后结束。例如,截至 2020 年 3 月 31 日,已符合所有合格标准的银行机构在 2020 年 5 月 15 日不再符合其中一项合格标准,且截至该季度末仍不符合标准,此类银行

机构的宽限期将从截至 2020 年 6 月 30 日的季度末开始。自 2020 年 9 月 30 日起,银行组织可继续使用社区银行杠杆率框架,但自 2020 年 12 月 31 日起,银行组织将需要完全遵守普遍适用的规则(包括相关报告要求),除非银行组织在该日前再次满足所有合格标准。

如果选择的银行组织处于所需社区银行杠杆率增加的宽限期内,则该银行组织自该变更之日起将同时受制于更高的社区银行杠杆率要求和更高的宽限期杠杆率要求。例如,如果截至 2020 年 9 月 30 日符合所有合格标准的当选银行机构,截至 2020 年 12 月 31 日的社区银行杠杆率为 7.2%(但符合所有其他合格标准),则此类银行机构的宽限期将从第四季度末开始。如果银行机构的杠杆率大于 7.5%,且自 2021 年 6 月 30 日起需要完全遵守普遍适用的规则(包括相关报告要求),则银行机构可继续使用社区银行杠杆率框架(自 2021 年 3 月 31 日起),除非银行机构的杠杆率在该日之前超过 8.5%(并符合所有其他合格标准)。在本例中,如果银行组织截至 2021 年 3 月 31 日的杠杆率等于或小于 7.5%,则它将没有资格使用社区银行杠杆率框架,并将立即受到普遍适用规则的要求的约束。

如上所述,选择社区银行机构处于宽限期内,则该银行在变更时,同时遵守较高的社区银行杠杆率要求和较高的宽限期杠杆率要求。例如,如果在 2021 年 6 月 30 日之前符合所有合格标准的银行机构,在 2021 年 9 月 30 日之前具有 8.3%的社区银行杠杆率(但符合所有其他合格标准),则此类银行机构的宽限期将从第三季度末开始。如果银行组织的杠杆率大于 7.5%,且自 2022 年 3 月 31 日起需要完全遵守普遍适用的规则(包括相关的报告要求),则银行组织可继续使用社区银行杠杆率框架(截至 2021 年 12 月 31 日),除非银行机构的杠杆率在该日期之前超过 9%(并符合所有其他合格标准)。

第二节　日本中小银行应对外部冲击：
以新冠肺炎疫情为例

一、新冠肺炎疫情对日本中小银行的影响

新冠肺炎疫情的暴发,对于日本中小银行的冲击较大,以下风险值得密切关注:(1)内外经济低迷带来的信贷成本上升风险;(2)金融市场大幅调整可能导致证券投资损益恶化;(3)外汇资金可能会因为主要针对美元的外汇资金市场紧缩而不稳定。以下详细分析了这些风险,并将它们与长期低利率环境下累积的现有漏洞联系起来。

（一）内外经济低迷带来的信贷成本上升风险

新冠肺炎疫情的暴发导致了资金状况的急剧收紧,特别是在现金有限的小型和微型非制造企业中,尤其是在食品服务、住宿和零售等行业。越来越多的大公司一直在采取行动筹集资金,建立和增加其承诺额度,其中有些是出于预防性动机,以满足未来的需要。

金融机构一直在积极向其客户公司提供财政援助,例如,实施紧急贷款方案,修订对现有客户的贷款条件,同时恭敬而迅速地处理急剧增加的咨询和贷款请求。中央政府、地方政府和日本银行支持企业融资的措施也鼓励了这些金融机构。展望未来,如果经济衰退持续下去,包括大型企业和制造业在内的更广泛的行业可能会面临资金紧张的情况,影响可能会扩大,这将导致对企业业绩和偿付能力的负面影响增加。除了金融机构对企业业务改善的支持外,信贷担保和利息补贴等公共支持的顺利实施也被认为至关重要。

在新冠肺炎疫情暴发之前,金融机构为了在长期的低利率环境下寻找收益率,积极承担贷款风险,国内信贷增长速度超过了经济增长速度。在信贷供

应方面积累脆弱性的领域包括:(1)向债务偿付能力相对较低的中等风险公司提供贷款;(2)向出租住房企业提供贷款,这些企业面临着人口下降和宏观经济增长预期的风险;(3)向大型并购等高杠杆项目提供贷款。此外,大型金融机构积极向海外贷款,并增加了对信誉度相对较低的企业的贷款,包括能源相关行业的企业。受新冠肺炎疫情暴发的影响,经济衰退变得更加持久和实质性,银行向脆弱部门提供信贷成本将扩大。

总体上,日本企业部门的财务状况有所改善,主要受益于此前长期的低利率和一定程度的经济增长。然而,各公司之间仍存在巨大差异,近年来低回报借款人的贷款持续增加,贷款利率不一定能够足以支付整个周期的信贷成本,特别是中等风险公司。如果经济衰退加剧,向中等风险公司提供贷款的脆弱性将超出贷款损失准备金的大量信贷损失。

区域金融机构对租赁住房业务的未偿贷款额虽然有所放缓,但仍以相对较高的速度增长。此外,各大银行对主要房地产开发商和房地产投资信托的贷款也继续保持高速增长。由于对租赁住房业务的贷款是基于中长期租金收入稳定的假设,因此存在着空置率上升与由于人口和家庭数量长期下降而造成贷款损失的风险,可能会推低金融机构的利润,尤其是从长期来看,应注意新冠肺炎疫情的暴发可能会带来这种风险的具体化,主要原因是房地产市场需求放缓和租金收入下降。主要银行的商业房地产贷款增长得到了对新办公楼特别是在大都市地区建造的办公楼以及物流设施、酒店、商店等的持续和真实需求的支持,并得到了分销网络和入境旅游需求发展的支持。然而,已经观察到一些市场饱和的迹象,例如办公楼交易价值的下降。因此,鉴于新冠肺炎疫情的暴发已经产生了影响,例如住房需求的急剧下降,有必要仔细监测最近的冲击是否会引发投资者对未来需求状况和日本房地产市场增长潜力的看法发生任何重大变化。

对大型并购交易等高杠杆项目的贷款也有所增长。在这种背景下,企业的"商誉"随着并购的增加而急剧增加,这种增加很可能集中在少数企业。这意味着,越来越多的公司的信用事件可能会对金融机构的利润和财务状况产生相对较大的影响。还应注意的是,如果企业通过银团贷款等方式从许多金融机构获得大量资金,或发行大量公司债券,信贷事件的影响可能会影响到金融体系的更广泛领域。鉴于当前脆弱的金融市场状况,这一点值得认真关注。

最后,转向海外信贷市场,近年来,投资基金等非银行机构快速增长,在长期的海外低利率环境下,全球企业债规模大幅增加、信贷纪律放松等脆弱性不断累积。受新冠肺炎疫情暴发的影响,信贷市场面临着重大调整,例如投资基金的资金流出。此外,预期违约频率(EDF)在海外公司之间的分散性有所增加,预期违约频率分布的上尾也有所扩大,特别是在美洲的公司。

根据这些机构2019年与金融服务署(FSA)联合开展的海外信贷投资和贷款调查,非金融类贷款约占海外贷款的80%。近年来,杠杆率相对较高的贷款(即杠杆率①超过4%的贷款)的未偿金额几乎保持不变。在这些高杠杆贷款中,非投资级"杠杆贷款"约占海外非金融贷款的10%。日本各大银行的杠杆贷款未偿金额增长率高于美国和欧洲同类金融机构,然而,未偿还金额仍然大大低于同业平均水平。

按产品划分的评级构成显示,多个细分市场的海外贷款总体信用评级较低,尽管份额很小。包括:(1)杠杆收购融资,从并购交易中收购的公司的未来现金流中偿还;(2)项目融资,为资源开发等相关项目提供资金;(3)目标融资,为特定目的提供资金,如购买船只和飞机。按信用评级划分的行业构成显示,各行业之间没有太大的偏差,但在信用评级相对较低的贷款中,电力、天然气和能源行业的贷款占了很大份额。

这表明,应注意与海外贷款相关的信贷成本上升风险日益增大,特别是受原油价格暴跌和新冠肺炎疫情暴发影响严重的行业。

---

① 杠杆率=利息、税项、折旧和摊销前的计息债务/收益。

(二) 金融市场大幅调整导致证券投资损益恶化的风险

如第二章所述,自 2020 年 2 月下旬以来,股票价格暴跌,海外信贷产品的市场价格也受到很大影响,根据全球金融市场的产品类型和信用评级,市场价格会有一些变化。在此背景下,在金融机构的证券投资中,包括战略投资、海外信贷资产、房地产投资信托等风险资产的未实现损益在不断恶化。尽管到目前为止,这些未实现的损失大部分被海外利率大幅下降导致的债券未实现收益增加所抵消,但未来的发展值得密切关注。此外,海外子公司"商誉"的减值损失也已实现。

近年来,在国内存贷款业务赢利能力下降的情况下,大型金融机构加大了海外信贷投放。具体而言,如前一章所述,它们在杠杆贷款支持的贷款抵押证券等证券化产品上的投资余额大于它们在 2008 年全球金融危机期间的持有量。他们也积极投资债券,包括评级为 BBB(最低投资级别)的债券和评级低于 BBB 的高收益债券,尽管他们过去对这些债券的投资很少。区域性金融机构增持了在国内外都存在各种风险的投资信托基金。因此,日本的金融体系增强了其全球联系。如果海外股票和信贷资产价格进一步调整,相关投资的销售损失和减值损失可能会变得很大。

就与海外投资相关的此类风险敞口而言,金融机构在风险状况和风险金额方面存在相当大的异质性。大型金融机构迄今已努力收紧投资标准,加强监管。它们需要加强努力,根据各自的投资组合构成和风险金额,全面实施风险管理,同时适当考虑目前市场结构与 2008 年全球金融危机时的不同。

(三) 融资市场环境趋紧导致外币资金不稳定的风险

鉴于日本各银行,特别是各大银行对外币资金的需求大幅增加,反映出其海外业务的扩张,此时确保外币流动性至关重要。虽然在日元融资结构中,通过金融市场融资在各大银行外币融资中所占比重较大,但近年来,通过客户相关存款和公司债券等稳定的外币融资所占比重稳步上升。它们还有足够的流动性缓冲,以弥补在一定时期内市场压力下可能出现的资金短缺。

2020 年 2 月下旬至 3 月中旬,全球美元融资市场供求状况明显收紧。紧缩政策的一些主要推动因素包括投资者对安全资产的偏好增加、股票价格暴跌引发的追加保证金、投资基金资金流出,航空运输、住宿、汽车等行业及相关零售企业使用承诺额度的大幅增加。与此同时,新兴市场也经历了大幅调整,这加速了对美元现金需求的增长,因为近年来大量资本流入和美元计价债务的历史高位累积已经解除。直到主要经济体央行增加美元互换额度安排的频率以及美联储购买商业票据和公司债券等大规模流动性供应措施的实施,美元融资市场才恢复稳定。同时,也没有任何干扰日本银行的外币资金。

尽管如此,现在下结论说市场功能已经完全恢复还为时过早,尽管在各国央行美元互换额度安排的大力支持下,复苏仍将继续。也就是说,日本银行外汇融资状况的发展值得警惕,因为日本银行外汇融资可能因海外金融机构收紧美元供应而受到限制的风险尚未消除。如果这些外币资金变得不稳定,海外风险敞口的收益/损失可能会恶化,例如,海外信贷投资和贷款头寸的平仓。确保对市场资金高度依赖的本币流动性也至关重要,因为日本银行持有的亚洲货币等本币资产一直在增加。操作风险也应引起注意,因为对金融机构业务连续性安排的限制可能导致市场流动性下降。

对主要银行而言,"稳定缺口"是指非流动资产(狭义上定义为贷款,或者更广泛地说也包括海外信贷投资)与稳定融资(包括客户相关存款、中长期外汇和货币互换)之间的差额,而包括总损失吸收能力债券在内的公司债券,则显示出稳步改善。但应注意的是,有些与客户有关的存款黏性相对较低,例如金融机构的存款,在遇到压力时可能会有些波动。

就短期流动性压力的抵御能力而言,各大银行通常持有足够的流动资产,以在出现压力时弥补预期的资金流出。由于新冠肺炎疫情暴发的影响,融资条件愈发严峻,再加上一些客户已使用部分承诺额度,未来日本银行体系的存款流出和未使用承诺额度的提取,将面临较大不确定性。

二、"微观—中观—宏观"视角下日本的应对之策

与美国做法不同,日本应对之策的特点在于更注重发挥微观主体的能动性,监管当局更多起到的是监督和引导作用。

(一) 保持业务的连续性

针对新冠肺炎疫情的冲击,日本金融服务署接连于 4 月 7 日、4 月 16 日、5 月 4 日向采取紧急措施地区中的金融机构和公众发布了紧急声明,并制定了金融机构业务连续性的基本方法。

一是要求金融机构根据政府和县的政策与要求,努力防止感染的蔓延,并从维护人民经济活动的财务职能和保护客户的角度出发,维持必要的业务运营,为客户提供财务支持。此外,从保持市场功能的观点出发,要求交易所等也维持业务的连续性。

二是要求公众保持冷静。日本金融服务署声明表示,目前日本金融体系稳定,日本金融服务署将与日本银行、相关部委、县等合作,将确保未来的金融机构和交易所在任何情况下都不会出现严重问题。疫情之下,金融机构会为企业提供融资支持,包括存款、储蓄、票据、汇款、贷款和 ATM 等服务。出于防止疫情扩散的目的,希望所有公民尽可能使用非面对面的金融服务,例如互联网、呼叫中心和 ATM 等。针对可能出现的利用疫情进行欺诈和非法贷款,日本金融服务署将与相关组织合作,予以打击。

三是针对采取紧急措施地区的金融机构,制定业务连续性的基本思想和方法。

其一,确定基本思想。要求金融机构根据中央和地方政府要求,为企业提供财务支持,为民众提供经济活动和财务功能所必需的金融服务。银行类机构继续提供客户服务,包括存款、兑换、汇票、汇款、贷款、咨询、ATM 等服务。对不

需要客户联系即可继续经营的业务,避免使用面对面金融服务,使用远程功能,如互联网、呼叫中心、ATM等手段。尽量减少银行员工的出勤,采取措施防止疫情扩散,如在每个金融机构的总部/柜台确保客户与员工之间保持安全距离。

其二,明确具体方式。银行为各种业务提供支持,必要时应与地方政府和日本金融公司进行合作。在处理方面,基本上将分配必要的人员来处理现有合同的取消和现金转换,对于新合同,最好基于远程功能的使用。与重要系统的功能维护有关的外包业务,应与维护承包商进行协调,如将系统供应商外包给进行现金运输的维护和安全公司等。

(二) 积极引导和监督

鉴于防止疫情的扩散,日本金融服务署始终通过特别听证会,来监督和引导金融机构支持实体经济。作为监督的重要事项,日本金融服务署将汇总相关参考案例并进行公告。2020年5月22日,日本金融服务署发布致金融机构的案例函。

一是修改贷款条件和新贷款,进行即时检查以促进对经营者的财务支持。如果经协商,先推迟3个月,或者将期限延长而不进行检查;根据业务运营商的咨询意见,根据其业务绩效的评估,将本金推迟一年并延长截止日期;对于一些因疫情影响而订单量大幅减少的公司,将本金递延了一年,并计划在未来财务前景可用时灵活地延长还款期限;如果还款来源不清楚,将暂时提供约6个月的短期贷款,并与运营商一起考虑在此期间可以考虑采取何种财务和业务措施;作为向中小企业等提供资金的一种新方式,建立一个应急基金,该基金将在最短的一天内(最多3个工作日内)作出贷款决定;等等。

二是省略和简化书面程序。原则上,可以根据过去提交的数据来决定是否可以借贷或修改条件,从而无须确认新材料和数据就可以立即提交需要确认信息的最新数据;在业务条件确定后,对条件的变化作出灵活的反应,处理必要的文件,例如业务计划;等等。

三是提供业务支持。对于销售下降的企业,通过与其他企业匹配,来扩展销售渠道来支持其业务合作伙伴;对于因原材料的进口延迟影响的企业,引入可提供替代产品的公司进行合作;将社会保险劳工顾问分配给分支机构,以支持企业使用就业调整补贴;针对因医疗服务和呼叫中心等需求增长而缺乏劳动力的企业,引入临时人员安置机构;等等。

第三节　中国中小银行应对外部冲击:
以新冠肺炎疫情为例

一、新冠肺炎疫情对中国中小银行的影响

新冠肺炎疫情对中国中小银行的资产负债表形成直接冲击,主要表现在资产端、负债端以及权益端。

(一) 资产端:中小银行信用风险上升

此次疫情对中小企业的影响极大,进而波及以中小企业为主要服务对象的中小银行。很多中小企业原本就处于困难时期,叠加疫情的冲击,可谓是"雪上加霜",资金链随时可能断裂。

从风险传导链条来看,主要有两个:一是存量信贷资产质量下行带来的信用风险。二是增量信贷资产的风险防控。

1.存量信贷资产质量下行带来的信用风险

从地区来看,虽然湖北省存款和贷款的风险敞口不大,但前十大疫情重灾省(截至 2020 年 2 月 24 日)的存款和贷款的风险敞口占比均分别已超过一半(见表5-2)。截至 2019 年 11 月,湖北省占全国①本外币各项存款余额的

---

① 31 个省(自治区、直辖市)和新疆生产建设兵团。

3.2%,比 2018 年年末略低 0.1%;同期贷款占比为 3.5%,与 2018 年年末持平。结合国家卫建委公布的统计结果(见表 5-2),前十大疫情重灾区(湖北省、广东省、河南省、浙江省、湖南省、安徽省、江西省、山东省、江苏省、重庆市)存款占比为 50.2%,比 2018 年年末略高 0.2%;同期贷款占比为 52.7%,比 2018 年年末略高 1.0%。

表 5-2 前十大疫情重灾区存贷款占比情况(截至 2020 年 2 月 24 日)

地区	确诊(人)	死亡(人)	存款占比(%)		贷款占比(%)	
			2018 年 12 月	2019 年 11 月	2018 年 12 月	2019 年 11 月
湖北省	64786	2563	3.3	3.2	3.5	3.5
广东省	1347	7	12.1	12.2	11.0	11.3
河南省	1271	19	3.8	3.8	3.7	3.8
浙江省	1205	1	6.8	7.0	8.0	8.2
湖南省	1016	4	2.9	2.8	2.8	2.9
安徽省	989	6	3.0	2.9	3.0	3.1
江西省	934	1	2.1	2.1	2.3	2.4
山东省	755	6	5.6	5.6	5.9	5.9
江苏省	631	0	8.4	8.4	9.0	9.1
重庆市	576	6	2.1	2.2	2.5	2.5
总计	73510	2613	50.0	50.2	51.7	52.7

从行业来看,大型企业和中小企业各行业贷款占比相对比较稳定,考虑数据的可约性,以 2009—2016 年的平均值来进行估算。从排序看(见表 5-3),中小企业前十大银行业多为劳动密集型行业。

由于新冠肺炎具有强传染性,对于劳动密集型行业影响最大。首先是劳动密集型的消费类行业①,其次是劳动密集型的生产类行业②。从影响程度

---

① 即批发和零售业,租赁和商务服务业,交通运输、仓储和邮政业,住宿和餐饮业,居民服务和其他服务业,文化、体育和娱乐业,教育。

② 即制造业、房地产业、建筑业、采矿业。

来看,中小企业受新冠肺炎疫情影响的行业累计高达79.2%,高于大型企业的75.5%。其中,前五大银行业中,中小企业受新冠肺炎疫情影响的行业累计达50.9%,高于大型企业的61.8%;在前十大银行业中,中小企业受新冠肺炎疫情影响的行业累计达74.1%,高于大型企业的76.4%。因此,中小企业受新冠肺炎疫情影响的面更广,未来将面临更多更大贷款偿还压力。

表5-3 各行业各类企业人民币贷款余额平均占比排序情况 （单位:%）

序号	大型企业		中小型企业	
	行业	占比	行业	占比
1	制造业	24.4	制造业	25.4
2	交通运输、仓储和邮政业	19.7	批发和零售业	15.9
3	电力、燃气及水的生产和供应业	12.4	房地产业	11.3
4	水利、环境和公共设施管理业	9.1	水利、环境和公共设施管理业	10.3
5	租赁和商务服务业	6.7	租赁和商务服务业	9.2
6	采矿业	6.4	交通运输、仓储和邮政业	7.9
7	批发和零售业	6.2	电力、燃气及水的生产和供应业	6.3
8	房地产业	5.6	建筑业	4.8
9	建筑业	5.0	农、林、牧、渔业	2.5
10	农、林、牧、渔业	1.0	采矿业	1.9
11	信息传输、计算机服务和软件业	0.8	住宿和餐饮业	1.4
12	住宿和餐饮业	0.7	居民服务和其他服务业	0.7
13	金融业	0.6	金融业	0.6
14	文化、体育和娱乐业	0.3	信息传输、计算机服务和软件业	0.5
15	科学研究、技术服务和地质勘查业	0.2	文化、体育和娱乐业	0.4
16	居民服务和其他服务业	0.2	科学研究、技术服务和地质勘查业	0.3
17	教育	0.1	公共管理和社会组织	0.2
18	公共管理和社会组织	0.1	教育	0.2
19	卫生、社会保障和社会福利业	0.1	卫生、社会保障和社会福利业	0.1

结合上文,以 2019 年年末中资全国性中小银行和中资全国性大银行贷款余额为基础,假设中小企业与大企业的占比分别为 6∶4 和 1∶3。据初步估算(见表 5-4),在此次疫情冲击下,中资全国性中小银行贷款累计达 194106 亿元,远高于中资全国性大银行的 160778 亿元;中资全国性中小银行占全部贷款余额的比例高达 26.6%,远高于中资全国性大银行的 22.1%。受中小企业的影响,中资全国性中小银行贷款累计达 118681 亿元,远高于中资全国性大银行的 41654 亿元;中资全国性中小银行占全部贷款余额的比例高达 16.3%,远高于中资全国性大银行的 5.7%。

表 5-4　各类银行贷款受疫情影响情况测算表　　　（单位:亿元）

项目 ＼ 类别	中资全国性中小银行		中资全国性大银行	
2019 年余额	729091.1		725801.5	
企业贷款占比	65%①		55%②	
企业贷款	473909.2		399190.8	
类型	中小企业	大型企业	中小企业	大型企业
占比	60.0%	40.0%	25.0%	75.0%
余额	284345.5	189563.7	99797.7	299393.1
疫区	149850.1	99900.1	52593.4	157780.2
前五大银行业	144731.9	117150.4	50797.0	185024.9
前十大银行业	210700.0	144826.7	73950.1	228736.3
全部行业	225201.7	143120.6	79039.8	226041.8
前五大行业 & 疫区	76273.7	61738.2	26770.0	97508.1
前十大行业 & 疫区	111038.9	76323.6	38971.7	120544.1
全部行业 & 疫区	194106		160778	
受疫情影响贷款占比	16.3%	10.3%	5.7%	16.4%

---

①　据 2018 年年末上市中资全国性中小银行贷款结构初步估算。

②　据 2018 年年末上市中资全国性大银行贷款结构初步估算。

2.增量信贷资产的风险防控

对于部分中小企业来说,疫情反而是进一步拓展线上业务及加速自身信息化转型升级的绝佳契机,如在线教育、远程医疗、动漫、电商、医药等行业"异军突起"。还有些中小企业承担着疫情防控的重任,为抗击疫情生产必需用品,如口罩、防护服等。这些都需要大量的资金支持,无疑增加了新的信贷需求,中小银行可抓住时机,利用金融科技,发展新的信贷业务。但与此同时,新的风险也随之产生。长期以来,中小银行科技力量薄弱,虽然始终在强调数字化转型,但在实践中运用较少,仍以线下现场尽责调查为主。再加上中小银行风险管理和内部控制相对较弱,产品开发创新力度不足,这些短板都有可能导致新的信用风险。因此,如何能够在没有现场尽责调查情况下,挖掘新的增量信贷,通过大数据、区块链等技术评估和防控好相关风险,是一个颇具挑战性的任务。

(二) 负债端:中小银行流动性风险加剧

此次疫情冲击下,来自大银行和金融科技公司的同业竞争愈发激烈,中小银行核心存款流失风险增加,对同业负债的依赖度加大,负债端稳健性面临考验,流动性风险随之上升。

1.核心存款流失将进一步加速

新冠肺炎疫情催生了各行业"非接触式服务"的需求,更多银行客户选择通过互联网、手机客户端等线上方式办理金融业务。从某种程度上讲,此次疫情是一场对中小银行在内的整个银行业数字化经营能力的"压力测试"。相比之下,凭借此前建立的金融科技和智能风控先发优势,大型银行和金融科技公司把握时机,推出了一些新的产品和服务,产生客户"虹吸效应",大大压缩了中小银行市场份额。

2.加大对同业负债的依赖度

新冠肺炎疫情加大了中小银行对同业负债的依赖度。以 2020 年 2 月 20

日 26 家银行发行的防疫专项同业存单为例,大型银行期限均为 3 个月,这与其对同业负债依赖度不高有关,更多属于响应政策号召;而中小银行期限一般都在 6 个月以上,像富滇银行、泉州银行、长沙银行等为 1 年期。

3.期限错配不断累积,形成流动性风险

新冠肺炎疫情冲击下,中小银行负债端结构失衡问题不但没有得到缓解,反而还有可能进一步恶化。长期以来,同业业务在支撑中小银行规模扩张的同时,也累积了大量期限错配风险。

(三) 权益端:中小银行资本不足风险增加

与大型银行相比,中小银行资本充足率水平较低,资本补充渠道较为匮乏,难以支撑其规模扩张的速度。2014—2019 年,大型商业银行资本充足率平均为 14.46%,高于股份制银行的 11.97%、城市商业银行的 12.37%和农村商业银行的 13.22%。截至 2019 年年末,大型商业银行资本充足率为 16.31%,远高于股份制银行的 13.42%、城市商业银行的 12.70%和农村商业银行的 13.13%。这些与中小银行资产规模快速扩张和不良率高企形成鲜明对比。长期以来,为突破资本约束,中小银行利用同业资产,节约资本占用,实现政策套利。

疫情冲击下,经济下行压力凸显,中小银行资本状况面临严峻挑战。因此次疫情的负面影响,目前大多数国际机构预测我国 2020 年 GDP 增速将会从 2019 年年底的 6%降至 4%—5.6%不等。从各国监管部门看,GDP 增速突降往往是每年对银行压力检测时常用的情景设计。根据中国人民银行此前对外公布的压力检测方案,大体分为轻度冲击(即 GDP 增速降至 5.3%)和重度冲击(即 GDP 增速降至 4.2%)两种情景。据该检测结果,可大体估算出此次疫情冲击下中小银行的资本状况。轻度冲击下,中小银行资本充足率下降速度较快。股份制银行、城市商业银行、农村商业银行的资本充足率分别从 13.42%、12.70%、13.13%降至 12.46%、11.74%、12.17%。重度冲击下,股份制银行的资本充足率将降至 10.77%,逼近 10.5%的监管红线;城市商业银行和农村商业银行的资本充足率分别降至 10.05%和 10.48%,已突破监管红线。此外,与大型商业银行相比,中小银行资本补充渠道较为匮乏,再叠加此次疫情下资产端不良资产侵蚀和负债端核心存款流失的双重冲击,故中小银行实际资本状况更为堪忧。

二、"微观—中观—宏观"视角下中国的应对之策

新冠肺炎疫情间接影响下,外部政策环境转向宽松。在"宽信用""宽监管""宽货币"的政策导向下,整个金融宏观调控政策偏向宽松。这种政策环境并不利于中小银行的发展转型,反而使其难以断绝以往粗放式路径依赖,加大风险暴露。

(一)"宽信用"政策

为落实国家要求,包括中小银行在内的银行业金融机构实施"宽信用"政策(见表5-5)。包括下调相关企业贷款利率甚至免除部分利息;不盲目抽贷、断贷、压贷,并积极通过展期、无还本续贷、信贷重组、减免逾期利息等方式予以支持;利用再贷款政策,为重点中小企业提供优惠贷款利率;等等。这些"宽信用"政策有利于缓解疫情给实体企业和消费者带来的负面影响,但也会使中小银行净息差减少,压缩未来利润空间,从而引发经营风险。

表 5-5 银行业金融机构对疫情提供金融支持的情况 (单位:亿元)

银行业金融机构	信贷支持	捐赠款项及物资
国家开发银行	327.56①	0.20
中国农业发展银行和中国进出口银行	167.12②	0.13

---

① 截至 2020 年 2 月 9 日 12 点。
② 截至 2020 年 2 月 9 日 12 点。

银行业金融机构	信贷支持	捐赠款项及物资
大型商业银行	566.01①	1.58
股份制商业银行	674.19②	7.07③
城市商业银行和民营银行	1154.30④	4.16
全国农信机构(农商银行、农合行、农村信用社)	907.27⑤	4.38
在华外资银行、大陆台资银行	60.00⑥	0.40
总计	3856.45	17.92

(二)"宽监管"政策

为缓解疫情冲击,监管部门也对资管新规执行和不良贷款容忍度给予一定的宽限。这无形间加大了监管博弈的想象空间,不但严重损害了监管权威性和公信力,而且会滋生严重的道德风险,造成中小银行在内的金融机构不思转型和积极进取,反而助长其一遇困难便与监管的博弈心态,最终不利于整个行业的长期健康发展。

1. 因资管新规政策放松引发的道德风险

2015年"股灾"爆发以来,作为幕后推手的资管业务成为监管重点。几经周折后,资管新规出台⑦并以"新老划断"原则设置过渡期,即发布之日起至2020年年底。相比于2017年11月的征求意见稿,过渡期已然延长了半年。然而,政策内容是双方监管博弈的焦点,甚至再次出台补充方案。但事与愿违

---

① 截至2020年2月9日12点。

② 截至2020年2月9日12点。

③ 根据新闻报道整理,招商银行向武汉市捐款2亿元,在已公布捐款金额的31家大银行和上市银行中排名居首。除暂未披露捐款事项的恒丰银行外,11家股份制银行合计捐款5.07亿元。

④ 截至2020年2月12日17时。

⑤ 截至2020年2月12日12:30。

⑥ 截至2020年2月15日。

⑦ "一行两会一局"于2018年4月27日发布《关于规范金融机构资产管理业务的指导意见》(银发〔2018〕106号,简称"资管新规")。

的是,自资管新规补充①出台后,有关监管政策放松的预期由此产生。一些机构出于路径依赖、缺乏内在创新动力、担心市场份额下降等种种考虑,不仅没有按照新规要求进行整改,反而借诱发各种风险和加剧实体经济的困境为由,反复博弈监管底线(见表5-6)。

表5-6 围绕资管新规的监管博弈回顾

博弈	时间	出处	过渡期	整改进度
初始	2017年11月	《关于规范金融机构资产管理业务的指导意见(征求意见稿)》	2019年6月末	—
第一轮	2018年4月27日	《关于规范金融机构资产管理业务的指导意见》	2020年年底	一年三分之一、三年整改完毕
第二轮	2018年7月20日	《关于进一步明确规范金融机构资产管理业务指导意见有关事项的通知》	—	各行自行安排,且放松现金管理类产品和部分定期开放式产品等的规定②
第三轮	2019年8月17日	中国证监会前主席肖钢	建议取消	建议"一行一策"
第四轮	2019年12月20日	中国银保监会重点工作通报会	—	正在根据实际情况,研究是否对相关政策进行小幅、适度调整

---

① 尤其是2018年7月20日,中国人民银行发布《关于进一步明确规范金融机构资产管理业务指导意见有关事项的通知》(简称"资管新规补充"),对原有规定打了"补丁",规定对于在过渡期结束后因特殊原因而难以回表的存量非标债权,以及未到期的存量股权,经监管部门同意后可采取适当安排妥善处理。

② 如现金类产品、部分定期开放式产品可以用摊余成本法估值,可以投非标资产(非标准化债权资产);定期开放式产品持有资产组合的久期,可以长于封闭期1.5倍以内;老产品可投新资产,新资产可对接老产品。

博弈	时间	出处	过渡期	整改进度
第五轮	2020 年 1 月 13 日	中国银保监会首席风险官、办公厅主任肖远企	—	对个别机构给予适当的灵活安排
第六轮	2020 年 2 月 1 日	中国银保监会副主席曹宇	允许适当延长过渡期	—
第七轮	2020 年 2 月 7 日	中国人民银行副行长潘功胜	中国人民银行和中国银保监会在做技术上评估	—

以资管新规重点整改的非保本理财产品余额为例,2018 年 4—6 月持续下降,直至 21 万亿元。但 2018 年 7 月止跌回升,8 月达到 22.32 万亿元,与资管新规补充发布不无关系。此后该余额始终有小幅走升的态势,充分反映出在监管放松预期下,银行业观望情绪上升,理财整改节奏明显放缓,甚至还有些"死灰复燃"。2019 年 11 月末达 24.3 万亿元,较 2019 年 6 月末的 22.18 万亿元,继续上升了 2.12 万亿元。

此次疫情再次将这个问题推向了高潮,短短几天内,中国人民银行[①]和中国银保监会领导[②]相继表态,再次印证了这一监管博弈的过程。实际上,这种监管放松预期的背后,不但严重损害了监管的权威性和公信力,而且会滋生严重的道德风险,造成金融机构不思转型,反而遇到困难便寻机与监管博弈心态,不利于资管行业的长远健康发展。

对于正处于转型期的中小银行而言,这种政策放松反而弊大于利。一方

---

① 2020 年 2 月 7 日,国务院举行应对新型冠状病毒感染的肺炎疫情联防联控机制新闻发布会。在回复资管新规过渡期会否延期的问题时,中国人民银行副行长、国家外汇管理局局长潘功胜表示,中国人民银行和中国银保监会在做技术上评估。

② 2020 年 2 月 1 日,中国银保监会副主席曹宇在有关金融支持疫情防控的答记者问中提到,按照资管新规要求,有序完成存量资管业务规范整改工作,对到 2020 年年末确实难以完成处置的,允许适当延长过渡期。

面,关于过渡期不断延迟的预期,加上新产品发行较难,投资者教育尚未健全等原因,中小银行不得不跟随大银行的策略,反而不会率先牺牲市场份额来完成转型。据近期中国资产管理市场综合服务提供商普益标准对 50 余家有代表性的中小银行的调研结果显示,能在 2020 年前三季度完成存量资产规范整改并实现净值化转型的中小银行机构,其比例不足 5%,能赶在第四季度前完成整改的比例为 23%。当前还有超 40% 以上的机构,其不能按期完成改造的存量资产占理财总资产比例依然达 20% 以上。21% 的机构需要延长过渡期半年至一年,41% 的机构需要延长过渡期一年至两年,11% 的机构需要延长过渡期两年以上。另一方面,关于因特殊原因而难以处置的存量资产做适当安排,即"一行一策"的预期,因与大银行的谈判地位相差悬殊,中小银行可能会面临不同的整改进度要求、不公平的竞争待遇以及更高成本的监管套利。与此同时,这种"一行一策"也有可能带来更多的监管俘获和利益输送,既增加监管成本,也不利于市场公平竞争。

2. 因不良贷款容忍度放松引发的道德风险

作为 2020 年监管重点任务之一[①],中国银保监会提出要以中小银行和农村信用社改革为重点,全面深化各类银行保险机构改革。全面加强资产和负债质量监管,在现有五级分类基础上,细化分类规则,提高资产分类准确性。尽快制定负债质量监管办法,提高银行保险机构,特别是中小机构负债的稳定性和匹配性。

---

① 做实贷款分类、加大不良贷款处置,是近几年中国银保监会防范化解金融风险攻坚战的主要工作之一。中国银保监会对 2007 年中国银监会发布的《贷款风险分类指引》进行修订,并于 2019 年 4 月就《商业银行金融资产风险分类暂行办法(征求意见稿)》(以下简称《暂行办法》)向社会公开征求意见。《暂行办法》提出风险分类的范围从贷款拓展到非信贷类金融资产,还明确要求逾期 90 天以上的金融资产要全部纳入不良资产。2020 年 1 月 11 日,中国银保监会召开 2020 年工作会议,提出 2019 年全年共处置不良贷款近 2 万亿元,商业银行逾期 90 天以上的贷款已经全部纳入不良资产管理。事实上,大部分地区银行已经将逾期 60 天以上的贷款纳入不良贷款统计,不良认定标准趋严。

然而,突如其来的疫情使得这项政策出现了松动空间。为应对疫情,黑龙江省①、上海市②、江苏省③、浙江省④等多地监管在要求给予企业信贷支持之外,还提高不良贷款容忍度。2020 年 2 月 15 日,中国银保监会表示⑤,将充分考虑疫情的客观影响,适度提高不良贷款容忍度。

鉴于中小银行的实际情况,不良贷款容忍度直接影响到其经营水平,如不强制要求逾期 90 天或 60 天以上的贷款归为不良贷款、相关逾期贷款不作为逾期记录报送且已报送的予以调整、降低银行相关分支机构不良贷款考核要求等。此前,一些中小银行特别是农村信用社不良认定水分较大,这也是中国银保监会提出要提高资产分类准确性的原因所在。与资管新规政策放松相类似,不良认定标准作为审慎监管规则,应当具有较强的稳定性,不因外界的变化而随意变化。

(三)"宽货币"政策

当前,关于进一步放松货币政策的呼声再起。仅 2020 年 2 月 3 日和 4

---

① 黑龙江银保监局在落实省政府《黑龙江省人民政府办公厅关于应对新型冠状病毒感染的肺炎疫情支持中小企业健康发展的政策意见》中提到,实施差异化监管政策,提高不良贷款监管容忍度。

② 2020 年 2 月 10 日,上海银保监局发布《上海银保监局关于进一步做好疫情防控支持企业发展保障民生服务的通知》,鼓励在沪银行业机构在自身能力可承受的范围内为受疫情影响较大的企业贷款减免一定期限的利息,可制定一定期间的政策宽限期(可视疫情变化情况适时调整),在政策宽限期期间,受疫情影响相关行业的企业暂时无法正常归还到期贷款而发生逾期的,不计罚息及复利,不影响客户征信记录。对受疫情影响暂时失去收入来源的企业,可依调整后的还款安排报送信用记录,不强制要求此类逾期 90 天或 60 天以上的贷款归为不良。

③ 江苏银保监局通知要求,对于疫情防控期间符合条件实行延期还款的各类贷款,不纳入逾期统计,不加收罚息。监管部门将酌情进一步放宽疫情影响期间小微企业不良贷款容忍度,并对 2020 年核销的小微企业不良贷款进行还原统计考核。

④ 2020 年 2 月 7 日,中国人民银行杭州中心支行、浙江银保监局联合出台《关于防控新型冠状病毒感染肺炎疫情 加强小微企业金融支持的意见》,全省一级响应期间,对受疫情影响较大、暂时出现还款困难的企业,采取延期还款、分期还款、展期、无还本续贷等措施,确保不转逾期、不计罚息、不下调贷款分类、不影响征信。

⑤ 详见国务院举行应对新型冠状病毒感染的肺炎疫情联防联控机制新闻发布会,中国银保监会副主席梁涛发言。

日,中国人民银行两日内投放流动性累计 1.7 万亿元①。即便是疫情结束后,社会各界都会以就业、经济复苏、社会稳定等理由,倒逼中国人民银行进一步放松货币政策,实则转嫁社会稳定成本。实际上,一味依靠宽松货币政策带来的危害性不言而喻。长期以来,我国利率水平偏低,中国人民银行政策利率调整滞后且与市场利率之间存在偏差,客观上造成包括中小银行在内的金融机构不断通过加杠杆方式进行套利,再加上分业金融监管体系造成的监管空白与监管不作为,使得一些本该投入实体经济的资金在金融体系内部自我循环"空转"。以前期爆发的杠杆收购、债市波动、票据风波等一系列金融风险事件为例,从分业角度来看杠杆率并不高,但因"击鼓传花"式加杠杆,造成了宏观杠杆率的抬升。金融风险不仅没有被分散,反而因资金流转链条的拉长,使得整个金融体系的系统性风险加大。

---

① 据《2019 年第四季度中国货币政策执行报告》披露,中国人民银行要将疫情防控作为当前最重要的工作来抓。

第六章 "微观—中观—宏观"视角下
我国中小银行的发展转型之路

第一节 我国中小银行发展转型的微观
基础再造：扎牢四条线

一、利用"软信息"优势，打造差异化竞争路线

美、日中小银行都充分利用"软信息"优势，专注于特定的本地需求，专耕于那些大银行服务"盲区"，坚持走差异化竞争路线，推出适合本地中小企业和居民的个性化定制产品和创新服务。对于我国而言，中小银行应充分利用自身优势，要转变发展理念，抑制盲目扩张的冲动，摒弃过去那种依赖短期同业负债、轻视核心存款的不正常发展模式，回到银行业最基本的经营模式上来，走资本节约型发展、内涵式发展和高质量发展道路。同时，无论从监管导向还是从中小银行自身特点来说，中小银行都应回归本源，"下沉"服务中心，立足本土，采取与大银行不同的差异化战略定位，关注本地中小企业和居民生命周期的特征，加快创新力度，不断挖掘内在需求。同时，积极推动自身从简单经济借贷主体向当地社会主体转型，深化地缘优势，紧密契合当地经济社会发展方向，积极应对当前以及未来发展的困境和挑战，苦练内功，以产品和服

务夯实客户基础,不断提升自身竞争力。

二、疏通内外部渠道,建立资本"补血"管线

中小银行在宏观经济影响和自身发展诉求的双重驱动下,资本补充需要已迫在眉睫。从制度创新入手,为中小银行多渠道补充资本创造更加宽松的外部环境。进一步理顺体制机制,加快符合条件的中小银行上市进程。积极探索创新更多适合中小银行的资本补充工具,除了支持以二级资本债、优先股、可转债、永续债等多渠道补充资本金外,为中小银行推出个性化、符合实际的制度安排,加快构建资本补充长效机制。推动多元化投资主体参与,鼓励保险资金、社保资金、职业年金等长期资金投资中小银行。与此同时,中小银行自身要制订切实可行的资本补充计划,将本逐利,不宜过度追求规模而踩着资本底线运营。事实上,无论采用哪种资本补充方式,最终都是与银行自身经营水平相关联。

考虑到外部渠道补充审批程序较多且成本较高,当前一段时期内,可考虑政策优惠鼓励中小银行通过利润留存完成资本补给。或者利用特别国债或借鉴特别国债的发行方式发行特别地方政府债,相当于地方政府背书下专门用于中小银行资本补充的金融债,此举既能缓解地方政府资金紧张的局面,又能为中小银行募集资本金,减轻投资者对信用风险的担忧。

三、促进三大平衡,夯实公司治理底线

完善公司治理是化解中小银行风险的抓手。从促进组织结构、股权结构、信息结构三大平衡入手,夯实中小银行公司治理底线。一是健全中小银行公司治理组织架构,促进党的建设和公司治理的有机融合。明确"三会一层"职责分工,加强协作,相互配合,各负其责、各尽其职、不越位、不缺位,形成公司治理合力。健全管理机制,明确对董事会、监事会、高管层的履职要求与评价标准,加强对失职行为的责任追究。强化风险治理,完善内部控制。充分发挥

党组织在公司治理中的积极作用,畅通党组织与董事会、监事会、高管层的沟通协调机制,建立适应现代化企业的制度要求和市场竞争需要的选人用人机制。二是加强股东管理,进一步优化中小银行股权结构。加强股东管理,严格审核,严格要求并认真核实入股资金为自有资金,把好主要股东资质进入关,强化对股东和实际控制人的穿透管理。规范股东行为,厘清主体责任边界,防范"一股独大"和内部人控制,股东不得越过董事会、高管层干预机构日常经营。坚决清退问题股东,依法采取惩处措施。优化股权结构,可鼓励金融机构间的整合,丰富优质股东来源。在引入资金的同时,重点改善治理结构,提高治理能力。三是提高信息透明度,规范信息披露制度。鉴于多数中小银行属于非上市银行,可按《G20/OECD 公司治理原则》建议,要求中小银行除披露监管要求信息之外,更多披露关键性的非财务信息以及公司治理运作情况等。

四、破解"麦克米伦缺口",开发中小企业信贷的技术专线

中小企业贷款难问题,又被称为"麦克米伦缺口",是一个公认的世界性难题。对于我国而言,主要障碍在于信息不对称和信用环境不完善。对于中小银行而言,信用环境属于外部大环境,改变起来较难,还是应当从自身入手,开发适合中小企业信贷的技术专线,从而立于不败之地。

中小企业贷款难点在于企业不能够提供真实的财务报表,其信贷技术的核心是利用交叉验证技术,自制企业财务报表或还原企业财务报表(许学军,2013)。在实践中,中小企业贷款技术已有很多尝试,如动产质押、应收账款质押、知识产权抵押、供应链融资等。类似泰隆银行等中小银行,经过多年摸索,独创出看"三品"(即企业主的人品信不信得过、产品卖不卖得出、押品靠不靠得住)、读"三表"(即水表、电表、海关报表)工作法,这些都是有益的尝试。

以技术专线来形容中小银行开发中小企业贷款技术问题,是因为这已经超越了技术本身,不仅需要有风险控制、信用评级、贷款定价等一整套技术,还

需要与之相匹配的营销团队、客户经理团队、独立绩效考核机制,更需要从银行战略、公司治理等方面进行深层次的调整和改造。

第二节 我国中小银行发展转型的中观制度改革:做实三个机制

一、以银行分类动态调整为标准,实施"能上能下"的差别化监管机制

中小银行与大银行的关系背后,既关系到这两类银行的市场定位问题,也关系到整个金融体系的结构设计问题。这些问题都深刻影响着中小银行发展转型的方向。从理论看,与大银行相比,中小银行更容易通过银企双方长期的合作关系,来获得中小企业产生的"软信息",从而获得中小企业融资服务的信息优势。从国际实践看,市场定位上,中小银行和大银行之间应当互为补充、各取所长,而非此消彼长。一个较为成熟完善的金融体系应该是正金字塔结构,即在顶部是少数的大银行,而底部应该是具有一定数量的中小银行作为基石。以美国为例,其金融体系结构是在市场竞争下长期优胜劣汰的结果。以社区银行为代表的美国中小银行,数量众多,分布广泛,服务对象主要为中小企业和当地居民,业务经营也以传统信贷为主。

为促进市场竞争,激励银行持续提高经营管理水平,可效仿美国的做法,实行"能上能下"的动态监管机制。可根据银行的系统重要性、风险状况和管理水平等指标,积极深入研究银行分类动态调整机制,以定期评估银行分类标准,并根据商业银行发展情况实施动态的分类划型。从美国最新改革举措来看,基于系统重要性的概念,结合国内实际,综合考虑银行规模、业务复杂性等因素进行银行分类,实施差异性监管标准,是未来我国中小银行监管乃至整个银行分类监管的方向。美国就根据银行规模、业务复杂性等因素采用差异化

监管标准,对社区银行的监管要求相较大银行有所放松,现场检查程序也更为简化,以降低社区银行的财务成本和合规成本。2019年10月,美联储对商业银行压力检测、流动性指标、大额风险暴露、杠杆率、资本充足率及监管报告等进行修订,以落实适配性的监管原则。

二、以资本充足率为核心,健全"能奖能罚"的及时纠正机制

效仿美国联邦存款保险公司的做法,除了信息获取权和现场核查权以外,还应赋予存款保险公司直接处罚权,做实以资本充足率为核心的及时纠正措施,强化风险预警和早期纠正作用,引导中小银行不断提升公司治理和经营水平。应从发挥组织、股权、信息三大结构的有效制衡入手,增加存款保险公司调整管理层、停止分红、限制高薪、限制关联交易、强化信息披露、叫停高风险业务等强纠正手段,督促中小银行持续完善公司治理。如可参考美国联邦存款保险公司对于资本不足的银行可发布监管PCA指令,要求改善管理甚至可要求立即解雇在职超过180天的任何董事或高级执行官。加强监管协调和信息共享,必要时可由存款保险公司和监管部门共同采取监管措施。

三、以存款保险为平台,探索"能进能退"的市场准入与风险处置机制

从理论上看,银行化解风险的方式是多层次的:一是银行调整自己,自我消化,通过补充资本,提高自身抵御风险的能力;二是重组;三是收购兼并;四是借助外部力量接管;五是破产,但这种方式在国际上都较为少见,因为银行牌照还是有价值的,大部分都是通过收购兼并的方式。

成熟市场中,在激烈的市场竞争下,问题银行退出市场并非稀奇事。美国联邦存款保险公司研究表明,美国社区银行存活率只有三分之一,高效的退出机制是银行业平稳运行的保障。问题银行的处置方式主要包括承接收购、过桥银行以及破产清算等。下一步,以存款保险为平台,积极探索符合我国实际

的市场化、法治化的金融机构退出机制。

一是建立问题银行风险处置信息披露机制和舆情监测机制。建议由国务院金融稳定发展委员会(以下简称"金融委")办公室牵头,建立问题银行风险处置信息披露机制,相关部门确定方案后,选择恰当时机,对外公布信息。信息披露要做到"三个一致",即口径要一致,主体要一致,时间要一致。同时,建立全流程舆情监测体系,舆情监测要实时,舆情引导要及时。党媒党刊应同步发声,引导公众预期,切断对银行业信心不足的担忧,避免预期自我实现。对一些不实负面舆情要协调中宣部、网信办等,果断进行封堵,严厉打击造谣传谣行为。

二是依据风险程度和成因来对症下药,风险处置要做好权责划分,避免"一事一议"。按照风险程度从小到大,根据风险成因,依次采用分类风险处置方式。若仅是流动性存在问题的,可采用中国人民银行救助、资产变现和大股东支持等方式,监管机构负责后续监督纠偏工作,地方政府要积极协助,必要时要果断发声并采取行动。若还存在资本严重不足或不良包袱沉重或公司治理缺失的,可首先尝试利用市场化兼并收购方式,但要对收购方的资质严格把关;若无法采用市场化方式的,可采用"引战+注资+化解不良+公司治理重组"方式,地方政府应压实属地风险处置责任,中国人民银行和存保机构提供支持,若地方财政实力不足,可由中国人民银行提供再贷款,但地方财政应负责偿还,或者地方财政可向中央财政专项借款,中央财政再从转移支付中扣除;若上述所有手段均尝试无效的,少数实在无法挽救的"僵尸银行",可直接实施市场退出。

三是由金融委牵头,统筹建立"事前—事中—事后"全流程监管协调机制。构建"事前—事中—事后"全流程监管协调机制,加强事前的风险监测与预警评估,事中的非现场监管与现场检查及事后的风险化解与处置,统筹开展监管活动,提高监管针对性和有效性。

第三节 我国中小银行发展转型的宏观
顶层设计:培育四大环境

一、支持当地经济发展,培育区域金融的生态环境

无论是被称为"社区命脉"的美国社区银行,还是被誉为"故乡银行"的日本区域银行,均在长期的发展演变中,不断探索实践出与地方经济共生共荣的良性循环模式,不仅是为当地提供经济金融中介服务的"经济主体",更是维系当地社会发展稳定的"社会主体"。

在我国,培育区域金融生态环境的关键在于,中小银行与地方政府的关系如何理顺,这也是我国中小银行实践中的特色化问题。在实践中,双方存在互惠互利效应。这种来自地方政府的庇护,相当于为中小银行提供了显性或隐性的担保,有利于提升银行信誉、扩大资金来源、拓展客户渠道等。与此同时,地方政府也可享受到中小银行发展的红利,获得税收收入、解决当地就业,必要时还可以借助中小银行的资源,减轻历史包袱、化解地方金融风险等。但是,双方存在目标相冲突问题。具体反映在中小银行公司治理机制运行、人事任免、经营目标等方面的行政干预上。

二、理顺体制机制,共筑激励相容的政策环境

完善中小银行发展制度环境,从根源上解决发展转型的体制机制障碍。要理顺中央与地方、政府与市场的分工,支持中小银行走上优化负债结构、补充资本、稳健发展之路。压实金融管理部门监管责任、地方政府属地责任和金融机构主体责任,不断完善中小银行稳健发展的市场环境和配套政策。

结合此次新冠肺炎疫情的各国应对来看,要提高中小银行外部冲击的抗压能力,尤其是要用好激励约束机制这一"指挥棒"。考虑到中小银行与大银

行监管差异性,必要时应适时给予政策宽松,比如美国对社区银行杠杆率的临时调降等。与此同时,也需要防范政策宽松带来的风险,尤其是因"一刀切"政策宽松带来的道德风险以及其他风险。不得不考虑延期执行,应适时引入奖惩措施。即如期执行的银行,在业务准入、机构准入、机构考核、MPA 考核等方面予以奖励;对于整改不力的银行,可以考虑采取暂停一些业务准入、机构准入、调降评级等手段予以惩戒。又如,不良贷款容忍度,如若因特殊情况给予豁免或宽限,都应明确一定的时限,可先规定 3 个月宽限期,此后可视情况决定是否延长;应强制要求享受不良贷款容忍度的银行进行信息披露;对于在此期间达标的银行予以鼓励政策,避免道德风险。

三、借助数字化技术,营造激发创新活力的科技环境

从国际经验看,借助数字化技术,主要可以从以下三个方面激发创新活力。

一是开辟新的客户资源。可借助人工智能(AI)进行客户预筛选,根据存款或提款信息、贷款类型和时间以及信用风险属性等,向现有存款交易客户或潜在客户推送相关产品信息,提高申请率和便利性,满足现有客户或潜在客户的即时财务需求。还可以利用知识图谱、客户洞察和客户画像、客户价值挖掘等,获取客户间关联关系,挖掘高价值关联客户,如本行重点客户的子公司、关键上下游企业等,甚至可以针对不同客群,采用差异化策略,实现客户深耕。

二是提供高附加值服务。国际上很多银行正在加速与金融科技公司建立合作伙伴关系,其中目的存款就是一种服务,即针对各种目的存款,保存和管理存款,以准备根据生活阶段变化(例如结婚与购房和购车)而产生的费用。与保险公司不同,银行很难掌握诸如存款人生命周期之类的信息,但是通过提供这种目的的存款服务,可以快速掌握客户的潜在需求并及时提供适当的贷款信息。利用大数据来刺激客户需求,在适当的时间提供此类服务来刺激需求。基于机器学习,寻找可比较客户进行大数据分析,使用智能引擎推荐

产品。

三是降低管理成本。一种典型技术是机器人过程自动化(RPA),如单据处理等。采用交叉销售系统化管理,建立自动业绩计算和跨条线利益补偿机制。支持跨部门协作制定账户规划,对营销活动进行过程管理。数字化对公驾驶舱及销售管理平台,将商机推送和销售管道管理功能嵌入信用风险管理系统,满足精细化管理诉求。构建综合定价平台,支持实现单笔交易定价、集团综合定价及综合收益后评价的闭环管理。开发大数据风险预警引擎,通过分析行业周期性,把握行业景气变化趋势,进行主动风险监控,有效提早介入控制风险,降低运营风险。

数字时代下,面对大银行和金融科技公司的竞争,中小银行要立足本地和社区,加速数字化转型,充分利用上述三大优势,重塑中小银行营销体系、业务产品、服务流程、风险管控和考核激励,优化资产负债表结构。资产端,加快消费信贷加强场景建设,依靠"区块链+供应链金融"服务中小企业,运用大数据优化信贷业务流程,构建全面风险管理体系。负债端,搭建线上平台拓展低成本资金的获取渠道,借助智能投顾,打造"千人千面"的财富管理方案,满足投资者的个性化需求。此外,由于自主开展技术创新的难度大,中小银行可寻找优质的科创公司及同业合作伙伴,共同打造开放平台,最大化挖掘合作价值。除了对资产负债表结构的影响外,数字化转型还有助于进一步履行中小银行履行区域金融中介职能,从而更好地支持地方经济发展。

四、推动中小银行转型,优化长期可持续发展的外部环境

中小银行生存和发展无法脱离外部环境。除前文所述的地方金融生态环境、制度环境、科技环境外,由经济、政治、文化、法律等环境共同构成的外部环境,成为影响我国中小银行长期发展的关键因素。

第一,健全金融监管法律体系。相比于发达经济体,我国金融监管法律体系不够健全是制约包括中小银行在内所有银行体系的短板所在。贯彻落

实习近平总书记在中央财经领导小组第十五次会议上关于"要及时弥补监管短板,做好制度监管漏洞排查工作,参照国际标准,提出明确要求。要坚决治理市场乱象,坚决打击违法行为"①的要求,继续大力推动法律制度建设,构建防范风险的长效机制,为进一步深化金融改革提供法治保障。一是及时修订相关法律法规。继续推动《中国人民银行法》《商业银行法》《保险法》《信托法》等修订工作。从现实紧迫性和方案成熟度来看,建议《中国人民银行法》和《商业银行法》尽快推出。二是制定相关领域上位法。建议积极推动非存款类放贷组织条例、处置非法集资条例、外资银行管理条例、外资保险公司管理条例的制定和修订。从现实紧迫性和方案成熟度来看,抓紧推动《非存款类放贷组织条例》出台,提请国务院对地方资产管理公司、融资租赁公司、商业保理公司设定行政许可,加强准入管理;推动《处置非法集资条例》与《非法金融机构和非法金融业务活动取缔办法》合并出台;根据党中央、国务院决策部署,尽快将金融控股公司纳入监管,补齐监管短板,目前相关办法正在向社会公开征求意见;按照国务院要求,加快推进《关于完善系统重要性金融机构监管的指导意见》实施细则制定工作。抓紧修订和完善商业银行资本管理、金融资产风险分类等办法。建议由金融委牵头,研究制定金融广告监管规则并建立审查机制。

第二,从维护市场公平性角度,加快补齐监管制度短板。弥补市场乱象治理和违法行为打击上的制度短板。借助相关法律修订契机,明确对金融机构违反审慎经营规则、市场公平竞争情形等处罚规定,加大对违法违规行为的处罚力度,以规范金融机构公司治理并监督其合规开展投融资业务;明确监管部门对金融机构股东延伸监管的手段和限制股东权力的监管措施,对严重违规投资人没收违法所得,并处以一定倍数的罚款,研究增加违规股权强制退出条款;加强同司法部门在股权代持、穿透监管等关键问题上的沟通协调,形成监

① 2017年2月28日,习近平主持召开中央财经领导小组第十五次会议,http://www.xin-huanet.com/politics/2017-02/28/c_1120545454.htm。

管合力。

第三,从立法层面强化统筹设计制度安排。建议出台统一的金融机构风险处置条例。统筹相关法律法规,建立金融机构市场化退出机制,强化信息披露,健全金融机构自我监管、监管部门监管、行业自律和市场约束的"四位一体"监管体系。建议对银、保、证金融消费者保护职责进行有效整合。设立全国统一的非诉第三方解决机构,统一受理、处理金融消费者投诉及纠纷调解等工作。因地制宜推进金融消费纠纷调解组织建设。

第四,推动行业自律工作,维护公平市场环境。在行业自律组织建设方面,我国银行业已初步建立了体系化的行业自律组织。从美、日等国经验来看,均成立了专门的中小银行行业自律组织体系,在维护公平竞争、规范市场行为等方面发挥了重要作用。我国也可以结合中小银行特点,尝试建立新的行业自律组织,积极推动地方中小银行自律、规范市场竞争。

参 考 文 献

[1]白炜:《日本地方银行:经营战略与发展趋势》,《广东金融学院学报》2009 年第 4 期。

[2]陈岱松:《回望中国资本市场的发展历程——纪念改革开放 30 年》,《科技与经济》2009 年第 1 期。

[3]陈洁:《中小商业银行预期信用损失模型构建及应用》,《金融纵横》2020 年第 1 期。

[4]陈雨露、马勇:《金融危机应对政策的有效性:基于 40 起事件的实证研究》,《财贸经济》2011 年第 1 期。

[5]邓超等:《基于关系型贷款的大银行对小企业的贷款定价研究》,《经济研究》2010 年第 2 期。

[6]邓大洪:《新冠肺炎疫情下小微企业如何自救与强身》,《中国商界》2020 年第 3 期。

[7]丁栋梁:《中小商业银行在利率市场化进程中的利率风险管理研究》,《全国流通经济》2020 年第 6 期。

[8]丁志杰:《欧美中小银行的发展经验及其借鉴意义》,《金融论坛》2002 年第 4 期。

[9]郭田勇:《金融业 60 年发展历程谈》,《中国中小企业》2009 年第 12 期。

[10]何婧:《中美中小银行比较研究》,中国金融出版社 2013 年版。

[11]何婧:《中小银行经营绩效影响因素的实证研究——基于中美数据的对比分析》,《财经理论与实践》2014 年第 1 期。

[12]胡天伊:《美国社区银行监管机制对促进我国中小银行发展的启示》,《时代

金融》2020 年第 3 期。

[13]纪焱、李宏瑾:《当前我国中小银行风险成因及政策建议》,《金融理论与实践》2019 年第 12 期。

[14]金安刚:《浅析商业银行中小企业信贷风险及防范对策》,《现代经济信息》2019 年第 23 期。

[15]李华民、吴非:《谁在为小微企业融资:一个经济解释》,《财贸经济》2015 年第5 期。

[16]李奇霖、蒋扬天:《同业监管、流动性分层与货币政策》,《宏观经济研究》2018 年第 11 期。

[17]李泉、陈欣妍:《中国保险业 70 年:发展历程与前景展望》,《中国保险》2019 年第 10 期。

[18]李献兵、邹晓勇:《中日两国银行集中度比较研究》,《生产力研究》2008 年第20 期。

[19]李献平:《中小商业银行三会一层风险控制研究》,中国金融出版社 2018 年版。

[20]李鑫:《美国两次银行业危机中 FDIC 处置中小银行风险实践及其启示》,《海南金融》2020 年第 2 期。

[21]李志赟:《银行结构与中小企业融资》,《经济研究》2002 年第 6 期。

[22]林毅夫、李永军:《中小金融机构发展与中小企业融资》,《经济研究》2001 年第 1 期。

[23]刘端:《利率市场化进程中中小商业银行利率风险控制探析》,《商讯》2020 年第 4 期。

[24]刘鸿儒:《中国资本市场的发展与展望》,《金融科学》1999 年第 2 期。

[25]刘玉操:《日本金融制度》,中国金融出版社 1992 年版。

[26]鲁篱、田野:《金融监管框架的国际范本与中国选择—— 一个解构主义分析》,《社会科学研究》2019 年第 1 期。

[27]陆岷峰、周军煜:《中国银行业七十年发展足迹回顾及未来趋势研判》,《济南大学学报(社会科学版)》2019 年第 4 期。

[28]陆岷峰、周军煜:《中小商业银行:风险事项与股权溯源及治理对策》,《华北金融》2020 年第 3 期。

[29]陆岷峰:《中小商业银行:风险事件与治理》,《金融市场研究》2020 年第 1 期。

[30]罗正英、周中胜、王志斌:《金融生态环境、银行结构与银企关系的贷款效

应——基于中小企业的实证研究》,《金融评论》2011年第2期。

[31]罗志恒:《新冠疫情对经济、资本市场和国家治理的影响及应对》,《金融经济》2020年第2期。

[32]宁宇婷:《中小商业银行管理会计应用的现实问题及政策建议》,《营销界》2019年第51期。

[33]欧明刚:《中小银行的资本补充》,《银行家》2019年第12期。

[34]强锴:《关于我国商业银行中小企业信贷风险管理探微》,《财经界(学术版)》2019年第24期。

[35]秦建文等:《经济转型与中小银行集团客户信贷风险管控——基于2008—2018年69家中小银行面板数据分析》,《广西大学学报(哲学社会科学版)》2020年第1期。

[36]丘斌:《中小银行流动性风险成因及对策》,《中国银行业》2019年第12期。

[37]沈国兵:《"新冠肺炎"疫情对我国外贸和就业的冲击及纾困举措》,《上海对外经贸大学学报》2020年第2期。

[38]沈坤荣、李莉:《银行监管:防范危机还是促进发展?——基于跨国数据的实证研究及其对中国的启示》,《管理世界》2005年第10期。

[39]史小坤、石乐陶、王文中:《商业银行操作风险的声誉风险效应及影响因素研究》,《金融监管研究》2020年第1期。

[40]孙宗宽:《中国中小商业银行发展战略研究》,中国金融出版社2015年版。

[41]田宏杰、郑志:《激励还是控权:中国金融监管现代化的机能定位》,《国家行政学院学报》2009年第3期。

[42]王刚、贾润崧:《中小银行面临的多重风险与对策建议》,《中国银行业》2020年第1期。

[43]王国刚:《中国银行业70年:简要历程、主要特点和历史经验》,《管理世界》2019年第7期。

[44]王健聪:《银行规模结构与中小企业融资影响研究》,《经济体制改革》2012年第3期。

[45]王鹏:《信用分层语境下的中小银行信用风险探析》,《北方经济》2020年第3期。

[46]王忠生:《中国金融监管制度变迁研究》,湖南大学出版社2012年版。

[47]位华、薛涵文:《中日两国中小银行体系的国际比较及借鉴》,《北方金融》2019年第2期。

[48]吴玓、刘静:《基于地方法人中小银行同业业务的流动性风险监管指标研究》,《西部金融》2019 年第 12 期。

[49]徐建平、金禹辰:《中小商业银行小微企业信贷风险控制措施研究》,《时代金融》2020 年第 6 期。

[50]薛宇择、张明源:《我国中小企业融资困境分析及其应对策略——效仿德国中小企业融资框架》,《西南金融》2020 年第 2 期。

[51]薛誉华、王巧:《我国中小型商业银行风险防范研究——基于对股份制银行和城市商业银行潜在损失水平的计量分析》,《价格理论与实践》2019 年第 12 期。

[52]姚耀军、董钢锋:《中小银行发展与中小企业融资约束——新结构经济学最优金融结构理论视角下的经验研究》,《财经研究》2014 年第 1 期。

[53]于永达:《日本地方银行的经营机制》,《国际经济合作》1999 年第 8 期。

[54]袁冬云、杨勇:《多措并举构建中小银行流动性风险管理防线》,《中国银行业》2020 年第 1 期。

[55]张光华:《当前我国中小银行资产负债管理的问题与对策》,《银行家》2019 年第 12 期。

[56]张昊:《改革开放四十年我国金融改革历程与展望——从国家财政角度的观察与思考》,《财政科学》2018 年第 8 期。

[57]张弘:《日美中小银行:路径不同 结果迥异》,《银行家》2006 年第 7 期。

[58]郑万春:《中国银行业改革历程与趋势展望》,《清华金融评论》2018 年第 7 期。

[59]中国人民银行锡林郭勒盟中心支行课题组等:《防风险视角下的金融分权与地方政府行为研究》,《北方金融》2020 年第 3 期。

[60]中国人民银行银行监管课题组:《进一步发挥现有中小商业银行的作用》,《中国金融》2002 年第 10 期。

[61]钟震、郭立:《新冠肺炎疫情对中小银行的影响及对策研究》,《武汉金融》2020 年第 3 期。

[62]周皓、沙楠、赵靖:《2019 年度中国系统性金融风险报告——防范中小银行处置风险》,《清华金融评论》2020 年第 1 期。

[63]周建刚、何文玉:《美日处置问题中小金融机构的经验借鉴及启示》,《金融经济》2019 年第 24 期。

[64]周炯成:《商业银行对中小企业贷款的风险管理研究》,《财经界》2020 年第 1 期。

［65］周祥军:《我国中小银行风险生成机理及稳健发展路径研究》,《理论探讨》2020 年第 3 期。

［66］左和平、朱怀镇:《中日中小银行监管比较与启示——基于新资本协议框架》,《财政研究》2009 年第 1 期。

［67］Acharya Viral V., Steffen Sascha, "The 'Greatest' Carry Trade Ever? Understanding Eurozone Bank Risks", *SSRN Electronic Journal*, Vol.115, No.2, 2015.

［68］Adrian Tobias, Brunnermeier Markus K., "CoVaR", *The American Economic Review*, Vol.106, No.7, 2016.

［69］Akhavein Jalal D., Frame W.Scott, White Lawrence J., "The Diffusion of Financial Innovations: An Examination of the Adoption of Small Business Credit Scoring by Large Banking Organizations", *SSRN Electronic Journal*, Vol.78, No.2, 2005.

［70］Akhigbe Aigbe, Mcnulty James E., "The Profit Efficiency of Small US Commercial Banks", *Journal of Banking and Finance*, Vol.27, No.2, 2003.

［71］Allen Linda, Bali Turan G., Tang Yi, "Does Systemic Risk in the Financial Sector Predict Future Economic Downturns?", *SSRN Electronic Journal*, Vol.25, No.10, 2012.

［72］Andrew, Cohen, "Market Structure and Market Definition: The Case of Small Market Banks and Thrifts", *Economics Letters*, No.85, 2004.

［73］Ashcraft Adam B., "Are Banks Really Special? New Evidence from the FDIC-induced Failure of Healthy Banks", *SSRN Electronic Journal*, Vol.95, No.5, 2005.

［74］Berger A.N., Kashyap A.K., Scalise J.M., "The Transformation of Banking: What a Long Strange Trip It's Been", *Brookings Papers on Economic Activity*, Vol.55, No.2, 1995.

［75］Berger Allen N., Black Lamont K., "Bank Size, Lending Technologies, and Small Business Finance", *Journal of Banking and Finance*, Vol.35, No.3, 2011.

［76］Berger Allen N., Cerqueiro Geraldo, Penas María Fabiana, "Market Size Structure and Small Business Lending: Are Crisis Times Different from Normal Times?", *Review of Finance*, Vol.19, No.5, 2015.

［77］Berger Allen N., Cowan Adrian M., Frame W.Scott, "The Surprising Use of Credit Scoring in Small Business Lending by Community Banks and the Attendant Effects on Credit Availability, Risk, and Profitability", *Journal of Financial Services Research*, Vol. 39, No.1-2, 2011.

［78］Berger Allen N., et al., "Debt Maturity, Risk, and Asymmetric Information", *The Journal of Finance*, Vol.60, No.6, 2005.

［79］Berger Allen N., et al., "Does Function Follow Organizational Form? Evidence From the Lending Practices of Large and Small Banks", *Journal of Financial Economics*, Vol.76, No.2, 2005.

［80］Berger Allen N., et al., "Why Do Borrowers Pledge Collateral? New Empirical Evidence on the Role of Asymmetric Information", *Journal of Financial Intermediation*, Vol.20, No.1, 2011.

［81］Berger Allen N., Goulding William, Rice Tara, "Do Small Businesses Still Prefer Community Banks?", *Journal of Banking and Finance*, Vol.44, No.1, 2014.

［82］Berger Allen N., Klapper Leora F., Udell Gregory F., "The Ability of Banks to Lend to Informationally Opaque Small Businesses", *Journal of Banking & Finance*, Vol.25, No.12, 2001.

［83］Berger Allen N., Miller Frame Nathan H., "Credit Scoring and the Availability, Price, and Risk of Small Business Credit", *Journal of Money, Credit, and Banking*, Vol.37, No.2, 2005.

［84］Berger Allen N., Rosen Richard J., Udell Gregory F., "Does Market Size Structure Affect Competition? The Case of Small Business Lending", *Journal of Banking and Finance*, No.31, 2007.

［85］Berger Allen N., Rosen Richard J., Udell Gregory F., "The Effect of Market Size Structure on Competition: The Case of Small Business Lending", *SSRN Electronic Journal*, 2001.

［86］Berger Allen N., Udell Gregory F., "A More Complete Conceptual Framework for SME Finance", *Journal of Banking and Finance*, Vol.30, No.11, 2006.

［87］Berger Allen N., Udell Gregory F., "Relationship Lending and Lines of Credit in Small Firm Finance", *The Journal of Business*, Vol.68, No.3, 1995.

［88］Berger Allen N., Udell Gregory F., "Small Business Credit Availability and Relationship Lending: The Importance of Bank Organisational Structure", *The Economic Journal*, Vol.112, No.477, 2002.

［89］Berger Allen N., Udell Gregory F., "Universal Banking and the Future of Small Business Lending", *Social Science Research Network*, 1995.

［90］Bernanke Ben, Review American Economic, Duflo Esther, "Nonmonetary Effects of the Financial Crisis in Propagation of the Great Depression", *American Economic Review*, 1983.

［91］Boot Arnoud W.A., Thakor Anjan V., "Can Relationship Banking Survive Competition?", *The Journal of Finance*, Vol.55, No.2, 2000.

［92］Boyd John H., Gertler Mark, "U. S. Commercial Banking: Trends, Cycles, and Policy", *NBER Macroeconomics Annual*, Vol.8, No.1, 1993.

［93］Bremus Franziska, et al., "Big Banks and Macroeconomic Outcomes: Theory and Cross-Country Evidence of Granularity", *Journal of Money, Credit and Banking*, Vol.50, No. 8, 2018.

［94］Brick Ivan E., Palia Darius, "Evidence of Jointness in the Terms of Relationship Lending", *Journal of Financial Intermediation*, Vol.16, No.3, 2007.

［95］Brox James A., "Too Small to Fail: Canadian Banks, Regulation, and the North American Financial Crisis", *The Journal of Economic Asymmetries*, Vol.6, No.2, 2009.

［96］Busch Ramona, Koziol Philipp, Mitrovic Marc, "Many a Little Makes a Mickle: Stress Testing Small and Medium-Sized German Banks", *Quarterly Review of Economics & Finance*, No.68, 2018.

［97］Calomiris Charles W., Mason Joseph R., "Consequences of Bank Distress during the Great Depression", *American Economic Review*, Vol.93, No.3, 2003.

［98］Carter David A., Mcnulty James E., "Deregulation, Technological Change, and the Business-Lending Performance of Large and Small Banks", *Journal of Banking & Finance*, Vol.29, No.5, 2005.

［99］Chodorow-Reich Gabriel, "The Employment Effects of Credit Market Disruptions: Firm-level Evidence from the 2008-9 Financial Crisis", *The Quarterly Journal of Economics*, Vol.129, No.1, 2014.

［100］Cole Rebel A., Goldberg Lawrence G., White Lawrence J., "Cookie - Cutter Versus Character: The Micro Structure of Small Business Lending by Large and Small Banks", *Journal of Financial and Quantitative Analysis*, Vol.39, 1999.

［101］Cyree Ken B., Spurlin W.Paul, "The Effects of Big-Bank Presence on the Profit Efficiency of Small Banks in Rural Markets", *Journal of Banking and Finance*, Vol.36, No. 9, 2012.

［102］David Enrich, "Banks Court Small Businesses", *Wall Street Journal Eastern Edition*, Vol.4, No.11, 2007.

［103］Dávila Eduardo, Walther Ansgar, "Does Size Matter? Bailouts with Large and Small Banks", *Journal of Financial Economics*, Vol.136, No.1, 2020.

[104]de la Torre Augusto, Peria Maria Soledad Martinez, Schmukler Sergio L., "Bank Involvement with SMEs: Beyond Relationship Lending", *Journal of Banking and Finance*, Vol.34, No.9, 2010.

[105]Degryse Hans, Van Cayseele Patrick, "Relationship Lending within a Bank - Based System: Evidence from European Small Business Data", *Journal of Financial Intermediation*, Vol.9, No.1, 2000.

[106] Deyoung Robert, et al., "The Information Revolution and Small Business Lending: The Missing Evidence", *Journal of Financial Services Research*, Vol. 39, No. 1 - 2, 2011.

[107]Deyoung Robert, Hunter William C., Udell Gregory F., "The Past, Present, and Probable Future for Community Banks", *Journal of Financial Services Research*, Vol. 25, No.2, 2004.

[108]Diamond Douglas W., "Financial Intermediation and Delegated Monitoring", *The Review of Economic Studies*, Vol.51, No.3, 1984.

[109]Eisfeldt Andrea L., Rampini Adriano A., "Leasing, Ability to Repossess, and Debt Capacity", *Review of Financial Studies*, Vol.22, No.4, 2009.

[110]Elyasiani Elyas, Jia Jingyi Jane, "Relative Performance and Systemic Risk Contributions of Small and Large Banks during the Financial Crisis", *Quarterly Review of Economics and Finance*, Vol.74, No.74, 2019.

[111]Fang Jianchun, et al., "Bank Performance in China: A Perspective from Bank Efficiency, Risk-Taking and Market Competition", *Pacific-Basin Finance Journal*, Vol.56, No.9, 2019.

[112]Figlewski Stephen, Frydman Halina, Liang Weijian, "Modeling the Effect of Macroeconomic Factors on Corporate Default and Credit Rating Transitions", *International Review of Economics and Finance*, Vol.21, No.1, 2012.

[113]Frame W.Scott, Padhi Michael, Woosley Lynn W., "The Effect of Credit Scoring on Small Business Lending in Low-and Moderate-Income Areas", *Journal of Money, Credit and Banking*, Vol.8, No.33, 2001.

[114]Fungacova Zuzana, Klein Paul-Olivier, Weill Laurent, "Persistent and Transient Inefficiency: Explaining the Low Efficiency of Chinese Big Banks", *China Economic Review*, Vol.2, No.59, 2020.

[115]Glennon Dennis C., Deyoung Robert, Nigro Peter, "Borrower-Lender Distance,

Credit Scoring, and the Performance of Small Business Loans", *Journal of Financial Intermediation*, Vol.17, No.1, 2008.

[116] Granger Clive W. J., "Investigating Causal Relationships by Econometric Models and Cross-Spectral Methods", *Econometrica*, Vol.37, No.3, 1969.

[117] Han Liang, Fraser Stuart, Storey David J., "Are Good or Bad Borrowers Discouraged from Applying for Loans? Evidence from US Small Business Credit Markets", *Journal of Banking & Finance*, Vol.33, No.2, 2009.

[118] Jagtiani Julapa, Kotliar Ian, Maingi Raman Quinn, "Community Bank Mergers and their Impact on Small Business Lending", *Journal of Financial Stability*, Vol.12, No.27, 2016.

[119] Jayadev M., Singh Himanshu, Kumar Pawan, "Small Finance Banks: Challenges", *IIMB Management Review*, Vol.29, No.4, 2017.

[120] Jayaratne Jith, Wolken John D., "How Important are Small Banks to Small Business Lending? New Evidence from a Survey of Small Firms", *Journal of Banking & Finance*, Vol.23, No.2-4, 1999.

[121] Jiménez Gabriel, Salas Vicente, Saurina Jesús, "Organizational Distance and Use of Collateral for Business Loans", *Journal of Banking & Finance*, Vol.33, No.2, 2009.

[122] John Kose, Lynch Anthony W., Puri Manju, "Credit Ratings, Collateral and Loan Characteristics: Implications for Yield", *SSRN Electronic Journal*, Vol.76, No.3, 2003.

[123] Kano Masaji, et al., "Information Verifiability, Bank Organization, Bank Competition and Bank-Borrower Relationships", *Journal of Banking & Finance*, Vol.35, No.4, 2006.

[124] Keeton William R., "Multi-Office Bank Lending to Small Businesses: Some New Evidence", *Econometric Reviews*, Vol.80, No.2, 1995.

[125] Köhler Matthias, "Which Banks are More Risky? The Impact of Business Models on Bank Stability", *Journal of Financial Stability*, Vol.2, No.16, 2014.

[126] Kupiec Paul H., Ramirez Carlos D., "Bank Failures and the Cost of Systemic Risk: Evidence from 1900-1930", *SSRN Electronic Journal*, Vol.22, No.3, 2013.

[127] Liberti Jose Maria, Mian Atif R., "Estimating the Impact of Hierarchies on Information Use", *Review of Financial Studies*, Vol.22, No.10, 2009.

[128] Lorenc Amy G., Zhang Jeffery Y., "The Differential Impact of Bank Size on Systemic Risk", *Finance and Economics Discussion Series*, Vol.2018, No.66, 2018.

[129] Lüneborg Johannes Liebach, Nielsen J.Rn Flohr, "Customer-focused Technology and Performance in Small and Large Banks", *European Management Journal*, Vol. 21,

No.2,2003.

[130]Mare Davide Salvatore, "Contribution of Macroeconomic Factors to the Prediction of Small Bank Failures", *Journal of International Financial Markets, Institutions & Money*, Vol.39, No.11, 2015.

[131]Mcnulty James E., Akhigbe Aigbe O., Verbrugge James A., "Small Bank Loan Quality in a Deregulated Environment: The Information Advantage Hypothesis", *Journal of Economics & Business*, Vol.53, No.2, 2001.

[132] Mester Loretta J., Nakamura Leonard I., Renault Micheline, "Transactions Accounts and Loan Monitoring", *The Review of Financial Studies*, Vol.20, No.3, 2007.

[133] Meuleman Elien, Vennet Rudi Vander, "Macroprudential Policy and Bank Systemic Risk", *Working Papers of Faculty of Economics and Business Administration*, Ghent University, Belgium, 2019.

[134]Petersen Mitchell A., Rajan Raghuram G., "Does Distance Still Matter? The Information Revolution in Small Business Lending ", *The Journal of Finance*, Vol.57, No.6, 2002.

[135]Petersen Mitchell A., Rajan Raghuram G., "The Benefits of Lending Relationships: Evidence from Small Business Data", *The Journal of Finance*, Vol.49, No.1, 1994.

[136]Rebel, et al., "Cookie Cutter vs.Character: The Micro Structure of Small Business Lending by Large and Small Banks", *Journal of Financial & Quantitative Analysis*, No.39, 2004.

[137] Retap Tury, Abdullah Firdaus, Hamali Jamil, "Banks' Lending Relationship Quality Index(LRQI) for the Small and Medium-sized Enterprises: A Review", *Procedia-Social and Behavioral Sciences*, Vol.224, 2016.

[138]Scott Jonathan A., Dunkelberg William C., "Competition for Small Firm Banking Business: Bank Actions Versus Market Structure", *Journal of Banking & Finance*, Vol.34, No.11, 2010.

[139] Scott Jonathan A., "Loan Officer Turnover and Credit Availability for Small Firms", *Journal of Small Business Management*, Vol.44, No.4, 2006.

[140]Scott Jonathan A., "Small Business and the Value of Community Financial Institutions", *Journal of Financial Services Research*, Vol.25, No.2/3, 2004.

[141]Sedunov John, "Small Banks and Consumer Satisfaction", *Journal of Corporate Finance*, Vol.2, No.60, 2020.

[142] Shen Yan, et al., "Bank Size and Small-and Medium-sized Enterprise(SME) Lending:Evidence from China", *World Development*, Vol.37, No.4, 2009.

[143] Stein Jeremy C., "Information Production and Capital Allocation: Decentralized versus Hierarchical Firms", *The Journal of Finance*, Vol.57, No.5, 2002.

[144] Taketa Kenshi, Udell Gregory F., "Lending Channels and Financial Shocks:The Case of Small and Medium-Sized Enterprise Trade Credit and the Japanese Banking Crisis", *Monetary and Economic Studies*, Vol.25, No.2, 2007.

[145] Uchida Hirofumi, Udell Gregory F., Watanabe Wako, "Bank Size and Lending Relationships in Japan", *Journal of the Japanese and International Economies*, Vol. 22, No.2, 2008.

[146] Uchida Hirofumi, Udell Gregory F., Yamori Nobuyoshi, "How Do Japanese Banks Discipline Small-and Medium-Sized Borrowers? An Investigation of the Deployment of Lending Technologies", *International Finance Review*, Vol.9, No.11, 2008.

[147] Vallascas Francesco, Keasey Kevin, "Bank Resilience to Systemic Shocks and the Stability of Banking Systems: Small is Beautiful", *Journal of International Money and Finance*, Vol.31, No.6, 2012.

[148] Williamson Oliver E., "Hierarchical Control and Optimum Firm Size", *Journal of Political Economy*, Vol.75, No.2, 1967.

[149] Yellen Janet L., "Tailored Supervision of Community Banks ", *The Independent Community Bankers of America Washington Policy Summit*, 2014.

[150] Zhang Xiao Mei, Song Zhuo Lin, Zhong Zhen, "Does 'Small Bank Advantage' Really Exist? Evidence from China", *International Review of Economics & Finance*, Vol.42, No.3., 2016.

丛书策划:蒋茂凝

责任编辑:郑海燕　李甜甜

封面设计:石笑梦

版式设计:胡欣欣

责任校对:黎　冉

图书在版编目(CIP)数据

中小银行发展转型的理论与实践研究/钟震 著. —北京:人民出版社,2020.9

ISBN 978 - 7 - 01 - 022429 - 9

Ⅰ.①中…　Ⅱ.①钟…　Ⅲ.①中小企业-商业银行-银行发展-研究-中国

Ⅳ.①F832.33

中国版本图书馆 CIP 数据核字(2020)第 156064 号

中小银行发展转型的理论与实践研究

ZHONGXIAO YINHANG FAZHAN ZHUANXING DE LILUN YU SHIJIAN YANJIU

钟　震　著

人民出版社 出版发行

(100706　北京市东城区隆福寺街 99 号)

中煤(北京)印务有限公司印刷　新华书店经销

2020 年 9 月第 1 版　2020 年 9 月北京第 1 次印刷

开本:710 毫米×1000 毫米 1/16　印张:14.5

字数:200 千字

ISBN 978 - 7 - 01 - 022429 - 9　定价:62.00 元

邮购地址 100706　北京市东城区隆福寺街 99 号

人民东方图书销售中心　电话 (010)65250042　65289539